Les

DU MÊME AUTEUR

Aux Éditions des Belles Lettres

THUCYDIDE,
édition et traduction, en collaboration avec L. Bodin
et R. Weil, 5 vol., C.U.F., 1953-1972.

THUCYDIDE ET L'IMPÉRIALISME ATHÉNIEN.
La pensée de l'historien et la genèse de l'œuvre
(1947; 1961; *épuisé en français*).

HISTOIRE ET RAISON CHEZ THUCYDIDE, 1956, 2ᵉ éd. 1967.

LA CRAINTE ET L'ANGOISSE DANS LE THÉÂTRE D'ESCHYLE,
1958, 2ᵉ éd. 1971.

L'ÉVOLUTION DU PATHÉTIQUE, D'ESCHYLE À EURIPIDE
(P.U.F., 1961) 2ᵉ éd. 1980.

LA LOI DANS LA PENSÉE GRECQUE, DES ORIGINES À ARISTOTE, 1971.

LA DOUCEUR DANS LA PENSÉE GRECQUE, 1979.

« PATIENCE, MON CŒUR ! »
L'essor de la psychologie dans la littérature grecque classique, 1984.

Aux Presses Universitaires de France :

LA TRAGÉDIE GRECQUE, 1970, 2ᵉ éd., « Quadrige », 1982.
PRÉCIS DE LITTÉRATURE GRECQUE, 1980.
HOMÈRE *(coll. Que Sais-je ?)*, 1985.
LA MODERNITÉ D'EURIPIDE *(coll. Écrivains)*, 1986.

Aux Éditions Hermann :

PROBLÈMES DE LA DÉMOCRATIE GRECQUE, 1975 *(éd. Agora, 1986)*.

Aux Éditions Vrin :

LE TEMPS DANS LA TRAGÉDIE GRECQUE,
1971 *(traduction du texte paru en 1968 à Cornell University Press)*.

Aux Éditions Julliard :

L'ENSEIGNEMENT EN DÉTRESSE, 1984 *(éd. Presses Pocket, 1985)*.
SUR LES CHEMINS DE SAINTE-VICTOIRE, 1987.

Aux Éditions de Fallois :

LA GRÈCE ANTIQUE À LA DÉCOUVERTE DE LA LIBERTÉ, 1989.

JACQUELINE DE ROMILLY
de l'Académie française

Les Grands Sophistes dans l'Athènes de Périclès

ÉDITIONS DE FALLOIS

© Éditions de Fallois, 1988.

Pour Paul Lemerle

PRÉFACE

Lorsque l'on évoque l'Athènes du Vᵉ siècle avant J.-C., chacun a tout de suite à l'esprit une gerbe de grands noms et d'œuvres éblouissantes. On sait que ce fut « le siècle de Périclès », qu'Athènes était alors, après son rôle dans les guerres médiques, la ville la plus puissante de Grèce, qu'elle incarnait la démocratie, que sa marine lui assurait la maîtrise des mers, qu'elle était à la tête d'un véritable empire, et qu'elle en utilisait les ressources pour faire construire les monuments de l'Acropole, autour desquels on se presse encore aujourd'hui. On sait qu'à ce moment-là le sculpteur Phidias la dotait d'œuvres d'art célèbres. On sait aussi qu'alors, juste avant la guerre du Péloponnèse, qui occupa le dernier tiers du siècle, puis pendant toute cette guerre, Sophocle et Euripide écrivaient leurs tragédies, tandis qu'Aristophane produisait ses comédies. On sait que l'historien Hérodote était venu vivre, au moins pour un temps, dans cette Athènes de Périclès et que Thucydide allait se mettre à une histoire audacieusement lucide, consacrée, cette fois, à cette guerre du Péloponnèse, opposant Athènes à Sparte, qui fut commencée sous Périclès et dura presque jusqu'à la fin du siècle. On sait également que Socrate hantait alors les rues de la ville, discutant avec de jeunes aristocrates et leur découvrant des idées nouvelles, qui nous sont connues aujourd'hui par deux de ses disciples, Platon et Xénophon. On sait enfin que toute cette activité intellectuelle se poursuivit jusqu'à la fin du siècle : lors de la défaite athénienne qui termina la guerre du Péloponnèse, en 404, Périclès était mort depuis vingt-cinq ans, Sophocle et Euripide depuis peu, Socrate devait être condamné à mort en 399 et Thucydide disparaître vers la même date. On sait donc qu'il y a eu là un moment bref, mais capital pour l'histoire de la civilisation grecque, et même de la civilisation occidentale. En revanche, peu de gens connaissent les sophistes. Les noms de Protagoras et de Gorgias, à plus forte raison ceux d'Hippias, de Prodicos ou de Thrasymaque, ne sont guère familiers qu'aux spécialistes.

Or il est facile de constater que, dans cet essor si étonnant, ils jouèrent un rôle qui ne l'est pas moins. Tout semble en effet s'être accompli sous leur influence et avec leur participation. Tout le monde reconnaissait leur importance. Et tous les écrivains du temps ont été leurs disciples ou ont appris d'eux quelque chose, les ont imités ou bien discutés.

Dès le début, nous trouvons le premier d'entre eux, Protagoras, en liaison étroite avec Périclès, le principal personnage d'Athènes. La *Vie de Périclès* de Plutarque nous montre les deux hommes discutant une journée entière sur une question de responsabilité juridique dans un accident sportif. Discussion oiseuse et technique? Discussion de « sophistes » au sens moderne du terme? Si l'on veut; mais aussi analyse de la notion de responsabilité et réflexion sur le droit : toute l'évolution du droit athénien et tous les débats des orateurs, des historiens ou des tragiques sur la responsabilité sont déjà là, qui couvent. Et notre sophiste apparaît, dans la circonstance, comme un homme éminent et respecté. Aussi bien, lorsque Périclès organisa, en 443, l'envoi d'une colonie panhellénique à Thourioi, en Italie du Sud, ce fut Protagoras qui fut chargé d'en rédiger les lois : une haute responsabilité pour cet étranger, et qui confirme l'estime où il était tenu.

Quant aux écrivains, sans même s'arrêter à l'influence

indirecte qu'exercèrent ces quelques hommes et à la notoriété qui fut la leur, sans mentionner non plus les multiples allusions d'Aristophane, qui les traite comme des gens connus de tous, c'est un fait que la plupart des auteurs furent leurs élèves et que les simples données de fait sont stupéfiantes. Euripide passe pour avoir suivi, outre l'enseignement d'Anaxagore, celui de Protagoras et celui de Prodicos, soit deux de ces sophistes; et effectivement son théâtre est rempli d'idées, de problèmes, ou de tours de style qui sont de toute évidence empruntés à leurs habitudes. Thucydide, lui, passe pour avoir été le disciple de Gorgias, de Prodicos et d'Antiphon, soit trois d'entre eux; cette tradition n'est peut-être qu'une conclusion tirée des parentés évidentes qu'entretient son œuvre avec l'enseignement des sophistes; celles-ci ne sont pas douteuses : elles sautent aux yeux, qu'il s'agisse de la méthode d'analyse, de la présentation dialectique, de l'esprit positiviste ou des recherches mêmes du style. Socrate lui-même nous est présenté comme en relations constantes avec les sophistes. Il traite certains d'entre eux avec considération. Et Platon lui fait dire, dans le *Ménon*, qu'il fut l'élève de l'un d'eux, Prodicos; il est vrai qu'il précise dans le *Cratyle* – pour se moquer, mais comme une chose vraisemblable – qu'il a entendu de Prodicos non pas la leçon de cinquante drachmes, mais celle d'« une drachme » (384 b). Plus tard, Platon se réfère constamment à ces quelques hommes; et, parmi ses dialogues, qui les mettent souvent en scène, il en est deux qui portent comme titre le nom des deux premiers sophistes : le *Gorgias* et le *Protagoras*. Enfin Isocrate, fondateur, au début du IVe siècle, d'une nouvelle école de rhétorique et de philosophie, la définit par rapport aux sophistes, dont il corrige certaines tendances, mais suit de très près l'esprit : il avait été lui-même l'élève du sophiste Gorgias, dont il était allé suivre les cours en Thessalie. Partout, dans la littérature du temps, on est renvoyé aux sophistes comme à des gens dont l'influence fut alors décisive.

Comment, dans ces conditions, ne pas désirer comprendre ce qu'ils furent ? Et comment, quand on est spécialiste du Ve siècle athénien, ne pas souhaiter, au terme de longues études sur les textes de cette époque, remonter enfin à ces personnages si peu connus, mais si importants ? A vrai dire, on ne comprend rien à ce que furent ni le siècle de Périclès ni le « miracle grec », si l'on n'a pas une idée claire de la nature et de la portée de leur influence.

Seulement, voilà ! l'entreprise est aussi ardue qu'elle est nécessaire. Car il se trouve que ces hommes si influents, et qui avaient accumulé traités sur traités dans des quantités de domaines, nous échappent cruellement. On sait bien, en gros, qui ils étaient. S'il peut y avoir quelques hésitations de détail sur tel ou tel personnage, on connaît leurs noms, leurs dates, leur réputation. Il s'agit de maîtres venus de diverses villes et qui enseignèrent alors à Athènes – dans la seconde moitié du Ve siècle avant J.-C. et un peu au-delà. On a divers témoignages sur l'activité qui était la leur et sur le genre d'enseignement qu'ils donnaient. Mais les difficultés commencent dès que l'on essaie d'y voir un peu plus clair.

On est d'abord confronté à ce paradoxe que leurs œuvres, que ces traités, si divers et si célèbres, sont aujourd'hui pratiquement tous perdus. Peut-être étaient-ils trop techniques ? Toujours est-il que, de cette masse énorme d'écrits, survivent tout juste de menus fragments, la plupart comptant quelques lignes, et sauvés par des citations [1]. Tous les fragments de nos sophistes, mis bout à bout, ne feraient pas vingt pages. Qui plus est, ils nous arrivent sans aucun contexte. En admettant que les citations, faites après plusieurs siècles, soient correctes et fidèles (ce qui serait bien remarquable), elles sont souvent faites par des auteurs qui ne cherchent nullement à donner une idée des doctrines, mais parfois à offrir un exemple de style, ou à montrer quelques traits généraux par où les siècles classiques semblaient confirmer leurs propres idées, sceptiques ou idéalistes selon les cas. Autrement dit, le premier problème est un problème d'interprétation. Et chacun y met de toute nécessité une bonne part d'imagination. Si bien que les controverses font rage... Je sais bien : on a aussi des témoignages, dont certains datent du temps de Platon. Chacun pense, en effet, à Platon, qui n'a guère cessé, dans toute son œuvre, de mettre en scène les sophistes. Il est notre meilleur guide. Mais, nouveau paradoxe, ce guide est bien évidemment partial; car, s'il met en scène les sophistes, c'est pour faire réfuter leurs thèses par Socrate! On a donc quelque inquiétude à le suivre, et l'on a le sentiment que ces sophistes risquent fort d'être victimes d'un éclairage qui est trompeur.

S'il faut tenter de restituer ces débats, ce n'est donc pas facile. Et l'effort qui fut fait en ce sens a quelquefois des résultats qui découragent plutôt qu'ils n'aident. Les savants se sont penchés sur chaque fragment, ont traduit, commenté, rectifié et discuté. Ils l'ont fait avec savoir et perspicacité. Mais ils ont été, souvent, exposés à un double danger.

D'abord, chez les plus méticuleux, la difficulté des questions et le nombre des points litigieux donnaient à leurs débats un caractère d'érudition quelque peu accablant : l'étude des sophistes touchait presque à l'ésotérisme, avec les inconvénients que cela comporte.

D'autre part, pour discuter de ces questions, il fallait être philologue et philosophe; mais les deux aptitudes ne sauraient être également dosées. Quand la philosophie prédomine, il est dans l'ordre des choses que les problèmes soulevés le soient en fonction d'une pensée plus spécialisée et plus moderne que ne l'était celle des sophistes. D'où, pour l'interprétation de tel fragment de Protagoras, par exemple, une interprétation « hégélienne » et une interprétation « nietzschéenne ». D'où encore l'habitude de lire tel auteur ancien « à la lumière » d'un philosophe des temps modernes. Du coup l'on constate – et c'est presque inévitable – que, pour l'ensemble du mouvement intellectuel incarné dans nos sophistes, chaque école philosophique tend à lire ces fragments si lacunaires en y retrouvant ses propres problèmes ou ses propres orientations. On y a vu parfois un pur rationalisme, ou bien une expérience existentielle; de nos jours, on verrait plutôt dans les fragments des sophistes les éléments d'une philosophie du langage – ce qui n'étonnera personne[2].

Une recherche de ce type – à condition qu'elle soit menée avec prudence – peut avoir une valeur stimulante pour tous et ouvrir des perspectives suggestives. Mais il est clair qu'elle tourne le dos, délibérément, à l'histoire vécue – celle dont le cadre est l'Athènes du Ve siècle et dont l'action met en présence, d'une part, des hommes épris de connaissance et, de l'autre, ces maître animés d'un esprit nouveau. C'est de cette histoire que l'on est ici parti; et c'est à elle que l'on voudrait revenir dans ce livre, abordant ainsi les sophistes sous un angle un peu différent.

Le propos de ce livre concerne en effet l'histoire des idées, entendue au sens le plus large du terme. Ce n'est pas un livre de philosophie, ni de philosophe. Certes, on ne peut pas étudier la Grèce classique sans baigner dans la philosophie, qui, alors, pénétrait tout. Mais, en fin de compte, les sophistes du Ve siècle n'enseignaient pas qu'à des philosophes et n'ont pas eu d'influence que sur des philosophes. Thucydide et Euripide sont tout pénétrés de leur enseignement, de même que plus tard Isocrate. Aristophane a parlé d'eux et, quand Platon les met sur scène, ce n'est pas toujours dans les dialogues les plus austères. Ils ont été mêlés à la vie de la cité. Et il doit donc être permis à qui a bien connu ces disciples et ces témoins de tenter de mesurer leur rôle autant que quiconque. On a chance, de la sorte, de saisir leur pensée dans les termes mêmes que reflètent les œuvres des contemporains. En outre, on a chance de définir ainsi cette pensée en fonction de l'aventure extraordinaire au cours de laquelle Athènes l'accueillit, la contesta, puis pour finir l'assimila. Nous avons traité des sophistes dans leur relation avec cette culture d'Athènes qu'ils marquèrent si profondément.

Cela implique un certain nombre de silences, qui furent délibérés, et une espérance précise, qui donne son sens à l'entreprise.

On ne saurait énumérer tous les silences : on peut du moins en signaler quelques-uns.

Silence, d'abord, sur la bibliographie, les objections, les suggestions. Quiconque veut s'informer à ce sujet dispose des instruments nécessaires; mais c'est affaire de spécialistes. Après avoir, autant que possible, tout lu, nous avons choisi de ne rien citer : les sophistes sont assez difficiles à approcher sans que l'on y ajoute les écrans d'une trop lourde érudition.

Pour la même raison, nous n'avons jamais mentionné les problèmes annexes, qui n'engageaient pas vraiment la portée des œuvres. Ainsi des titres dont on ne sait pas toujours s'il s'agit d'un chapitre ou bien d'une œuvre à part.

Silence, d'autre part – et cela peut être plus grave –, sur les aspects les plus techniques de l'activité des sophistes. Certains se sont occupés de mathématiques, ainsi Hippias et Antiphon, et ils ont apporté du nouveau en ce domaine. D'autres se sont occupés de l'exercice de la mémoire, comme Hippias. Plusieurs ont contribué à l'histoire par l'établissement de divers recueils de faits. Ces aspects de leur activité doivent être rappelés, mais ne seront pas étudiés ici, cela pour tenir compte des possibilités d'attention du lecteur et afin de mieux dégager la continuité générale de l'aventure intellectuelle qui se jouait.

De plus, dans l'interprétation des œuvres, nous avons laissé de côté, pour les raisons déjà indiquées, les interprétations faites au nom de philosophies postérieures : nous avons voulu nous en tenir à ce que pouvaient comprendre les lecteurs du temps. C'était peut-être un peu moins suggestif, mais c'était en tout cas plus conforme au souci de la vérité historique.

Enfin, au nom du même souci, nous n'avons jamais fait intervenir ce que l'on a appelé la seconde sophistique, c'est-à-dire un mouvement intellectuel fondé sur la rhétorique et inspiré par l'exemple des sophistes du Ve siècle. Cette seconde sophistique se place au IIe siècle après J.-C., soit sept siècles après celle qui nous occupe; elle est à la fois beaucoup plus vouée à la rhétorique que la première et beaucoup plus ouverte aux tendances irrationnelles, qui fleurissaient à l'époque. Encore une fois, pour qui réfléchit sur la rhétorique ou sur le langage, ce rapprochement a de l'intérêt; il n'en a aucun pour qui cherche à comprendre ce qui s'est passé et ce qui s'est pensé dans l'Athènes du Ve siècle.

Ces choix commandaient donc un certain nombre d'abandons. En revanche, ils fondent une espérance, qui est celle de réparer une injustice.

Car là est le nœud de l'affaire : ces maîtres ont été de grands maîtres. Mais il se trouve qu'on les a aussi accusés d'être de mauvais maîtres. A diverses époques, mais déjà dans l'Athènes du temps, ils furent attaqués, publiquement. On les accusa, en fait, de tout : d'avoir ruiné la morale, rejeté toute vérité, semé la mauvaise foi, libéré les ambitions, perdu Athènes. Platon a joué son rôle dans ce mouvement de protestation; mais il n'a pas été le seul. Et le résultat a été que ce beau titre qu'ils avaient acquis, en s'appelant « sophistes », c'est-à-dire spécialistes de sagesse, est vite devenu et est resté jusqu'en notre temps synonyme d'hommes retors. Pourquoi? Comment? Ces hommes étaient-ils si peu dignes d'avoir les disciples qu'ils ont eus? Etaient-ils de tels mécréants? Ou bien y a-t-il un malentendu? Et, dans ce cas, d'où vient-il?

Ces questions sont celles qui nous avaient vaguement arrêtée, stimulée et retenue, au cours de bien des années de recherche et de lecture; elles forment le sujet de ce livre.

Elles impliquent un souci de méthode, qui ne s'impose pas de même aux ouvrages habituellement consacrés aux sophistes : il fallait, en effet, éviter à tout prix de confondre les grands sophistes avec leurs trop complaisants disciples. Ce sont ces derniers qui, en général, ont été les vrais, et peut-être les seuls amoralistes. C'est pourquoi il faut prendre garde de ranger le Calliclès de Platon parmi les sophistes, quand rien ne suggère qu'il l'ait été; la différence peut être décisive; et la confusion, trop souvent admise, risque de fausser complètement les données. De même Euripide peut être influencé par les sophistes : il n'a jamais été l'un d'eux. Enfin, tel philosophe comme Démocrite peut être très proche de ses contemporains les sophistes, mais son orientation était autre, tout comme son cadre d'activité. Il fallait tracer une limite très ferme.

C'était là la seule chance de replacer les sophistes proprement dits dans le bon éclairage et de découvrir comment on a trop aisément déformé leur pensée.

Il nous a semblé que l'on pouvait ainsi, tout à la fois, éclairer un aspect capital de l'histoire de la pensée grecque, et peut-être aider à comprendre comment se fausse le dialogue entre une pensée théorique serrée et un public plus ou moins bien renseigné et plus ou moins apte à la saisir. Ces malentendus étaient possibles à Athènes : une information devenue plus large mais non pas pour autant plus exacte les rend possibles en tout temps, et donne à l'aventure athénienne une saveur malheureusement exemplaire.

C'est sur ce dialogue entre les sophistes et l'opinion athénienne que nous avons donc tenté d'attirer l'attention, en considérant ceux-ci dans leurs rôles divers – de professeurs, de penseurs aux idées hardies, de moralistes lucides et de théoriciens de la politique. Dans chaque domaine se répète la même histoire, qui fait défiler successivement les découvertes audacieuses, le scandale, les critiques, et finalement le retour, après des retouches et une décantation, aux voies qu'ils avaient indiquées.

Or ces voies – on le verra – sont encore très largement les nôtres, vingt-cinq siècles plus tard[3].

NOTES DE LA PRÉFACE

1. Ces fragments, en général issus de citations, ont été recueillis. Ils seront cités ici d'après l'édition qui fait autorité et que tous utilisent, à savoir : Diels-Kranz, *Fragmente der Vorsokratiker* (nombreuses rééditions, revues à partir de 1951). Chaque sophiste y a un numéro que, contrairement aux habitudes philologiques, nous ne donnerons pas dans les références. Les témoignages sont groupés, pour chacun, sous la rubrique A et les fragments proprement dits sous la rubrique B. Une formule comme « B 4 » veut donc dire : quatrième fragment de l'auteur considéré dans l'édition Diels-Kranz.

2. Le fait est très sensible dans les deux volumes du récent colloque de Cerisy, publiés par Barbara Cassin, *Le Plaisir de parler, études de sophistique comparée*, aux éditions de Minuit, 1986, et *Positions de la sophistique*, aux éditions Vrin, également 1986. En suivant à la trace leurs problèmes modernes sur ces pistes mal balisées, des commentateurs cherchent parfois une philosophie « implicite », qui pourrait être un prolongement de celle des sophistes.

3. Je tiens à remercier très vivement Madame Jacqueline Salviat, qui a bien voulu lire une première version de ce livre et m'offrir ses critiques. Madame S. Saïd, elle, m'a aidée pour la correction des épreuves : je lui en suis reconnaissante.

I

SURGISSEMENT ET SUCCÈS
DES SOPHISTES

Qui étaient donc ces gens, que nous appelons encore aujourd'hui les sophistes ?

Le mot même désigne des professionnels de l'intelligence. Et ils entendaient bel et bien enseigner à s'en servir. Ce n'étaient pas des « sages », ou *sophoi*, mot qui ne désigne pas une profession, mais un état. Ce n'étaient pas non plus des « philosophes », mot qui suggère une patiente aspiration au vrai, plutôt qu'une optimiste confiance en sa propre compétence. Ils connaissaient les procédés et pouvaient les transmettre. Ils étaient des maîtres à penser, des maîtres à parler. Le savoir était leur spécialité comme le piano est celle d'un pianiste. L'idée a été superbement formulée par l'un d'entre eux, Thrasymaque, qui fit inscrire sur son tombeau : « Ma patrie était Chalcédoine et ma profession le savoir[1]. »

Le terme avait en principe une valeur assez large. On pouvait appeler sophiste un homme possédant à fond les ressources de son activité propre, qu'il soit devin ou poète[2]. On continua à appliquer parfois le mot à des gens comme Platon ou Socrate. Cependant, très vite, il se spécialisa pour désigner le groupe d'hommes dont il sera question ici, et il resta attaché au genre d'enseignement qu'ils donnaient. C'est aussi au cours des réactions que cet enseignement suscita que le mot acquit, chez Platon ou Aristote, la coloration péjorative qu'il a gardée. Mais quand, beaucoup plus tard, certains maîtres voulurent s'inspirer de leur exemple, ils reprirent ce terme de sophistes : ils constituèrent alors, à l'époque de l'empire romain, ce que l'on a appelé « la seconde sophistique ».

Tout cela dit assez l'importance de ces premiers maîtres, mais ne dit pas ce qu'ils faisaient : le mot les présente seulement comme des professeurs sans précédent.

Ces professeurs surgirent de tous les coins de la Grèce, à peu près à la même époque. Et tous enseignèrent un temps à Athènes : c'est là seulement que nous les rencontrons et les connaissons.

Les plus grands furent Protagoras qui venait d'Abdère, dans le Nord, en bordure de la Thrace, Gorgias qui venait de Sicile, Prodicos, qui venait de la petite île de Céos, Hippias, qui venait d'Elis, dans le Péloponnèse, Thrasymaque qui venait de Chalcédoine, en Asie Mineure. D'autres restent surtout des noms et comptent assez peu. Deux Athéniens seulement figurent parmi ces étrangers : Antiphon et Critias; et ils ne semblent même pas avoir été des maîtres professionnels et itinérants, surtout le second. Il y eut à coup sûr beaucoup d'autres sophistes : par exemple, il en est deux que Platon a fait revivre dans un dialogue fort ironique, les deux frères Euthydème et Dionysodore, dont le premier fournit son titre au dialogue de Platon. Ces sophistes-là ne furent pas aussi éminents que les premiers maîtres qui viennent d'être nommés : ils furent tout ensemble moins novateurs, moins philosophes, et moins célèbres. Nous ne les connaissons guère individuellement : nous ne sommes renseignés, en fait, que sur cette pléiade de personnages qui, outre leurs démonstrations professionnelles, ont, par leur enseignement et leurs écrits, été les figures de proue[3].

Protagoras dut arriver à Athènes peu après 450 puisqu'on le voit lié à Périclès en 443. Gorgias arriva en 427, après la mort de Périclès. C'étaient les deux aînés. Protagoras mourut, semble-t-il, vers 411; mais Gorgias,

Prodicos et Hippias étaient encore en vie lors du procès de Socrate, en 399. Le mouvement correspond donc à la seconde moitié du ve siècle, qui mène de la grandeur d'Athènes à sa défaite. Même si l'on joint à ces quelques hommes les auteurs de deux traités qui nous sont parvenus de façon anonyme, mais appartiennent, sans aucun doute, au même mouvement de pensée, cela fait peu de personnes concernées : une poignée d'hommes, actifs pendant, en gros, une génération.

Grâce à Platon, nous savons fort bien qui ils étaient et quel émoi suscitait leur venue. Il faut un peu lui laisser la parole pour leur entrée en scène, car nul ne peut mieux porter témoignage de l'extraordinaire notoriété de cette poignée d'hommes.

Dans le *Protagoras*, il nous a d'abord offert l'image de l'exaltation qui s'emparait des jeunes à l'idée de les entendre. Au début de ce petit dialogue, Socrate raconte comment, au petit jour, un jeune homme surgit chez lui : « La nuit dernière, de grand matin, Hippocrate, fils d'Apollodore et frère de Phason, donnait dans ma porte des coups violents de son bâton; quand on lui eut ouvert, il se précipita à l'intérieur en criant de toutes ses forces : " Es-tu réveillé, Socrate, ou dors-tu ? " Je reconnus sa voix et je lui dis : " C'est toi, Hippocrate ? Quelle nouvelle m'apportes-tu ? – Rien de fâcheux, dit-il, rien que d'excellent ! – Ta nouvelle sera donc la bienvenue, mais de quoi s'agit-il, et pourquoi cette visite si matinale ? – Protagoras est ici ! " me dit-il, en s'arrêtant près de moi » (310 a-b). La phrase grecque rend jusqu'à l'essoufflement du jeune homme. Il veut devenir disciple de Protagoras. Il emmène aussitôt Socrate auprès des sophistes.

Ils sont, ces sophistes, dans la maison du riche Callias, membre d'une des plus nobles familles d'Athènes. Et ils y sont en nombre, entourés de disciples et d'admirateurs.

Voici d'abord Protagoras, en train de se promener dans le vestibule, escorté de disciples, dont beaucoup étaient des étrangers « que Protagoras entraîne à sa suite hors de toutes les villes qu'il traverse, les tenant sous le charme de sa voix comme un nouvel Orphée ». Et Platon de décrire les évolutions de ce chœur qui suit le maître dans ses tours et demi-tours, s'écartant chaque fois pour le laisser passer.

Plus loin, dans la même maison, il y a aussi Hippias, sur un siège élevé, avec tout un groupe de disciples assis sur des bancs : Hippias répond à toutes leurs questions « du haut de son trône »...

Dans une autre pièce, voici Prodicos ! Il « était encore couché, enveloppé de fourrures et de couvertures plutôt nombreuses, à ce qu'il me sembla ». Platon nomme les jeunes Athéniens beaux et très connus qui l'entourent. Hippias parlait des choses célestes, mais, pour Prodicos, on ne sait pas : « Quant au sujet de leur entretien, je ne pus m'en rendre compte du dehors, malgré mon vif désir d'entendre Prodicos, qui me paraît un homme d'une science supérieure et vraiment divine; mais sa voix de basse produisait dans la pièce un bourdonnement qui rendait ses paroles indistinctes. »

La maison est pleine et elle ne cesse de se remplir : toute l'Athènes dorée se presse pour entendre les maîtres; au moment même où arrivent Socrate et son jeune homme, voici qu'y entrent le bel Alcibiade et Critias, deux hommes appelés à jouer un grand rôle dans l'histoire athénienne.

A vrai dire, ce n'est point là une présentation des sophistes, mais une présentation de leur incroyable succès.

On pourrait imaginer, à lire ce seul texte, que ce succès représentait une simple mode, un engouement peu justifié d'une jeunesse aveugle pour d'inquiétants penseurs. Mais cette hypothèse est contredite par tous les faits. Ce que l'on a rappelé dans la préface sur l'influence durable et profonde que ces hommes ont exercée sur les divers auteurs de ce siècle ou du suivant ne laisse à cet égard aucun doute. Et l'enseignement de la rhétorique ou celui de la philosophie ont été marqués à tout jamais par les idées qu'ils avaient lancées et les débats qu'ils avaient ouverts.

On doit donc admettre que, si engouement il y eut, ce fut celui de tous, et qu'Athènes, à l'apogée de sa puissance et de son rayonnement, se jeta sans hésiter dans les bras de ces maîtres, au point que sa littérature en resta, pour toujours, marquée.

Qu'apportaient-ils donc de si nouveau, et de si merveilleux ? Quelle était la raison de cette fascination ? Qu'enseignaient-ils ? Il serait grand temps de le découvrir, et d'approcher un peu plus de ces maîtres, que nous ont fait entrevoir, dans le *Protagoras*, Socrate et son jeune compagnon.

On n'avait encore jamais vu des maîtres comme eux, enseignant comme ils le faisaient.

Jusque-là, l'éducation avait été celle d'une cité aristocratique où les vertus se transmettaient par l'hérédité et par l'exemple : les sophistes apportaient une éducation intellectuelle, qui devait permettre à chacun, pourvu qu'il pût payer, de se distinguer dans la cité.

Ils étaient en effet si sûrs de l'efficacité de leurs leçons qu'ils se faisaient payer. Quand nous signalons le fait de nos jours, cela paraît une banalité. Or ce fut un petit scandale. Ils vendaient la compétence intellectuelle. Ils la vendaient même fort cher.

Le principe paraissait étonnant : dès l'*Apologie*, le Socrate de Platon ironise sur cet aspect et, faussement admiratif pour Gorgias, Prodicos et Hippias, il s'écrie : « Quels maîtres que ceux-là, juges, qui vont de ville en ville, et savent attirer maints jeunes gens, quand ceux-ci pourraient, sans rien payer, s'attacher à tel ou tel de leurs concitoyens qu'ils auraient choisi ! » (19 e).

De plus, les prix étaient élevés. Si Socrate parle, pour Prodicos, d'une modeste leçon à une drachme, il en signale de plus importantes à cinquante drachmes, et cela paraissait énorme. On se rappellera que la fameuse indemnité journalière pour les citoyens servant comme juges – indemnité qui parut si démagogique à l'époque et eut tant de répercussions – était de deux, puis de trois oboles, c'est-à-dire une demi-drachme. Au reste, Platon ne ménage ni les adjectifs ni les comparaisons. Dans l'*Hippias Majeur*, Socrate dit que Gorgias, « par ses séances privées et ses entretiens avec les jeunes gens, a su ramasser de fortes sommes qu'il a remportées d'Athènes », que Prodicos « donnait des auditions privées et des entretiens pour les jeunes gens qui lui valaient des sommes fabuleuses » et que, si les sages d'autrefois ne jugeaient pas devoir faire argent de leur science, ces derniers l'ont fait résolument, ainsi que Protagoras avant eux (282 c-d). Protagoras, d'après la tradition, allait jusqu'à se faire payer cent mines (autrement dit dix mille drachmes). Il est vrai qu'apparemment il n'avait que trop de demandes; et ses disciples étaient si ravis qu'ils trouvaient Protagoras bien modeste : si, après les leçons, ils n'étaient pas d'accord sur la somme, ils déclaraient sous serment à combien ils les évaluaient; et Protagoras acceptait (*Protagoras*, 328 b). Quoi qu'il en soit, il s'enrichissait. Et le résultat est qu'à en croire le *Ménon* (91 d) Protagoras aurait à lui seul gagné plus d'argent que Phidias et dix autres sculpteurs mis ensemble!

Sans s'arrêter trop longtemps à l'idée de cette heureuse époque où les critères des gains les plus hauts étaient apparemment du côté des arts, on peut voir dans ces remarques scandalisées la preuve de deux circonstances. Elles sont, d'abord, une preuve de plus de l'extraordinaire succès des sophistes. Mais elles sont aussi l'indice d'une première nouveauté, qui consiste dans l'idée que certaines connaissances intellectuelles se transmettent et sont directement utiles. S'ils se faisaient payer, c'est que les sophistes transmettaient un savoir en professionnels. L'idée de métier et de technique spécialisée, qui se perçoit dans leur nom et s'affirme dans leurs programmes, justifiait leur attitude. Et le fait est qu'il n'est pas un professeur qui ne soit l'héritier direct des prétentions qui choquaient tant Platon lorsqu'elles furent d'abord émises[4].

Que voulaient-ils faire?

D'abord, ils voulaient enseigner à parler en public, à défendre ses idées à l'assemblée du peuple ou au tribunal; ils étaient donc en premier ressort des maîtres de rhétorique. Car, à un moment où tout, les procès, l'influence politique et les décisions de l'Etat, dépendait du peuple, qui lui-même dépendait de la parole, il devenait essentiel de savoir parler en public, argumenter, et conseiller ses concitoyens dans le domaine de la politique. Cela faisait un tout et fournissait la clef d'une action efficace.

Ainsi s'expliquent des divergences dans les définitions, qui sont surtout affaire de nuances : il se trouve en effet que Gorgias se définit, dans Platon, comme un maître de rhétorique et Protagoras comme quelqu'un qui enseigne la politique. L'un parle (dans le *Gorgias* de Platon, 449 a) de l'art rhétorique (*rhetorikè technè*), tout en admettant qu'il s'agit en fin de compte des débats des tribunaux et de l'Assemblée. L'autre admet qu'il enseigne l'art politique (*politikè technè*) : c'est dans le *Protagoras* de Platon (319 a); il précise même qu'il s'agit de savoir bien administrer ses affaires et celles de la cité; mais l'art de se décider soi-même et de conseiller autrui repose sur la compétence à argumenter; et Protagoras a beaucoup écrit sur l'argumentation. Il est donc certain que la différence de définition exprime une orientation diverse chez les deux hommes; mais il est également certain que rhétorique et politique sont liées de façon étroite, la première ayant pour but de mener à la seconde et lui fournissant toutes ses armes. Elle forgeait en effet pour cela des règles, des recettes, une technique : le mot de *technè*, employé dans les deux cas, reflète bien l'ambition du propos et le sentiment d'avoir élaboré une méthode.

Dans son principe même, un tel enseignement visait donc le succès pratique. En insistant sur la possibilité pour tous d'y accéder et d'y réussir, il ouvrait les carrières de la parole à n'importe qui. Si la clientèle des sophistes ne suggère pas, dans les faits, un réel renouvellement social, la possibilité en était cependant assurée. Et, en attendant, une discipline nouvelle se trouvait fondée et déjà codifiée.

Pourtant, ce but éminemment pratique n'était point le seul, ni cette double discipline la seule perspective neuve qu'apportaient ces personnages. En parlant de bien administrer ses affaires et celles de l'Etat, la définition de Protagoras suppose un contenu intellectuel, une sagesse et une expérience nées de l'art de bien mener ses idées. Ce contenu intellectuel est, en fait, inséparable de la rhétorique même, et cela pour deux raisons.

D'abord il est clair que savoir, à coups d'arguments, analyser une situation peut servir aussi bien à prendre parti soi-même qu'à convaincre les autres. Protagoras semble tenir l'idée pour évidente; un peu plus tard Isocrate devait l'énoncer en toutes lettres et non sans noblesse, dans l'éloge de la parole qui est répété à deux reprises dans son œuvre (dans le *Nicoclès*, 5-9, et dans le discours *Sur l'échange*, 253-257) : « Les motifs de croyance par lesquels, en parlant, nous persuadons les autres sont les mêmes qui nous servent dans nos réflexions personnelles : nous appelons bons orateurs les hommes capables de s'adresser à la masse, mais hommes de bon conseil ceux qui savent le mieux débattre des questions en eux-mêmes. »

De plus, cette possibilité d'analyser une situation suppose un certain nombre d'observations et de connaissances, résumées dans des lieux communs susceptibles de s'appliquer en diverses circonstances. Toute argumentation repose en effet sur des vraisemblances, ce qui implique tout ensemble une logique et des vues claires sur les conduites humaines habituelles, acceptées et raisonnables. Toute démonstration, de droit ou de politique, se fonde sur l'idée de telles vraisemblances. Etait-il normal, dans telle situation, de choisir le parti que l'on a choisi ? Etait-il normal, sous telle pression, de commettre la faute que l'on a commise ? Est-il normal, si l'on adopte telle solution, de s'attendre à un succès ? Tels étaient les types de raisonnement qu'il fallait toujours apprendre à pratiquer. Et toute une science des comportements humains – une *technè*, cette fois encore – se glisse ainsi dans le sillage de la rhétorique et de la politique. On peut dire qu'en pratique toutes les réflexions générales, que les orateurs de Thucydide ou les personnages d'Euripide offrent comme étais à leurs plaidoyers, sont directement issues de cet enthousiasme pour une connaissance nouvelle de l'homme et de ses habitudes.

En outre, ce désir de connaissance portait les maîtres du temps à relever et classer quantité de faits dans des domaines divers : cela rend compte des titres surprenants de certains traités mineurs de nos sophistes. Car, à côté des grands traités de rhétorique ou de politique, on rencontre, parmi les titres, des écrits sur la lutte (Protagoras), sur l'onomastique (Gorgias), sur les noms des peuples, ou la série de vainqueurs olympiques (Hippias), sur les rêves (Antiphon) ou sur les constitutions (Critias).

On sait au reste que chez un de ces sophistes, Hippias, ce zèle de tout connaître aboutissait à un curieux encyclopédisme, englobant même les techniques artisanales. Un jour, à Olympie, il se vantait, raconte Platon, d'avoir fait ses vêtements, sa bague, son cachet; à l'en croire, il avait fabriqué ses chaussures et tissé son manteau; il apportait avec lui des poèmes, des épopées, etc. Il déclarait (toujours selon Platon) s'entendre mieux que personne aux rythmes, à la grammaire, à la mnémotechnie... Certes, cela était exceptionnel; mais son cas n'en reflète pas moins, à la limite, l'extraordinaire désir de dominer toutes les connaissances, qui est le propre de ces hommes.

Cependant, ce n'était là qu'à-côtés et retombées. Car l'activité des sophistes débordait leur enseignement rhétorique et allait bien plus loin encore. On peut penser que, dans ces débats au cours desquels on retournait les responsabilités, les arguments et les critiques, l'habitude se formait de toujours considérer la possibilité d'une thèse contraire, et par suite de tout critiquer, de toute remettre en question. Cette habitude lançait l'esprit sur des voies nouvelles : au principe du respect des règles succédait leur contestation. Et le fait est que, dans le monde intellectuel des sophistes où rien n'était plus accepté *a priori*, le seul critère sûr devint donc l'expérience humaine, immédiate et concrète. Les dieux, les traditions, les souvenirs mythiques ne comptaient plus : nos jugements, nos sensations, nos intérêts constituaient désormais le seul critère certain. « L'homme, disait Protagoras, est la mesure de toutes choses. » Pour des esprits entraînés, il était, au demeurant, facile de discerner ce qui, dans les traditions ou dans les règles de la cité, était pure convention : c'était bien souvent le cas, et les sophistes s'empressaient de le montrer, pour la plus grande excitation de tous. Ils écrivirent des traités de métaphysique, analysèrent des notions, réfléchirent sur la justice. Bref, en même temps que des maîtres de rhétorique, ils furent des philosophes, au sens fort du terme, et des philosophes dont les doctrines, par leurs perspectives mêmes, libéraient les esprits, les stimulaient et leur ouvraient des chemins non frayés. Les nouveaux philosophes – à ne pas confondre avec les nôtres – entamaient ainsi une véritable révolution intellectuelle et morale.

Cette révolution est jalonnée pour nous par le souvenir des grands traités de métaphysique et de morale qui sont aujourd'hui perdus. Platon les a si souvent commentés, discutés, réfutés, que l'on mesure par là leur importance. Il conviendra d'en définir, le plus exactement possible, la portée critique et négatrice mais aussi, peut-être, d'en restituer les aspects les plus positifs.

Il se trouve en effet que la partie critique, en soulevant des réactions vives, a retenu avant tout l'attention. C'est elle qu'a discutée Platon. C'est elle qu'ont utilisée un peu rapidement les auditeurs non philosophes. Mais son éclat ne doit pas cacher l'existence d'une reconstruction de certaines valeurs sur des bases entièrement neuves.

Ce sera notre tâche que de préciser ces divers aspects de l'activité des sophistes, dans leur double rôle de professeurs et de penseurs.

En le faisant, on ne devra pas méconnaître que chacun d'eux a eu son originalité propre. Certains ont été surtout intéressés par la rhétorique, d'autres par la philosophie morale. De même, certains ont été plus radicaux que d'autres dans la critique des valeurs traditionnelles ou dans l'analyse de la connaissance et du monde; d'autres ont été plus traditionalistes. Certains se sont occupés surtout de renverser et de réfuter, d'autres plutôt de reconstruire. A l'intérieur de chaque chapitre, il faudra donc toujours revenir aux individus. Mais les traits qui viennent d'être dégagés leur sont, en gros, communs à tous : cela est vrai des innovations qu'ils apportèrent en tant que professeurs et l'est aussi de cette âpre critique de toute transcendance qui leur fit faire à tous, plus ou moins nettement, table rase des valeurs jusqu'alors reçues, et défendre en retour, plus ou moins nettement aussi, de nouvelles valeurs, fondées sur les exigences de la vie des hommes et des cités. Et c'est cet élément commun, cet « esprit sophistique » que l'on s'attachera surtout à définir. Il explique en effet l'émotion suscitée par ces hommes. Car leur succès était retentissant, mais le scandale ne l'était pas moins.

On peut en juger par *Les Nuées* d'Aristophane, une comédie tout entière consacrée à la nouvelle éducation, et représentée en 423.

C'est une comédie très injuste, bien entendu, puisque Socrate, qui cherchait le vrai et non le succès, est confondu avec les sophistes : après tout, ne passait-il pas, lui aussi, son temps à discuter d'idées, à mettre en question ce que les gens croyaient savoir, et ne dispensait-il pas, lui aussi, un enseignement tout intellectuel ? Une comédie pouvait jouer à les confondre. La pièce, d'ailleurs, se montre sans doute tout aussi injuste pour les sophistes eux-mêmes. Mais elle est symptomatique, puisqu'elle dénonce avant tout le rejet des traditions, le rejet de la morale, et l'art mensonger de défendre ses intérêts par des arguments spécieux.

Trois ans après l'arrivée de Gorgias à Athènes, la pièce montre en tout cas que la cité entière était sensibilisée à cette crise de valeurs qu'apportaient avec eux les nouveaux philosophes et à la révolution qu'ils introduisaient dans les esprits.

Ils lançaient en avant du bon et du mauvais, des connaissances merveilleuses et des risques moraux certains – en tout cas, du nouveau.

Mais, une fois ce fait reconnu, deux questions surgissent immédiatement : on est obligé, en effet, de se demander d'où venaient ces nouveautés et comment il se fait que des esprits divers, issus de villes grecques fort éloignées les unes des autres, aient ainsi abordé ensemble ces voies en gros parallèles; et l'on ne peut pas ne pas chercher pourquoi c'est à Athènes que leur action à tous s'imposa, pour y exercer l'effet que l'on vient de dire.

En un sens, c'est l'essor exceptionnel du Ve siècle athénien qui est en cause, et, par-delà même cet essor, le mécanisme des grandes mutations qui prennent parfois place dans l'histoire des idées.

Tout d'abord, il est manifeste que ces sophistes répondaient à une attente et s'inséraient dans une évolution profonde, qui se traduisait alors dans tous les domaines. La pensée et les lettres tendaient en Grèce à faire une place accrue à l'homme et à la raison.

L'histoire de la philosophie est, à cet égard, probante. Elle passe de l'univers à l'homme, de la cosmogonie à la morale et à la politique.

Jusqu'au premier tiers du Ve siècle, la philosophie, qu'elle soit ionienne ou de Grande Grèce, avait entendu révéler les secrets de l'Univers. Cela est vrai non seulement de Thalès, d'Anaximandre ou d'Anaximène, mais encore d'Héraclite, de Parménide et d'Empédocle. Et puis, à l'époque de Périclès, c'en est fini de ces « maîtres de vérité ». Parmi ceux dont Périclès suivit l'enseignement, on trouve, à côté de divers maîtres connus, Anaxagore. Anaxagore était né en Asie Mineure; mais il était venu vivre à Athènes. Or la *Vie de Périclès* de Plutarque le présente comme un rationaliste. Plutarque raconte, en effet, comment, à propos d'un bélier à corne unique, dont on avait apporté la tête à Périclès, le devin Lampon interpréta le fait comme un présage, mais comment Anaxagore, ouvrant le crâne, en donna une explication purement physiologique : là où l'un voit l'action divine, l'autre utilise la science et l'observation. C'est la même tendance rationnelle que l'on retrouve à la fin de la *Vie de Périclès*, quand l'homme d'Etat montre au pilote qu'il ne faut pas avoir peur d'une éclipse, en lui faisant comprendre le principe avec un pan de son manteau : le milieu du Ve siècle se libère ainsi des superstitions. D'autre part, Anaxagore offrait bien, comme ses prédécesseurs, un système du monde, mais ce qui régissait ce système n'était plus ni les éléments, ni le hasard ou la nécessité, ni même l'amour et la haine, mais l'Esprit (*noûs*). Or cela se rapprochait de causes intelligibles et d'explications accessibles à la raison humaine. Aussi bien Socrate raconte-t-il plaisamment dans le *Phédon* la joie qu'il eut à découvrir cette théorie d'Anaxagore. Il pensa qu'il suffirait dès lors, pour tout expliquer, de montrer ce qui était le mieux pour chaque cas et de dégager des intentions compréhensibles. Autrement dit, Socrate, qui allait aborder, lui, une philosophie tout entière centrée sur l'homme, s'imaginait déjà avoir trouvé un guide en Anaxagore, et une pensée qui lui montrait la voie. Mais il dut déchanter. Il y avait bien une amorce, une possibilité; mais la suite du texte (98 b et suiv.) rapporte sur le même ton la déconvenue de Socrate poursuivant sa lecture et perdant ses belles espérances, quand il voit mis en cause, au lieu d'une finalité rationnelle, des éléments matériels divers et étrangers à la raison. Ces causes matérielles le déçoivent. Il imagine que, si l'on demandait pourquoi il est assis en ce lieu, le philosophe irait chercher mille explications matérielles, dirait que son corps est composé d'os et de nerfs, fonctionnant de telle ou telle manière, mais négligerait de dire la vraie raison, à savoir que, condamné, il a, lui, jugé meilleur d'être assis en ce lieu, et plus juste d'y demeurer pour subir la peine qui l'attend.

Espérance donc, mais espérance déçue! Ce texte remarquable révèle bien comment Anaxagore marque un progrès vers l'humain et le rationnel, mais un progrès destiné à paraître largement insuffisant aux yeux de ses successeurs.

Cette même évolution, vite amorcée et non moins vite dépassée, vaudrait sans doute également pour un philosophe moins connu, Diogène d'Apollonie, qui vint, lui aussi, vivre à Athènes et qui avait, d'après la tradition, des curiosités d'ordre médical ainsi qu'un souci des explications téléologiques.

Mais bientôt le pas est franchi. Démocrite d'Abdère est un des pères de l'atomisme : c'est donc un homme qui cherche encore à expliquer l'univers, mais de façon, cette fois, objective et matérialiste. De plus, à côté de son traité sur l'ordre de l'univers, il en avait écrit un sur l'ordre humain : ce compatriote de Protagoras était donc, comme Socrate, un moraliste.

Ces faits prouvent bien que l'inspiration des « physiciens » continuait à se manifester. C'est pourquoi Aristophane, dans *Les Nuées*, a pu mêler leurs soucis à ceux de Socrate et présenter celui-ci comme tout préoccupé des « choses célestes ». Mais il négligeait par là, du tout au tout, l'originalité du philosophe.

Avec Socrate, en effet, tout change : seuls comptent désormais l'homme et les fins qu'il se propose; seul compte le bien. En une génération, la philosophie a changé de domaine et d'orientation. Le changement est même si net que l'habitude a été prise d'appeler tous les philosophes antérieurs à Socrate, en bloc, les philosophes « présocratiques ». On y range les sophistes, dont il fut sensiblement le contemporain (il avait vingt ans de moins que leur aîné, Protagoras, et vingt ans de plus que les plus jeunes). Mais ils avaient, eux aussi, pris le même tournant; et ce parallélisme révèle bien qu'il s'agissait d'une tendance profonde vers une philosophie de plus en plus humaine et rationnelle. Le fait que l'évolution soit passée par une série de penseurs appartenant à des cités diverses explique aussi qu'elle ait pu aboutir à cette éclosion concomitante dans des pays éloignés les uns des autres. Le terrain était préparé.

D'autre part on aura remarqué, au fil de l'évocation, que la description de l'univers se faisait de son côté plus scientifique et rationnelle. Or, au moment même où la philosophie socratique se tournait vers l'homme, s'ouvrant ainsi un domaine nouveau, on assiste à une autre naissance : celle de la médecine scientifique.

La médecine, en effet, était à l'origine largement religieuse ou magique. Elle commence avec un dieu, Asclépios, et a longtemps vécu de drogues connues par la tradition ou par le hasard. Au Ve siècle apparaît le souci de comprendre; de connaître le corps de l'homme et son fonctionnement. Dire à quelle date ce souci prend existence est impossible : il doit s'agir d'une lente maturation; et la médecine comme science ne commence pour nous qu'avec Hippocrate. Or Hippocrate, qui était de Cos, semble être né vers 460, comme Thucydide et Démocrite. Ce n'est donc point lui qui a le premier éveillé chez les auteurs du temps la curiosité médicale. On a vu que Diogène d'Apollonie s'intéressait au corps humain (on a de lui un fragment sur les veines); de façon plus nette encore, Thucydide s'attache à décrire en clinicien soigneux la peste qui sévit au début de la guerre du Péloponnèse, recueillant la liste des symptômes qui pouvaient mener à un diagnostic : ce n'est pas sous l'influence d'Hippocrate, qui devait avoir alors dans les trente ans; de même, quand, à chaque instant, ses orateurs se réfèrent, pour leur action politique, au modèle de la médecine, ce n'est pas d'Hippocrate que vient cette mode. Il y avait donc eu des prédécesseurs; il avait existé des annonces et des aspirations plus anciennes; on mesure ainsi comment avait dû se développer, dans les décennies précédentes, le désir de mieux connaître la nature physique de l'homme. Hippocrate est en ce domaine un aboutissement, tout comme Socrate l'est dans le domaine de la morale. Dès lors, la raison et la méthode s'affirment résolument. Des traités hippocratiques réagissent contre les interprétations superstitieuses de certaines maladies. D'autres découvrent les règles d'une méthode rigoureuse et prudente. D'autres disent l'influence du climat. D'autres enfin s'essaient à décrire le fonctionnement du corps humain, d'une façon qui nous paraît aujourd'hui bien dépassée mais qui était alors audacieusement neuve. Or ce souci scientifique correspond au désir de fonder une *technè*, comme les sophistes le faisaient en matière politique.

Les sophistes ne sont pour rien dans cet essor : la continuité du progrès médical et les dates probables de l'activité des hommes interdisent cette hypothèse. En revanche, le principe de la science médicale, même imparfaite et imprécise, a pu tenter et inspirer les futurs sophistes, comme il a pu contribuer à favoriser l'attente du public cultivé à leur égard. Mais on voit surtout dans ce double surgissement l'éclosion d'un même esprit, qui inspire les ambitions parallèles des fondateurs de ces *technai*.

Par un trait symbolique, le frère du sophiste Gorgias était médecin; et Gorgias semble avoir été mêlé au milieu médical; il aurait pu ainsi mieux déterminer la part de l'orateur et du médecin : c'est du moins ce que Platon lui fait dire (dans le *Gorgias*, 456 b).

Au reste, même plus près des sophistes, l'esprit de la *technè* commençait à gagner le monde des lettres. En Sicile, la rhétorique et les *technai rhetoricai* ont existé avant les sophistes : Corax et Tisias ne sont pour nous que des noms, ou presque. Mais on sait qu'ils maniaient déjà l'argument de vraisemblance et le faisaient d'une façon que Socrate (dans le *Phèdre*, 273 b) appelle « experte et pleine d'art » (*sophon* et *technicon*).

On constate d'ailleurs que le plus ancien des tragiques athéniens, Eschyle, qui mourut en 456, donc avant le milieu du siècle, a laissé dans le *Prométhée* un éloge de toutes les découvertes que le Titan a fournies aux hommes. Ce sont des trouvailles, des procédés, des arts et des ressources (*sophismata*, *mèchanèmata*, *technai*, *poroi* : les mots sont multiples et insistants, pour aboutir, au vers 506, au résumé : toutes les *technai*); or parmi ces découvertes figurent les diverses inventions matérielles, mais aussi, avec la divination, sur laquelle insiste le pieux Eschyle, des découvertes plus rationnelles comme le nombre, et, naturellement, la médecine.

A vrai dire, l'esprit du temps est si présent dans un tel thème que, peu après, et Sophocle et Euripide le reprendront, mettant chacun l'accent sur des découvertes différentes et des responsabilités autres, mais célébrant, chacun à sa manière, les merveilles de la vie civilisée et des arts et techniques sur lesquels elle repose. C'était le thème du siècle; et plusieurs sophistes y reviendront. Le sophiste Hippias, dans l'*Hippias Majeur* de Platon, assimile le progrès de son art à celui des autres arts, qui est mentionné comme une évidence; et il admet qu'en matière de science la *technè* des sophistes a laissé derrière elle les anciens (281 d).

Toutefois, ces remarques ne font qu'anticiper sur la suite. Pour en revenir à Eschyle, on peut dire qu'indépendamment des *technai* qui triomphent ainsi dans le *Prométhée* toute son œuvre témoigne de la façon dont l'esprit nouveau va progressivement se répandre, dès la première moitié du siècle.

Si son théâtre est encore tout entier religieux et commandé par l'action des dieux, s'il marque, à l'intérieur du genre tragique, un point de départ, on peut cependant constater qu'il est aussi une interrogation, que le chœur, obstinément, cherche à comprendre et à vérifier l'idée que les dieux sont justes. Les vieilles idées sur l'*hybris* sont revues à la lumière de cette foi; et l'arbitraire divin y est corrigé avec force. Mieux encore : Eschyle a été tourmenté par les problèmes de la faute et du châtiment : toute la trilogie de l'*Orestie* vise à repousser la vieille loi du talion, à mesurer plus équitablement la responsabilité et, en fin de compte, à transmettre aux hommes et à la cité la charge d'assurer la justice. On sent, derrière ce théâtre, une pensée morale qui se cherche, des institutions qui s'ordonnent et s'humanisent.

Or, après Eschyle, il est clair que le théâtre de Sophocle, tout en ayant toujours un sens très fort de la souveraineté des dieux, s'interroge moins sur leurs raisons que sur la réponse que doivent leur fournir les hommes : avec l'héroïsme, l'intérêt se centre sur l'action humaine; et les contrastes fermes et forts opposent les diverses attitudes possibles, comme pourraient le faire de véritables pladoyers. Le changement de perspective est net; il fait passer des dieux aux hommes. Or Sophocle avait déjà une cinquantaine d'années quand le premier des grands sophistes arriva à Athènes; et, s'il put subir sur le tard l'influence des modes nouvelles pour tel ou tel procédé d'expression, son inspiration profonde ne leur doit évidemment rien.

Le contraste avec Euripide en apporte la preuve : quand l'influence des sophistes est passée par là, nul ne peut s'y tromper.

L'évolution du genre tragique confirme donc que, s'il y eut un seuil franchi au moment où s'affirme l'influence des sophistes, l'évolution vers l'homme et vers la raison s'était dessinée longtemps avant, et sans que les sophistes y fussent pour rien. Cette évolution, au contraire, préparait le terrain pour leur action et pour son succès.

Il en va de même en histoire. Hérodote est au début du genre historique comme Eschyle au début du genre tragique. Mais son *Enquête*, encore pleine de légendes, de dieux, d'oracles, ne doit pourtant d'être la première véritable œuvre d'histoire qu'à un double désir : le désir de suivre rationnellement des événements récents, relevant du monde humain et non plus légendaire, et le désir de contrôler, grâce à l'esprit critique et au jugement, les témoignages des uns et des autres. Avant Hérodote, les récits relatifs au passé avaient surtout porté sur les fondations des villes et les généalogies des héros. Puis Hécatée de Milet avait cherché à être plus critique; mais il n'avait pas encore eu l'idée de centrer son œuvre sur une action humaine déterminée et cohérente. L'histoire d'Hérodote et la tragédie à ses débuts ont toutes deux pour principe de se passionner pour l'action humaine en butte aux difficultés et à la déraison.

Il faut ajouter à cela qu'Hérodote, comme tant d'autres, aboutit à Athènes et que la fin de son récit, dont Athènes est le personnage principal, est aussi la partie de son œuvre où les techniques de la politique ou de la stratégie sont le mieux analysées et les légendes irrationnelles le plus rares et le plus brèves.

Certes, ce n'était pas encore l'histoire critique, positive et hautement ambitieuse pour la raison humaine que fut celle de Thucydide, après les sophistes. Là aussi il y a un seuil. Mais Hérodote, qui n'a pu refléter leur influence qu'assez indirectement et pour des passages isolés, traduit cependant, et jusque dans l'évolution interne de son œuvre, la même aspiration à la raison et à l'humain, qui apparaît dans toutes les productions de ce siècle.

Si l'on ajoute encore que, voyageur curieux, il a réuni sur les usages des divers peuples toutes sortes de renseignements, et qu'il a tiré de cette comparaison un sens très vif de la relativité de tous ces usages, on comprendra que l'esprit même qui animait ses enquêtes les moins systématiques menait tout droit au relativisme des sophistes et a pu leur fournir soit des points de départ, soit des justifications.

Partout, cet esprit poussait ses rameaux, déplaçait les

équilibres et les intérêts. On pourrait en chercher des preuves jusque dans les arts, où l'on voit, au cours de la première moitié du siècle, disparaître les monstres, et tous les animaux sauf le cheval, pour ne laisser à la place d'honneur que la figure humaine, désormais saisie dans sa réalité vivante. Et puis, vers 450 précisément, commence le style dit classique. Phidias est l'ami de Périclès, comme Anaxagore et Protagoras. Et il est celui qui sait doter le corps humain d'une majesté surnaturelle. Il est aussi celui qui se distingua dans la virtuosité technique des grandes statues chryséléphantines, d'or et d'ivoire.

Une évolution profonde était donc en cours dans tous les domaines. Elle se manifestait depuis longtemps et s'accentuait depuis le début du Ve siècle, soit que le développement de la vie politique ait joué, en contribuant à donner aux citoyens le sentiment de l'importance de l'action humaine, soit que les guerres médiques et l'expérience d'une action commune et responsable aient précipité les choses. Quoi qu'il en soit, cette orientation, qui est une des caractéristiques essentielles de la civilisation grecque, était, depuis lors, particulièrement sensible.

C'est la seule explication du fait que les théories des sophistes aient pu naître presque au même moment dans des cités aussi éloignées que la Sicile, la septentrionale Abdère ou l'Asie Mineure. Chacun, en se faisant novateur, était porté par un élan commun; et le même élan explique aussi le succès qu'ils connurent.

Mais il reste que c'est à Athènes que nous les rencontrons tous, qu'ils y vinrent, y furent accueillis et y exercèrent leur influence en profondeur. Sans Athènes, nous ne connaîtrions sans doute même pas leur nom. Et ce nom n'aurait au surplus ni sens ni intérêt. Il faut donc admettre que la vogue des sophistes n'exista que grâce à un catalyseur, que seule pouvait fournir l'Athènes de Périclès.

La concentration des penseurs et des artistes vers Athènes est en effet un phénomène saisissant. On a vu, dans la brève revue qui précède, Anaxagore de Clazomènes et Diogène d'Apollonie venir s'y fixer et Hérodote s'y installer pour de longues périodes. Comment s'étonner, après cela, d'y voir arriver, l'un après l'autre, les sophistes, venus du nord de l'Egée, de la Sicile, des îles ? Protagoras, Gorgias, Prodicos, Hippias, Thrasymaque firent tous de longs séjours à Athènes, où ils étaient accueillis princièrement ; c'est là qu'ils eurent des disciples connus, là qu'ils exercèrent un rayonnement à cause duquel on transmit jusqu'à nous des éléments de leurs œuvres et des aperçus de leur pensée. Ils illustrent une convergence qui certainement contribua plus que tout à l'essor sans pareil de la littérature athénienne. Cette littérature n'avait pas eu, dans les débuts, l'importance des productions d'Asie Mineure ou bien des îles : les talents que la ville sut attirer en firent, au Ve siècle, la première de toutes.

Cette convergence vers Athènes et ce rendez-vous au pied de l'Acropole, qui ne sont donc pas le fait des seuls sophistes, s'expliquent par des raisons qui sont évidentes mais valent bien d'être méditées.

La première est naturellement la puissance. Athènes avait été la grande victorieuse des guerres médiques en 480. Elle avait alors pris la tête de tous les Grecs mobilisés contre le barbare ; et elle avait ensuite gardé cette place ; elle avait organisé les anciens alliés en confédération – la ligue de Délos – et, peu à peu, étant seule riche et pourvue d'une marine, elle avait profité du moindre refus pour imposer sa loi par les armes. La confédération était devenue un empire. Le trésor fédéral avait été transporté à Athènes, où les cités apportaient solennellement leur tribut. Et ce tribut, la cité entendait l'employer à sa guise pourvu qu'elle assurât la liberté des mers. C'est sur lui que furent payées les constructions de l'Acropole. D'autre part, Athènes était devenue le grand centre de commerce maritime, ce qui l'enrichissait encore. Elle avait dans les îles des délégués, parfois des colonies, les habitants des îles devaient venir se faire juger chez elle, pour beaucoup de causes. En cinquante ans, elle était devenue la capitale de toute la Grèce maritime. Et la flotte dont elle s'était dotée pour les guerres médiques, mais que les contributions alliées avaient eu pour premier sens d'accroître et d'entretenir, était si bien maîtresse des mers que Périclès, au début de la guerre du Péloponnèse, se plaisait à dire que rien ne pouvait entraver son action.

Or ces richesses étaient en grande partie consacrées à la beauté, au luxe, à l'agrément de la vie. Thucydide, dans l'oraison funèbre des hommes tués à la guerre, qu'il prête à Périclès, lui fait proclamer cette idée avec force : « Avec cela, pour remède à nos fatigues, nous avons assuré à l'esprit les délassements les plus nombreux, nous avons des concours et des fêtes religieuses qui se succèdent toute l'année, et aussi, chez nous, des installations luxueuses, dont l'agrément quotidien chasse au loin la contrariété. Nous voyons arriver chez nous, grâce à l'importance de notre cité, tous les produits de toute la terre » (II, 38).

Il n'y a donc rien de surprenant à ce que cette puissance et ce faste aient attiré quantité d'étrangers – un peu comme la grande ville attire les provinciaux.

De plus, cette victoire des guerres médiques, qui avait été la source de la puissance athénienne, l'auréolait encore, une génération ou un demi-siècle après, d'un prestige unique. Toutes les villes grecques avaient eu à craindre le barbare et toutes pouvaient voir en Athènes la libératrice, la cité qui, par son courage et sa résolution autant que par ses armes, s'était acquis un droit à la reconnaissance et à l'admiration de tous. Tous les discours des orateurs athéniens, dans Thucydide, et tous les éloges d'Athènes, encore au IVe siècle, ne cessent de rappeler ce grand moment et de s'en réclamer. Quand un homme comme Hérodote, en Asie Mineure, décidait de se consacrer à l'histoire de ces guerres médiques, comment n'eût-il pas désiré avant tout vivre dans la cité qui en avait été l'héroïne ? De même un homme comme Gorgias, venu de ces pays de Grande Grèce qui avaient participé à la lutte et envoyé une ambassade à Athènes pour y demander un appui, Gorgias qui devait plus tard plaider pour une nouvelle union des Grecs : comment n'eût-il pas voulu prolonger sa visite à Athènes, dans la ville qui avait incarné cet idéal ? La capitale de la Grèce insulaire était aussi la dépositaire d'une tradition panhellénique, que la guerre du Péloponnèse commença, dans le dernier tiers du siècle, à obnubiler, mais qui, sous Périclès, avait encore toute sa force. Et ce n'est certes pas un hasard si, quand Périclès conçut le projet d'une colonie panhellénique à Thourioi, en 443, Hérodote s'inscrivit pour en être membre et devint citoyen de la nouvelle ville, tandis que Protagoras en rédigeait les lois.

Ces deux circonstances expliquent la concentration des talents dans l'Athènes de Périclès ; mais ce ne sont pas les seules. Car Athènes ne représentait pas seulement la liberté grecque par rapport au barbare : elle incarnait aussi la liberté politique tout court, puisqu'elle s'était lancée, depuis le début du siècle, dans les voies alors neuves de la démocratie. C'est en 460 que s'accomplirent à cet égard les réformes les plus décisives, et c'est alors aussi que Périclès accéda au pouvoir. Tout était invention, alors, invention et découverte. Et sans doute – les contemporains l'ont noté – le rôle de l'empire et celui de la flotte étaient-ils pour beaucoup dans cette évolution ; car les marins étaient du peuple et ils comptaient plus, désormais, que les chevaliers ou les hoplites. En tout cas la démocratie ne cessait de s'affirmer. Même les constructions de l'Acropole avaient au moins en partie pour but de fournir du travail au peuple : Plutarque l'explique bien dans la *Vie de Périclès* ; et ce programme a parfois été appelé le « socialisme d'État » de Périclès.

Or une telle expérience, un tel esprit de liberté ne

pouvaient qu'attirer tous ceux qu'irritaient, chez eux, l'oppression de la tyrannie ou la rigueur de l'oligarchie. Elle ne pouvait aussi qu'attirer tous ceux qui, intéressés par les problèmes politiques, étaient soucieux de comprendre les possibilités de la liberté et les moyens de la garantir; elle devait attirer même ceux qu'inquiétaient déjà les risques d'une trop grande liberté. Et plus que tout, naturellement, elle devait attirer ceux dont l'activité même se justifiait par le nouveau rôle conféré aux citoyens : les sophistes, qui enseignaient à se distinguer par la parole, trouvaient dans Athènes un lieu d'action privilégié.

Enfin, on ne saurait négliger un des aspects de cet esprit de liberté, qui fit que, s'ils souhaitaient se rendre à Athènes ou s'y fixer, tous ces hommes doués et brillants du monde grec pouvaient le faire. La grande fierté d'Athènes était en effet, depuis toujours, de se montrer hospitalière et accueillante aux étrangers. Ce n'est point ici le lieu de chercher dans le passé plus lointain de la ville les apports, par mariage, adoption ou naturalisation, qui contribuèrent à enrichir ou à grandir Athènes : il y avait eu, à cet égard, un durcissement. Et lorsque les droits des citoyens furent plus grands, on devint aussi plus difficile pour l'octroi du titre. En revanche, on ouvrait les bras aux étrangers, qui pouvaient s'y fixer et participer à tout, sans devenir citoyens. Athènes le faisait consciemment et elle en tirait gloire. Elle se vantait même de cette différence qui l'opposait à Sparte, où les expulsions d'étrangers, ou xénélasies, étaient une habitude et un moyen pour préserver l'ordre moral, en même temps que les secrets de la défense. Thucydide, dans la même oraison funèbre, où il célèbre l'éclat et l'opulence de la vie athénienne, a relevé aussi ce trait : « Nous nous distinguons également de nos adversaires par notre façon de nous préparer à la pratique de la guerre. Notre ville, en effet, est ouverte à tous, et il n'arrive jamais que, par des expulsions d'étrangers, nous interdisions à quiconque une étude ou un spectacle qui, en n'étant pas caché, puisse être vu d'un ennemi et lui être utile » (II, 39, 1).

Une telle hospitalité n'est pas moins importante que la puissance. Et elle peut, en tout temps, avoir cet effet heureux pour les pays qui la pratiquent. Le rôle des intellectuels et des professeurs européens dans la vie actuelle des Etats-Unis en serait un signe – *mutatis mutandis*, bien entendu.

On pourrait objecter que l'hospitalité athénienne à l'égard des intellectuels étrangers ne fut pas sans connaître des crises. Avec Périclès, un aristocrate cultivé était à la tête de la démocratie : il aimait s'entourer de gens brillants et les protéger. Il fut l'ami de tout ce qui comptait alors dans la pensée et dans l'art. Or cela aussi a son importance. Lorqu'il fut lui-même en difficulté, puis lorsqu'il fut mort, tout ce brillant entourage eut à souffrir et fut poursuivi pour impiété : le peuple, quand il rencontre des épreuves, se retourne contre les novateurs et les rejette. Aspasie, la Milésienne si raffinée qu'aimait Périclès, fut poursuivie pour impiété; plus tard, Protagoras fut, dit-on, poursuivi dans les mêmes conditions et ses livres brûlés en public. Mais de tels faits font partie des désordres politiques du temps de guerre; ils ne semblent pas avoir visé des étrangers en tant que tels : pratiquement, nous ne connaissons que deux condamnations à mort d'intellectuels et ce sont deux Athéniens; le premier est Antiphon, qui fut condamné à mort pour son rôle dans le régime oligarchique des Quatre Cents, en 411; le second est Socrate, qui paya pour toutes les innovations des autres, en 399.

L'accueillante Athènes ne se retourna donc contre des étrangers que dans la mesure où ils participaient, comme d'autres, à des mouvements d'idées qui lui semblaient liés à ses maux. Elle ne fut jamais xénophobe.

Ce trait se joint aux autres pour expliquer l'attrait qu'elle exerça sur les meilleurs esprits de toutes les cités. Or le fait eut évidemment des conséquences incalculables : alors que, jusqu'au Vᵉ siècle, on ne connaît guère d'auteur athénien que Solon, en revanche, de 450 à 350, pendant le grand siècle de la Grèce, on ne connaît pratiquement pas de texte qui ne soit athénien : un ou deux fragments, historiques ou lyriques, émergent à peine du néant. Grâce aux circonstances et à l'apport de tous, Athènes, pendant un temps, se confond avec la Grèce : c'est là un événement capital. Mais, du point de vue qui est le nôtre ici, cette convergence vers Athènes eut d'autres conséquences. Non seulement les étrangers y vinrent, mais ils s'y rencontrèrent. Dans la scène qu'imagine le *Protagoras* de Platon, on trouve ensemble, chez Callias, quelques-uns des plus grands sophistes : Protagoras, Hippias et Prodicos. Ces contacts divers devaient stimuler chacun, favoriser les échanges, faire progresser ou se délimiter les thèses, et entraîner une compétition latente, mais constante. De plus, dans le même dialogue, on trouve, autour de ces étrangers, toute une élite athénienne comportant, entre autres, les deux fils de Périclès et Eryximaque (le médecin) et le jeune Phèdre et, bientôt, Alcibiade et Critias... On peut supposer que Platon en a un peu rajouté et que pareille assemblée ne se rencontrait pas couramment. Mais la fiction n'aurait eu aucun sens si la multiplicité des contacts n'avait pas été un élément essentiel de cette intense fermentation intellectuelle.

Déjà, cela oriente l'attention, non plus sur ce qui pouvait attirer les sophistes à Athènes, mais sur ce qu'Athènes attendait des étrangers en général et des sophistes en particulier.

Elle attendait beaucoup; et cela vaut pour chacun en particulier mais aussi pour la cité en général. Car chacun en particulier et la cité en général avaient un besoin urgent et passionné de savoir débattre des problèmes politiques, juridiques, et moraux.

Athènes était une démocratie directe : chacun pouvait espérer, en sachant s'exprimer, s'y faire un nom et y devenir influent. Quiconque avait chance d'être entendu se devait donc de cultiver à tout prix ses talents : il pourrait de la sorte intervenir à l'assemblée ou plaider une cause au tribunal. Quant aux autres, ils s'entraînaient à comprendre, à critiquer, à apprécier : pour finir, en effet, ils auraient à voter, eux-mêmes, sur les questions de politique ou sur les causes juridiques. Savoir débattre ou juger était donc essentiel pour le citoyen d'une telle cité. Et cela l'était plus encore pour les jeunes gens doués, capables de prendre part aux luttes politiques.

On s'est souvent demandé si l'enseignement que les sophistes apportaient à ces derniers représentait une orientation politique déterminée. C'est un problème qu'il faudra traiter en son temps[5]; mais il est quelque peu artificiel, car il n'y a aucune raison que tous les sophistes aient eu la même. On retrouve certains d'entre eux dans l'entourage de Périclès, d'autres parmi les instigateurs de l'oligarchie. L'important est de bien comprendre qu'ils apportaient une *technè* beaucoup plus qu'un programme. Et cette *technè* était indispensable pour quiconque voulait jouer son rôle de conseiller du peuple. Elle supposait des institutions démocratiques et de jeunes aristocrates aisés. Or Athènes avait les deux.

Mais ce serait trahir les faits que de s'en tenir à cet aspect purement pragmatique, qui ne retiendrait que l'ambition et les carrières. Car, à exercer ainsi leurs facultés de discuter et de décider, les Athéniens entraient dans une grande quête, que tout les préparait à poursuivre avec passion.

Athènes avait mûri dans l'évolution que l'on a décrite et qui privilégiait de plus en plus l'homme et la raison. Elle s'était penchée – son théâtre en fait foi – vers les problèmes de l'éthique, du droit, de la guerre et de la paix. Elle s'était révélée, dans les guerres médiques et dans les décennies qui suivirent, la grande puissance maritime, fière de ses navires et de son art de la manœuvre – donc à la pointe du progrès et de la *technè* par contraste avec Sparte, la conservatrice. En plus, elle découvrait tous les problèmes de la démocratie. Elle découvrait donc, ensemble, les débats sur les institutions et les salaires, sur la guerre et la stratégie. Elle découvrait également tous les problèmes de la gestion d'un empire, les questions du droit et de la force, celles de la validité des traités, du commandement d'un seul, et du rôle joué par la peur ou par les espérances naïves. Toute une connaissance de l'homme s'élaborait ainsi avec frénésie. Mais cette science de l'homme n'était-elle pas précisément ce que les sophistes, à partir de leur rhétorique, apportaient et fondaient? L'élan des uns correspondait à l'appel des autres; et, entre les deux, il se fit une stimulation réciproque. Les sophistes étaient, en somme, aussi nécessaires dans l'Athènes d'alors que peuvent l'être de grands physiciens dans une époque de guerre atomique.

A tous égards, par conséquent, leur succès est lié à l'essor démocratique d'Athènes. Et ce lien fondamental se joint ainsi aux autres circonstances pour expliquer l'enthousiasme que rencontrèrent les sophistes à Athènes, dans la seconde moitié du Ve siècle, où une convergence de raisons diverses semble avoir préparé le terrain pour ce qu'ils avaient à offrir.

Cet enthousiasme même n'était pas sans cacher des dangers, dont les effets se firent bientôt sentir sous forme de réactions critiques ou mêmes hostiles.

Naturellement, quiconque apporte du nouveau se heurte à des résistances. Et des maîtres qui enseignent à soutenir n'importe quelle thèse, faisant table rase des traditions les mieux ancrées, s'exposent plus que d'autres à ces résistances : le scandale est la rançon de leur succès.

Mais, dans le cas des sophistes, ce ne fut pas tout. On ne serait pas étonné des moqueries et des protestations d'Aristophane, par exemple. Mais Euripide, qui fut si nettement marqué par leur influence, les a, lui aussi, critiqués à plusieurs reprises. De même Socrate était en rapport avec eux, mais Platon a consacré toute son œuvre à les faire convaincre d'erreur par le même Socrate. Et Isocrate, qui les suivit en devenant à son tour maître de rhétorique, ouvrit son école par la publication d'un *Contre les sophistes*. Il y eut donc à Athènes plus que les résistances normales à toute innovation un peu hardie. Il y eut un phénomène de rejet, un désir de répondre, de mettre en garde, de retoucher beaucoup de leurs thèses.

On peut être accueillant aux étrangers, ouvert aux idées neuves, passionné de progrès, et cependant réagir avec vivacité. On le peut d'autant mieux que les idées ainsi importées touchent, et peut-être plus que l'on aurait d'abord imaginé, aux traditions, aux croyances, aux fondements des lois et de la morale. Mais il est aussi très probable que l'évolution des choses accentua bientôt les divergences entre les nouveaux maîtres et leur public. Il est ainsi permis de croire que, pris à leur propre succès en même temps qu'à une foi sans mesure dans leurs méthodes et dans la raison, les sophistes en vinrent à forcer la note et se laissèrent, de proche en proche, entraîner trop loin.

Il se produit en effet un phénomène curieux. Ni Platon ou Aristote ni Isocrate ou Xénophon ne disent de mal des premiers grands maîtres dont on a ici donné les noms; mais tous en disent des « sophistes » en général, ou des « sophistes d'aujourd'hui ». Le fait a été relevé pour Aristote[6] et s'applique certainement aussi à Platon. Il existe d'autre part un texte curieux de Xénophon (*Sur la chasse*, XIII) qui suggère la même conclusion. C'est une attaque violente (et apparemment excessive) contre les sophistes. On y relève des phrases comme celles-ci : « Je m'étonne que les hommes que l'on appelle sophistes soutiennent qu'ils conduisent en général les jeunes gens à la vertu, alors qu'ils les conduisent à l'opposé. [...] Ils font les habiles dans les mots, non dans les idées [...] Ils cherchent par leurs paroles et leurs écrits à tromper, en vue de leur profit personnel. » Or ce texte si violent précise à deux reprises : « les sophistes actuels ». Bien plus, il dit que les sophistes n'apportent point d'écrit d'où ressorte le devoir d'être vertueux; or c'est ce même Xénophon qui nous a transmis avec respect l'apologue de Prodicos, montrant pour quelle raison Hèraclès, entre le Vice et la Vertu, est conduit à choisir la Vertu. Il faut donc croire que « les sophistes », au IVe siècle, ne sont plus ce qu'ils étaient !

Et s'il n'y avait eu que les professionnels, à avoir ainsi évolué ! Mais, dans Athènes, on mesurait mieux chaque jour le danger des théories que les sophistes avaient lancées, mais que les jeunes ambitieux avaient aggravées et déformées. On a vu comment, dès 423, Aristophane s'en prenait aux leçons d'amoralisme auxquelles il associait et Socrate et les sophistes : très vite, il vint des hommes qui, en se laissant entraîner par la mode de l'heure, dénaturèrent l'enseignement qu'ils avaient plus ou moins directement recueilli et le discréditèrent.

Le résultat est qu'à l'engouement des uns répondit bientôt une irritation violente des autres. Et Platon en apporte le témoignage. On a ouvert ce chapitre avec un tableau de cet engouement, emprunté au *Protagoras* : on trouve l'irritation évoquée avec éclat dans le *Ménon*. Là, Socrate suggère que les maîtres de vertu auxquels on pourrait penser sont les sophistes; et Anytos bondit. Anytos était un homme politique qui fut stratège en 409 et joua un rôle dans le rétablissement de la démocratie en 404. Il fut surtout à l'origine de l'accusation contre Socrate. Or sa rage, au seul nom des sophistes, est sans mesure : « Que personne de mes proches ou de mes amis, ni citoyen ni étranger, ne soit pris d'une telle folie qu'il aille se faire gâter par ces gens-là ! » « Les fous, ce sont les jeunes gens qui les paient, et encore plus les responsables, les parents, et plus que tout les cités qui les laissent venir et ne les chassent pas, que ce soit un étranger qui entreprenne de faire cela ou un citoyen ! » Enfin : « Il n'est personne à Athènes qui ne puisse mieux que les sophistes rendre un homme meilleur[7]. »

La réaction d'Anytos est ici aussi injuste (et Platon le laisse entendre car Anytos avoue ne pas connaître lui-même les sophistes) que la condamnation portée par Xénophon dans le *Sur la chasse*. Elle révèle du moins que la rencontre entre les sophistes et Athènes fut parfois orageuse.

Mais ces orages et ces colères ne s'en prirent jamais aux grands maîtres, et ne se rencontrèrent pas chez ceux qui avaient affaire à eux. Entre le zèle des néophytes et les brusques indignations des autres, il y a donc place pour tout un enseignement, pour des débats, pour des influences. C'est à cet enseignement qu'il nous faudra tenter de revenir, pour discerner ce qui a pu expliquer aussi bien le succès de ces maîtres que les réactions qui se firent contre eux, et pour voir comment, peu à peu, la tradition athénienne assimila une bonne partie de cet enseignement, en le corrigeant et le retouchant.

Naturellement, on préférerait avoir à faire la confrontation dans des conditions moins injustes : on a dit déjà que les écrits des sophistes avaient disparu. Peu destinés au grand public, donc peu copiés et peu diffusés, ils ont été entièrement perdus. Quant à leur enseignement, à leurs conférences, si brillantes soient-elles, c'étaient évidemment des productions éphémères, visant ce que Thucydide appelle « l'agrément du moment ». Le souci d'humanité et de beauté, le souci d'un « trésor pour toujours » ne s'attache à rien de ce qu'ont écrit les sophistes.

Le résultat est que ces maîtres, dont l'un au moins affirmait que seul ce qui nous apparaît constitue pour nous le vrai, sont condamnés à n'être connus qu'à travers la vision déformante, partielle, partiale, de ceux qui ont, parfois des siècles plus tard, cité une phrase d'eux pour la critiquer ou en solliciter le sens. Ils sont pour nous réduits à ces apparences relatives.

Peut-être cette injustice est-elle la marque la plus visible de leur rôle par rapport à Athènes. Car ce qui pour nous a survécu de leur œuvre et de leur influence l'a fait à travers ces auteurs athéniens, qui ont assimilé, modifié, repensé leurs idées en fonction de fins nouvelles.

Cette situation rend le dialogue particulièrement difficile à reconstituer, mais d'autant plus fascinant. Elle est aussi, peut-être, le sort que devraient souhaiter, non pas des auteurs, mais des professeurs.

Les sophistes ont été les professeurs du siècle de Périclès.

NOTES DU CHAPITRE I

1. A 8. En grec : ma *technè* est la *sophia*.
2. Le verbe est employé déjà chez Hésiode; le substantif apparaît chez Pindare, en ce dernier sens.
3. En revanche, nous possédons deux extraits, suivis de traités sophistiques dont nous ignorons les auteurs : l'un, qui forme un ensemble, s'appelle *Discours doubles*, ou *Dialexeis*; l'autre est connu sous le nom d'Anonyme de Jamblique, et fait quatre ou cinq pages.
4. Dans les définitions qui se succèdent au cours du dialogue intitulé *Le Sophiste*, cet aspect lucratif est chaque fois mis en relief : le sophiste est un « chasseur intéressé de gens riches »; il est « négociant en sciences »; il « fait trafic de discours et d'enseignements relatifs à la vertu ».
5. Cf. ci-dessous, p. 247-253.
6. Cf. J.C. Classen, dans le recueil Kerferd (voir bibliographie), p. 23.
7. Pour un autre écho de cette hostilité, on peut se reporter au discours *Contre Lacritos*, faussement attribué à Démosthène (cf. 39-42).

II

UN ENSEIGNEMENT NOUVEAU

Si l'on veut apprécier ce que représentait l'enseignement des sophistes, il importe de comprendre à quel point il était nouveau.

Athènes n'avait en effet rien qui ait ressemblé, même de loin, à ce que nous appelons l'enseignement supérieur; et elle n'avait pas grand-chose en fait d'enseignement intellectuel.

Dans une société aristocratique, on compte d'abord, pour la formation des jeunes gens, sur l'hérédité, puis sur les modèles que constituent les ancêtres, la famille, les traditions. Dans une telle société, il est normal d'apprécier avant tout le courage et les divers mérites physiques. C'était le cas à Athènes. Ces mérites trouvaient à l'origine leur sens dans la guerre; ensuite, ils avaient glissé vers le sport et l'athlétisme. Les jeunes gens d'Athènes, même depuis l'établissement de la démocratie, continuaient à être élevés dans cet esprit.

Nous connaissons par la littérature les divers maîtres auxquels l'enfant était confié; et leurs spécialités sont révélatrices.

Il y avait d'abord le pédotribe, c'est-à-dire « celui qui entraîne les enfants »; et il s'agit, bien entendu, d'entraînement sportif. Celui-ci se donnait à la palestre, et portait sur toutes les formes de sport dont les concours et les jeux ont consacré l'importance : course et saut, lancement du javelot ou du disque, voire certaines formes de lutte. Le rôle du pédotribe illustre bien le prix attaché à l'éducation physique. La perfection des corps, leur force, leur souplesse, leur grâce, représentent, dans ce cas, une part notable de l'idéal humain.

Un peu plus près de notre idée de la culture – mais encore loin, pourtant –, on trouve le cithariste, c'est-à-dire le maître de musique. Certes, la cithare était un instrument bien déterminé; mais la formation correspondante était beaucoup plus étendue. Les enfants apprenaient à chanter et à danser, presque toujours en chœur. Et c'était encore là une des nobles activités de la société aristocratique. On attendait au reste de ces études sensiblement plus que la seule compétence musicale : le sens de la discipline et celui de l'harmonie, avec tous les prolongements moraux que l'un et l'autre peuvent avoir.

Nous le savons bien par Platon, qui lui-même, en plein IVe siècle, fondait encore l'éducation des gardiens de sa cité idéale sur la musique et la gymnastique, selon une tradition qui, dit-il, « s'est établie au cours des âges ». Non seulement, dans *La République*, il reprend à son compte ce programme, mais il en commente de façon insistance le sens et l'utilité. En ce qui concerne la musique, on constate qu'encore à la fin de sa vie, dans *Les Lois*, il appelle homme sans instruction celui qui est incapable de participer aux chœurs (654 a-b); et il explique par les libertés introduites en musique la décadence d'une Athènes perdue par l'anarchie (700-701). Ces deux pôles majeurs de l'éducation des enfants subsistent donc, sans changement profond, depuis le Ve siècle.

Il serait pourtant injuste de nier l'existence d'une formation intellectuelle pour les enfants : celui qui la donnait était le grammatiste, c'est-à-dire le maître chargé d'enseigner à lire et à écrire. Avec ces trois maîtres, en revanche, on avait tout; et Socrate le rappelle au début du *Protagoras*, parlant de l'enseignement reçu « du grammatiste, du cithariste ou du pédotribe » (312 b)[1]. Au surplus, l'enseignement des lettres se donnaît, dès le Vᵉ siècle, dans de véritables écoles, où se rendaient de nombreux enfants. Or il est certain qu'avec l'exercice pratique de la lecture ou de l'écriture les enfants étaient formés à la lecture des poètes – celle d'Homère ou des poètes lyriques. Ils en copiaient des passages et en apprenaient des morceaux par cœur. De plus, tout comme on attendait de la musique qu'elle fût une formation morale, on attendait de la connaissance des poètes qu'elle fût initiation à la sagesse, à l'expérience morale ou politique, à la connaissance des êtres et du monde. Protagoras le dit bien, dans le dialogue de Platon qui porte son nom : quand le maître voit que les enfants savent leurs lettres, « il fait lire à la classe, rangée sur les bancs, les vers de grands poètes, et lui fait apprendre par cœur ces œuvres remplies de bons conseils, et aussi de digressions, d'éloges, où sont exaltés les antiques héros, afin que l'enfant, pris d'émulation, les imite et cherche à se rendre pareil à eux » (325 e - 326 a). Homère, surtout, était la Bible où se nourrissaient les jeunes. Et les Athéniens avaient compris ce que nous avons trop souvent oublié : que c'est par les textes littéraires que l'on apprend le mieux à vivre dans son siècle[2].

Là encore, les preuves sont abondantes; elles le sont d'autant plus que l'habitude s'est maintenue. On a trouvé en Égypte un papyrus d'écolier, où Homère sert précisément pour des exercices d'écriture, de paraphrase ou de transcription en langue moderne – cela à l'époque hellénistique. D'autre part, chez les gens accomplis, la pratique d'Homère – et celle de la mémoire – étaient si poussées qu'un personnage du *Banquet* de Xénophon se vante de savoir tout le texte par cœur d'un bout à l'autre. Comme les rhapsodes donnaient de fréquentes séances de récitations plus ou moins mimées, cette forme d'instruction se poursuivait et s'entretenait même chez les adultes d'un bon milieu.

Seulement, voilà : c'était presque la seule à bénéficier

de cette prolongation. En règle générale, le jeune homme ainsi éduqué n'apprenait ensuite rien de plus, sinon par la pratique quotidienne.

Une seule exception, toutefois, dans le domaine intellectuel : les philosophes avaient des disciples; les témoignages anciens se plaisent même parfois à dire : des « élèves » (Zénon fut l'« élève » de Xénophane, Gorgias l'« élève » d'Empédocle, etc.). Mais il ne faut pas donner à ces mots une portée trop moderne. Sans doute les jeunes apprenaient-ils du maître tout ce que celui-ci avait pensé et apprécié – sciences et théories sur l'univers, doctrines religieuses ou morales, voire politiques. Cependant, on voit de quoi il s'agissait : ce n'étaient que de petits groupes de futurs philosophes, mus par la curiosité ou l'admiration, sans objet pratique et sans « cursus » régulier; il s'agissait de relations privées, dans des cercles très restreints.

En dehors de ces cas d'exception, il n'y avait rien. Les jeunes Athéniens pouvaient apprendre un métier d'un maître spécialisé (médecin, sculpteur, architecte, pilote et autres professions techniques qui servent si souvent de point de comparaison dans les dialogues de Platon). Mais ils ne recevaient aucune formation intellectuelle systématique. Ils apprenaient en vivant et en regardant autour d'eux.

Or voici nos maîtres itinérants qui entrent en scène! Ils l'offrent et la vendent, cette formation! Ils enseignent à parler, à raisonner, à juger, comme le citoyen devra le faire toute sa vie. Et ils enseignent cela à des jeunes gens déjà pourvus de l'instruction traditionnelle. Ils leur apportent autre chose que le sport et la musique, autre chose même que les poètes du temps passé : ils les arment pour le succès et pour un succès reposant non sur la force ou le courage, mais sur l'usage de l'intelligence.

La pratique de l'intelligence leur était commune avec les philosophes. Mais elle s'exerçait, auprès d'eux, dans un cadre nouveau et pour des fins nouvelles. Ces maîtres n'étaient plus, comme les philosophes dont on vient d'évoquer le rôle, des théoriciens désintéressés en quête de vérité métaphysique : l'enseignement qu'ils dispensaient était aussi pratique, et devait être aussi efficace dans la vie qu'une technique professionnelle; mais sa portée dépassait le cadre des professions : c'était une *technè* pour le citoyen.

Cette situation explique bien la difficulté que semblent avoir rencontrée les contemporains à définir cet enseignement nouveau, les hésitations du jeune homme du *Protagoras*, qui pourtant court le rechercher, et les divergences mêmes dans les formules employées par les maîtres. Elle explique aussi des remarques comme celle de Protagoras, dans le début du dialogue qui porte son nom : le maître y dit que la sophistique est ancienne, mais qu'elle existait de façon inavouée sous des masques divers, celui de la poésie, des initiations et prophéties, ou encore de la gymnastique, ou de la musique; l'enseignement du sophiste étant l'enseignement par excellence et la vraie formation de l'homme, on pouvait dire qu'il se dissimulait plus ou moins dans les diverses formes d'instruction qui existaient; mais Protagoras est le premier à revendiquer ouvertement pour lui une place à part et une identité autonome.

On comprend aussi, en fonction de cette situation, la double fierté des sophistes. Dans la mesure où ils n'avaient en ce domaine ni prédécesseurs ni rivaux, ils se jugeaient des maîtres qualifiés pour toute la formation intellectuelle de l'homme. Contrairement à la formation professionnelle, on ne suivait pas leurs cours pour devenir à son tour sophiste, mais pour devenir orateur brillant, citoyen capable, esprit avisé : ils ne fixaient point de limite à cette *paideia*. Et cependant, inversement, ils se faisaient fort de transmettre cet enseignement de façon immédiate et efficace; et ils parlaient d'une *technè* oratoire ou politique, comme s'il se fût agi d'une technique déterminée, aux règles connues, que l'on pût aisément apprendre.

Ce trait explique l'innovation dont il a déjà été fait mention, à savoir qu'ils se faisaient payer; et il permet de mieux comprendre la différence qui les opposait à Socrate. Celui-ci n'eût pas plus songé à se faire payer que tel philosophe antérieur, dont les entretiens, entièrement privés, pouvaient enrichir les esprits de ceux qui les fréquentaient : les sophistes, eux, détenteurs d'une *technè* immédiatement efficace et transmissible, marquaient, par le fait même de demander de l'argent, cette efficacité et cette valeur pratique de leurs leçons. Le succès qu'ils promettaient pouvait normalement appeler une rétribution, alors que la recherche de la vérité ne le pouvait pas.

On perçoit ainsi toute la nouveauté d'un tel enseignement, et tous les vœux qu'il venait satisfaire. Il répondait aux nouvelles conditions politiques; il répondait aussi au progrès de la réflexion dans tous les domaines; et rien de tel n'existait jusqu'alors. Cet enseignement était entièrement original. Et le livre célèbre de H.I. Marrou sur l'éducation dans l'Antiquité n'hésite pas à écrire (p. 104) : « Il n'est pas trop fort de parler d'une révolution accomplie par les sophistes dans le domaine de l'éducation grecque. »

Cette nouveauté explique l'extraordinaire succès qu'ils connurent, et aussi l'espèce de griserie qui dut s'emparer des nouveaux maîtres.

Que ne promettaient-ils pas? Que n'annonçaient-ils pas? Le verbe *epaggellein*, qui signifie « annoncer, promettre », revient sans cesse à leur sujet; et une confiance orgueilleuse sonne dans toutes ces promesses. « Jeune homme, dit Protagoras dans le *Protagoras* de Platon, à 318 a, si tu me fréquentes, voici ce qui te sera donné : après un jour passé près de moi, tu rentreras chez toi meilleur que tu n'étais, et de même le lendemain, et ainsi chacun de tes jours sera marqué par un progrès vers le mieux. » Ne cherchons pas, pour le moment, à définir ces termes « meilleur » et « mieux » : le différend avec Socrate est tout entier en germe dans cette ambiguïté. Mais une chose est sûre : c'est la certitude qu'a Protagoras de pouvoir réussir, et réussir vite. De même, à la question : « Tu t'engages à former de bons citoyens ? », il répond : « Tel est exactement l'engagement que je me fais fort de tenir » (319 a); ou encore il déclare tout net : « Je crois... un de ceux-là, pouvoir mieux que personne rendre aux autres le service d'en faire des hommes accomplis et mériter par là le salaire que je réclame » (328 b). De même, dans le *Gorgias*, Socrate demande : « Dis-moi, Gorgias, est-il vrai, comme l'affirme Calliclès, que tu te fais fort de répondre à toute question qu'on peut te poser ? »; et Gorgias reconnaît qu'en effet c'est de quoi « il vient de se faire fort » (447 d).

Ils savaient tout et enseignaient tout, même les sciences. Et, pour tout, ils offraient non pas une lente méditation sur des principes, mais des résultats immédiats : il suffisait d'apprendre ! C'était si simple, si rapide : « Par Zeus, offre-lui de l'argent et tâche de le persuader : il fera de toi aussi un savant » (*Protagoras*, 310 d). Et Socrate, moqueur, renchérit, lorsqu'il s'agit des deux sophistes de l'*Euthydème* : « Vos inventions sont de telle sorte et vous y avez mis tant d'art qu'un instant suffirait à n'importe qui pour les apprendre » (303 e)[3].

Naturellement, l'ironie de Socrate rend son témoignage suspect, et nos savants n'allaient sans doute pas si loin. Mais l'impression doit bien traduire la surprise des contemporains et la fierté des nouveaux maîtres. Certains d'entre eux devaient en perdre un peu le sens de la mesure. Platon les montre quelquefois terriblement arrogants et sûrs d'eux, ou bien pontifiant comme du haut d'un trône.

A cela s'ajoutait le besoin naturel de publicité. Les sophistes donnaient leurs leçons sous forme d'entretiens, groupés en séries; mais ils offraient aussi des séances publiques, auxquelles chacun pouvait assister. Cela pouvait consister en plaidoyers fictifs ou en exposés; souvent, il s'agissait de répondre à des questions, ce qui leur fournissait l'occasion de développer leurs idées, tout en donnant la preuve directe de l'efficacité de leur méthode intellectuelle.

Les gens assistaient bouche bée à ces fêtes de l'intelligence, qui constituaient à leurs yeux un spectacle fascinant. Le Cléon de Thucydide déplore le plaisir ainsi causé aux citoyens, qui, même à l'Assemblée, prennent dès lors l'habitude de se comporter en « spectateurs des sophistes ». En tout cas, parmi les initiés ou les demi-initiés, on voyait apparaître dans Athènes une espèce jusqu'alors inconnue, mais promise à un grand avenir : les intellectuels.

Pour une nouveauté, c'en était une de taille...

On connaît pourtant un homme au moins qui pouvait, sur ce point, se confondre avec eux : Socrate restait un philosophe dans toute l'acception du terme; il ne se faisait pas payer; il ne promettait pas de progrès rapide; il ne préparait pas à une action pratique : au contraire, il ne cessait de retenir les jeunes, trop pressés de s'y lancer; mais il avait des points communs avec ces sophistes, auxquels il se mêlait volontiers. En ces temps où l'homme prenait de plus en plus d'importance, il discutait, lui aussi, des problèmes humains et des notions morales. Comme eux, il aimait argumenter, définir, dérouter. Adversaire des sophistes en ce qui concerne les buts, il leur ressemblait par les moyens et les méthodes. Du reste, beaucoup d'Athéniens ont dû s'y tromper; et, volontairement ou pas, Aristophane, dans son attaque contre les nouveaux maîtres, a mêlé et mis ensemble tous ces intellectuels alors en vogue. Il a prêté tout à son Socrate. Il lui a donné les curiosités scientifiques des physiciens, curiosités auxquelles certains sophistes, dans leur goût du savoir, n'étaient pas étrangers, mais que le vrai Socrate rejetait. Il lui a donné aussi le but des nouveaux maîtres de rhétorique, et les formules célèbres de Protagoras. Il n'a pas cherché à distinguer. Et sans doute les Athéniens d'alors étaient-ils bien incapables de le faire. Le groupe de Socrate se comportait, vu du dehors, à la manière des sophistes : c'est bien pourquoi Platon devait si obstinément tenter de marquer la différence qui le séparait d'eux.

Mais il résulte de là que le nouvel enseignement donné par les sophistes allait amener deux sortes de réactions : les unes, visant en commun sophistes et philosophes, s'en prirent à cette prérogative de l'intelligence; les autres, visant les seuls sophistes, s'en prirent à ce qui les distinguait des philosophes. Si l'on tient compte en outre du fait que l'ambition de leurs promesses posait un problème de fond, relatif à la possibilité même d'une telle formation, on devine que le surgissement de ce nouvel enseignement allait occuper pour longtemps les esprits : les textes du temps sont tout pénétrés de ces diverses controverses.

La plus visible était l'opposition ainsi ouverte entre l'intelligence et le sport. Insister sur l'esprit, au lieu d'entraîner les jeunes à la palestre et de les préparer aux jeux, était en effet la nouveauté la plus saisissante. Nous savons par Aristophane que les gens simples s'en inquiétaient.

Dans *Les Nuées*, Aristophane insiste sur la triste forme physique des intellectuels à la mode. Il les traite de « faces blêmes » (103); et le jeune homme refuse de se mettre à leur école parce qu'il ne veut pas « regarder les cavaliers avec un teint tout abîmé » (120); ou bien l'on nous redit ailleurs qu'ils ont l'air « des prisonniers laconiens de Pylos » (186), ou qu'ils ne peuvent rester longtemps « dehors, au grand air » (99). Qui plus est, le contraste entre les deux éducations, l'ancienne et la nouvelle, est une perpétuelle opposition entre les arguties des intellectuels et la formation physique traditionnelle. Avec l'ancienne éducation, on voyait, certes, régner la discipline et la réserve, mais ces vertus se traduisent en un portrait physique opposé à un autre; le texte est assez révélateur et assez charmant pour être cité un peu longuement – en particulier le portrait de ce qui attend le jeune homme s'il choisit bien : « Brillant et frais comme une fleur, tu passeras ton temps dans les gymnases, au lieu de débiter sur l'Agora des bavardages épineux sans queue ni tête, comme on fait aujourd'hui, ou de te démener à propos d'une petite affaire toute de chicane, contestation, rouerie. Tu descendras à l'Académie [il s'agit, rappelons-le, d'un gymnase!] où, sous les oliviers sacrés, tu prendras ta course, couronné de léger roseau, avec un ami de ton âge, fleurant le smilax, l'insouciance et le peuplier blanc qui perd ses chatons, jouissant de la saison printanière, quand le platane chuchote avec l'orme. Si tu fais ce que je te dis et y appliques ton esprit, tu auras toujours la poitrine robuste, le teint clair, les épaules larges, la langue courte, la fesse forte, la verge petite. Mais, si tu pratiques les mœurs du jour, d'abord tu auras le teint pâle, les épaules étroites, la poitrine resserrée, la langue longue, la fesse grêle, la verge grande, et longue la proposition de décret » (1002-1019). Indépendamment même de tous les torts moraux, c'est ici l'intellectuel qui est caricaturé, en regard du beau jeune homme formé selon la tradition.

La réaction est nette : elle devait correspondre à une assez large suspicion à l'égard des discuteurs et des esprits trop déliés; et on relève bien des détails qui trahissent cette grogne et cette inquiétude.

Ainsi le mot qui, par un beau raccourci, désignait tout ensemble l'ignorance et la sottise, à savoir le mot grec *amathia*, était évidemment péjoratif et le resta presque toujours. Mais ceux qui étaient hostiles à l'esprit nouveau se mirent, par réaction, à louer cette *amathia*. Dans l'histoire de Thucydide, le roi de Sparte vante la formation de ses concitoyens, formation qui comporte assez d'*amathia* pour qu'ils ne se croient pas au-dessus des lois (I, 84,3); et l'Athénien Cléon déclare préférer l'*amathia* accompagnée de sagesse à l'habileté accompagnée de trop de liberté (III, 37,3). Il ne devait pas manquer de gens pour louer le vieux bon sens contre ces intellectuels inquiétants et individualistes. Et de telles réactions indiquent bien le fossé qui s'était ouvert.

A l'inverse, d'ailleurs, certains Athéniens commençaient alors à brocarder les athlètes. Ils ne s'en prirent pas, on s'en doute, au jeune homme accompli qu'évoque Aristophane. Mais, tout comme, dans *Les Nuées*, celui-ci s'était moqué des intellectuels de profession, ceux-là se moquèrent des sportifs épris de la seule force physique, sportifs qui, précisément, tendaient de plus en plus à la spécialisation professionnelle. C'est ainsi qu'Euripide s'en prend souvent à cette force qui n'est rien, et qui est même nuisible, si elle est marquée d'*amathia*. On possède surtout un long fragment d'un drame satyrique, l'*Autolycos*, qui est une charge à fond contre les athlètes : « Des milliers de maux dont souffre la Grèce, il n'en est pas de pire que la race des athlètes. » Ils ne songent qu'à leur régime et ne savent pas vivre; les Grecs ont donc tort de se réunir pour les admirer : « mieux vaudrait couronner les hommes de bien [4] et apprécier ceux qui savent agir au mieux pour la cité et écarter d'elle les maux par leurs paroles ». Deux formes de vie sont ici confrontées : celle de l'athlète professionnel et celle du citoyen capable de réfléchir, ainsi que d'exprimer sa réflexion. On remarque d'ailleurs en grec un glissement d'expression caractéristique : pour désigner les « hommes de bien », Euripide n'emploie pas l'expression traditionnelle « beaux-et-bons », mais une autre, où semblent avoir pénétré les qualités intellectuelles, puisqu'il appelle ces hommes « avisés-et-bons »[5].

Même à propos de problèmes un peu différents, cette opposition entre la force et les qualités d'esprit se perçoit dans d'autres pièces : elle est comme un fil rouge, que l'on suivrait à travers des figures variées. C'est le cas, par exemple, pour le célèbre débat de l'*Antiope*, que cite, précisément, le *Gorgias*, et où, en la personne de deux frères, s'affrontent deux formes de vie, active ou contemplative. Le frère « contemplatif », Amphion, ne doit rien à la sophistique : il croit aux dons de l'art; il ne cherche pas le succès; il souhaite une vie retirée, à l'ancienne; mais il défend, lui aussi, la sagesse et la réflexion contre la force; et il tient l'*amathia* pour un fléau terrible. Même dans ce débat différent, où déjà se sent, chez l'auteur, le poids des désillusions, on retrouve donc la trace de ce brusque changement d'orientation qui avait correspondu à l'apparition du nouvel enseignement des sophistes, et sur lequel leurs promesses et leurs exigences avaient soudain attiré l'attention.

Mais, si c'était une manière de révolution que d'avoir ainsi donné le pas aux qualités intellectuelles, considérées comme plus utiles que tout, et si cette révolution pouvait provoquer un malaise, il n'y avait pas pour autant accord sur le rôle de ces qualités ni sur la bonne manière de les cultiver. A ce sujet, d'autres problèmes se posaient, et d'autres protestations surgissaient – de la part, cette fois, des philosophes. Les sophistes promettaient, moyennant finance, une réussite pratique relativement rapide : c'était là, aux yeux des philosophes, aux yeux de Socrate et de ses disciples, poursuivre le mauvais but, tourner le dos au vrai et au bien, bref, se tromper complètement d'orientation.

Socrate, et après lui Platon, ne dédaignaient ni les activités du citoyen ni la participation aux affaires; mais ils les plaçaient au terme d'une longue maturation désintéressée; et ils étaient fort hostiles à la hâte suspecte qu'encourageaient les sophistes.

C'est bien là, en fin de compte, ce qui donne son âpreté au conflit entre Calliclès et Socrate, dans le *Gorgias*. Calliclès, chez qui habite Gorgias, est indigné contre Socrate parce qu'il continue à philosopher à son âge, au lieu de s'adonner à la vie active. La philosophie est à recommander pour les jeunes : « Mais devant un homme d'âge que je vois continuer à philosopher sans s'arrêter jamais, je me dis, Socrate, que celui-là mériterait d'être fouetté. Car un pareil homme, comme je le disais tout à l'heure, a beau être bien doué naturellement, il devient moins qu'un homme à fuir toujours le cœur de la cité, ces assemblées où, comme dit le poète, les hommes s'illustrent » (485 c-d); et il rappelle que Socrate, s'il était accusé, ne saurait pas se défendre : il serait condamné à mort. Inversement, selon Socrate, ce n'est pas là le pire malheur que risque un homme; et la réussite que vise Calliclès impliquerait de sa part esclavage et corruption : « Il faut donc nous laisser guider par les vérités qui viennent de nous apparaître et qui nous enseignent que la meilleure manière de vivre consiste à pratiquer la justice et la vertu, dans la vie et dans la mort » (527 e). On ne saurait imaginer deux points de vue plus profondément et plus dramatiquement opposés.

Bien entendu, Calliclès n'est pas un sophiste – on l'a dit, déjà, et l'on y reviendra. Mais son ambition et son désir de s'illustrer sont caractéristiques de ce que les jeunes Athéniens attendaient des sophistes. Et les sophistes eux-mêmes, s'ils n'avaient pas la même passion égoïste que leur bouillant élève, n'étaient évidemment pas mus par le seul désir de la vérité; selon leurs propres dires, leur enseignement, en tant que *technè*, avait une fin avant tout pratique.

Pouvait-il en être autrement? Et faut-il les en blâmer? Une cité ne peut être faite de purs philosophes méditant sur des essences. Il faut qu'y fleurisse un certain sens des réalités. Il faut donc former des gens capables de prendre part, sans trop attendre, aux délibérations politiques, et aussi de se défendre, sans trop de maladresse, devant les tribunaux. Il faut « des clartés de tout ». Certes, quiconque lit le dialogue est nécessairement contre Calliclès et pour Socrate, contre l'ambition et pour la philosophie; pourtant l'idéal de Socrate s'avère en fin de compte aussi exceptionnel qu'il est admirable; et nul, dans un Etat, ne songerait, en fait, à le généraliser.

Contre ce pragmatisme des sophistes et contre la rapidité des résultats qu'ils escomptaient, Platon a dressé toutes les formes d'ironies, des plus grosses aux plus subtiles. Après l'ironie d'Aristophane envers les intellectuels et celle d'Eupiride envers les sportifs, voici donc maintenant celle du philosophe envers ces maîtres orientés vers la compétence pratique. Apparemment, il est difficile, à Athènes, d'apporter du nouveau sans se voir moqué de tous les côtés.

Ces ironies de Platon courent de ligne en ligne quand il décrit les promesses des sophistes, leur suffisance, leur succès. Elles apparaissent surtout dans l'évocation des sophistes de second ordre; et celle qu'il nous offre des deux frères, dans l'*Euthydème*, est une vraie charge de comédie. En revanche, dans le même dialogue, elles se font plus enveloppées quand Socrate se met à décrire ces nouveaux maîtres comme « intermédiaires entre le philosophe et l'homme politique » (305 c) et à rappeler, contre eux, que toute position intermédiaire n'est qu'un à-peu-près. La formule était empruntée à Prodicos; et elle trouve un écho dans la pointe lancée par Platon contre Isocrate, à la fin du *Phèdre* – cet Isocrate qui, selon le texte, inspirerait de l'espoir (il était fort âgé!) car son esprit comporte « quelque philosophie » (279 a). Elle exprime assez bien la différence – et le différend – entre sophistes et philosophes.

En tout cas, tout converge : attaques vives, faux airs protecteurs, escarmouches et allusions; le reproche est toujours que les sophistes croient enseigner quelque chose alors que seuls les philosophes authentiques en seraient capables.

Il est clair que la confusion qui risquait de s'établir dans le public entre Socrate et les sophistes a renforcé, chez Platon, le désir de préciser la distinction, de l'imposer, de la mettre en relief. On a trouvé cette confusion chez Aristophane; mais les accusations portées contre Socrate (corrompre les jeunes, et ne pas croire aux dieux de la cité) en relevaient aussi pour une bonne part. Et l'on se souviendra qu'Anytos, qui, dans le *Ménon*, est si violent contre les sophistes, fut à la source de ces accusations : peut-être n'est-ce pas sans intention que Platon lui fait avouer qu'il n'a jamais approché les sophistes et que ses violences risquent d'être injustes – comme le sont ses menaces à peine voilées envers Socrate lui-même. Quoi qu'il en soit, on comprend que Platon ait tenu à faire justice de toutes ces confusions – tout comme Xénophon, dans le texte déjà cité du *Sur la chasse*, tient à préciser : « les sophistes, non pas les philosophes ».

Mais, par-delà les questions de personnes, il demeure vrai que la distinction était bel et bien essentielle. On peut même penser que le sentiment que Platon en a eu a marqué toute sa pensée. Car c'est un peu par réaction contre les sophistes qu'il a, lui, posé les principes d'un idéalisme exigeant et absolu. D'un seul coup, l'une contre l'autre, sont nées deux formes de pensée et d'enseignement distinctes. Contre la hâte pratique des sophistes, Platon a revendiqué le mot qu'avaient lancé les pythagoriciens : il s'est proclamé non pas « sage », ou « maître de sagesse », mais « philosophe », c'est-à-dire « épris de la sagesse ». Contre leur confiance dans la réussite pratique, il n'a accepté qu'un objectif, si ardue qu'en soit la recherche : le vrai. Et à ces deux visées différentes ont correspondu deux systèmes de pensée qui ne l'étaient pas moins.

Jamais Socrate, tel que le présente Platon, n'a traité avec mépris les grands sophistes des débuts; mais jamais Platon n'a eu de cesse qu'il n'ait défini et stigmatisé ce que représentaient les sophistes en général, et même, philosophiquement, « le sophiste ». La distinction a commandé l'histoire de sa pensée et celle de la pensée grecque dans son ensemble.

Le résultat est que ses critiques aident à comprendre à la fois l'exigence radicale qui est la sienne et, par contrecoup, l'originalité de l'ambition qui animait l'enseignement de nos sophistes.

Cette ambition posait divers problèmes : il en est un qui peut être qualifié de préliminaire et qui touchait, en fait, au fond même de l'affaire. Nous sommes dans l'Athènes du Vᵉ siècle : il ne faut donc pas s'étonner si ce problème, qui fut beaucoup plus largement débattu que les autres, était aussi le plus abstrait et le plus fondamental. C'est celui qui met en question la possibilité même qu'un enseignement puisse revêtir une pareille efficacité.

On l'a rappelé déjà : dans une société aristocratique, la vertu est innée : on la possède ou par le hasard de la naissance ou plus souvent par hérédité. Elle peut aussi être renforcée, dans la pratique, par l'imitation des ancêtres. C'est là une idée que l'on rencontre souvent chez Pindare et que Sophocle défend encore en pleine guerre du Péloponnèse. Son Electre, son Ajax, se réclament ainsi de la grandeur de leurs pères. Plus nettement encore, le *Philoctète* de Sophocle montre comment, malgré l'influence d'Ulysse, la vraie nature du fils d'Achille se révèle dans toute sa force. Le mot de « nature » revient constamment dans la pièce; et la décision soudaine du jeune homme est donnée comme le triomphe de ces vertus héréditaires : « Tu as montré, enfant, la nature d'où tu es né » (1310).

Peut-être cette insistance même dénote-t-elle chez Sophocle, un besoin de réagir contre les idées neuves qu'il avait vu se répandre. En effet, la révolution des sophistes est précisément d'avoir dressé, en face de la nature et contre elle, l'enseignement, et d'avoir considéré qu'à leur contact le mérite s'apprenait.

Du coup, voilà la question posée – une question qui, aux lecteurs modernes, paraît quelque peu théorique, presque scolaire, ou scolastique, mais qui, replacée dans son temps et mise en liaison avec le nouvel enseignement et les nouveautés sociales qu'il impliquait, prend une acuité et une actualité brûlantes.

Cette question sortait directement de l'audacieuse entreprise des sophistes. Ou du moins elle tira de cette entreprise et de son succès une urgence qui, aujourd'hui, ne se comprend plus sans effort. Les mérites peuvent-ils s'enseigner, s'apprendre ? L'enseignement compte-t-il plus que l'hérédité ? Voilà que soudain tout le monde, à Athènes, se passionne pour ce problème. Les termes et les interrogations sont identiques, non seulement dans tous les traités de tous les philosophes, mais chez les auteurs littéraires, qu'il s'agisse de tragédie ou d'histoire. Ce débat si constant et si serré reflète l'émoi que suscitait la confiance des nouveaux maîtres dans le succès de leur enseignement.

D'ailleurs, c'est un fait, cette question constitue le sujet même du dialogue que Platon a consacré au premier des grands sophistes : ce que discute le *Protagoras*, ouvertement, est la question de savoir « si la vertu peut s'enseigner ».

Le dialogue est subtil et sa composition déroutante – précisément parce que Socrate croit, lui aussi, que la vertu s'enseigne, car elle est d'ordre intellectuel; mais pour lui elle ne s'enseigne pas de la façon que pense Protagoras, ni aussi simplement que celui-ci l'imagine. Socrate a donc des doutes, qui visent l'ensemble du programme sophistique; et c'est à cette critique en quelque sorte préliminaire que Protagoras tente de répondre en employant successivement les ressources du mythe et de l'argumentation.

On laissera ici de côté les détails de la discussion, la référence à l'enseignement donné par la cité, les promesses de Protagoras, et son embarras à définir avec rigueur cette vertu qu'il entend cependant répandre, comme à dire si elle est simple ou multiple et à trancher d'autres questions épineuses vers lesquelles Socrate l'entraîne : l'important est de voir le problème fondamental si nettement mis en relief et si étroitement lié aux prétentions du grand sophiste.

Encore si c'était tout ! Mais un autre dialogue, le *Ménon*, porte d'un bout à l'autre sur le même problème; les premiers mots en sont : « Pourrais-tu me dire, Socrate, si la vertu s'acquiert par l'enseignement, ou par l'exercice, ou bien si elle ne résulte ni de l'enseignement ni de l'exercice, mais est donnée à l'homme par la

nature, ou si elle vient de quelque autre cause encore ? »
Là aussi, les solutions sont nuancées. Mais là aussi les
sophistes sont visés. Et l'on a vu plus haut l'indignation
qu'Anytos exprime contre eux à cette occasion.

Il est donc d'ores et déjà évident que l'on a là une
insistance rare, et que le projet des nouveaux maîtres
suscitait une énorme mobilisation intellectuelle.

Cette effervescence se traduisit dans les milieux philosophiques, mais aussi au-dehors.

Pour tous les penseurs du temps, sophistes ou non
sophistes, on possède soit un fragment, soit un témoignage, soit une allusion, soit un signe, en tout cas, qu'ils
étaient intervenus plus ou moins longuement dans la
querelle opposant l'hérédité à l'éducation; et il ne semble
y avoir eu personne qui n'ait cherché à dire dans quelle
mesure la vertu pouvait s'enseigner. Le texte anonyme
qui paraît émaner d'un disciple de Protagoras et qui est
connu sous le nom de *Discours doubles*[6] présente quelques thèmes de débats d'école, alors à la mode; parmi
eux figure, au numéro 6, le débat qu'il appelle « Sur la
sagesse et la vertu : si elles peuvent s'enseigner ». On y
rencontre, pour résumer les vues de ceux qui ne croient
pas à la possibilité de cet enseignement, plusieurs des
arguments repris par Platon dans le *Protagoras* (où sont
les maîtres ? pourquoi les gens éminents n'ont-ils pas
enseigné ces vertus à leurs fils ? il y a des élèves qui ont
suivi un enseignement en vain et d'autres qui se sont
illustrés sans avoir reçu de leçons, etc.). L'auteur réfute
alors brièvement ces objections. Et, à propos des anomalies dans les résultats, il observe que les dons naturels ont
leur importance : « Il y a bien aussi la nature. » Enfin, en
une courte phrase, il emploie l'argument que l'on
retrouve développé dans le *Protagoras* de Platon, et qui
décrit l'éducation anonyme que la cité offre à l'enfant.
Le texte, en lui-même, n'a pas grand intérêt; il ressemble
à un répertoire d'arguments connus; mais, rapproché du
Protagoras, il prouve de façon éclatante à quel point
Platon y reproduisait des discussions réelles et des thèses

effectivement soutenues. En outre, par sa sécheresse presque scolaire, le traité montre bien combien ces débats étaient habituels.

Mais il est plus intéressant encore de constater qu'ils ne se limitaient pas le moins du monde au groupe des philosophes, qu'il s'agisse des sophistes ou de leurs adversaires. Ce débat à nos yeux si abstrait se répand partout, pénètre la littérature, surgit au théâtre, détermine les façons de percevoir les données politiques et morales de la vie.

On peut en juger, pour un de ces domaines, par Thucydide, et, pour l'autre, par Euripide.

Thucydide ne discute pas le problème théorique. En revanche, tout, dans la manière dont il pense et présente la guerre, est commandé par l'opposition entre deux formes d'excellence et deux formes de courage : les Athéniens représentent le courage lucide, né de l'expérience et d'une technique raisonnée; celui des Lacédémoniens repose sur la vaillance innée et la tradition. Dans les discours du livre I, les orateurs des deux camps opposent les avantages respectifs de ces deux formes de supériorité; et les chefs qui s'affrontent dans la première bataille navale de la guerre se livrent, dans les discours qu'ils adressent aux soldats, à une longue analyse portant sur le même thème : les uns expliquent le courage par la confiance qu'inspire l'expérience, les autres jugent que la vaillance naturelle permet seule l'application du savoir. A l'instant de l'action, il faut donc que le débat de l'heure se force un chemin dans ces exhortations! Quelles que soient les thèses soutenues par chacun, le problème fuse à tout propos et hors de propos.

Quant à Euripide, il reprend la question sans cesse, dans les moments où elle s'impose le moins. L'exemple le plus frappant est celui d'*Hécube*. Lorsque la vieille reine apprend la mort de sa fille, immolée par les Grecs, au lieu du désespoir auquel on s'attendrait, on trouve, dans la pièce, quatre ou cinq vers de plaintes, puis, en surprise, une méditation sur les pouvoirs de l'éducation :

« N'est-ce pas chose étrange ? Une mauvaise terre, si elle obtient des dieux des conditions favorables, porte de beaux épis, et un bon sol, faute de ce qu'il faudrait, donne de mauvais fruits [autrement dit : l'apport postérieur compte plus que la qualité de la terre], tandis que, chez les humains, c'est toujours la même loi : le méchant ne saurait être que méchant et l'honnête homme tout honnête, sans que les circonstances gâtent sa nature. Est-ce l'hérédité ou l'éducation qui l'emporte ? Il est sûr qu'une bonne éducation apporte un certain enseignement sur la noblesse morale; et, si l'on a bien appris cela, on reconnaît ce qui est mal en se référant au bien » (592-602)[7]. Cette digression est si surprenante qu'Euripide l'a, en quelque sorte, avouée : Hécube, en effet, s'interrompt soudain pour revenir à son drame : « Mais ce sont là, dit-elle, des traits où mon esprit s'égare. »

Une telle digression, en un moment si pathétique, n'aurait pas été possible si Euripide et son public n'avaient pas été, à l'époque, hantés par ce problème. Après tout, *Hécube* est, semble-t-il, de 424 : du moment de la plus grande effervescence relative aux sophistes[8].

Ce n'était pas pour autant une occasion unique, loin de là; car nous possédons au moins une bonne dizaine de textes d'Euripide dans lesquels ses personnages ou bien le chœur de ses tragédies reviennent sur la question; ces textes commencent avec des pièces anciennes, comme *Hippolyte* ou certaines tragédies perdues (*Phénix*, *Pélée*), se retrouvent, après *Hécube*, dans *Les Suppliantes*, mais se rencontrent aussi dans des tragédies plus tardives, comme *Electre* ou *Iphigénie à Aulis*[9]. Même sans chercher à mettre d'accord toutes les déclarations des divers personnages – ce qui pourtant pourra et devra être fait –, il est d'emblée manifeste que le problème court à travers toute l'œuvre et reste, aux yeux d'Euripide, primordial. Un héros de tragédie accomplit-il une action admirable, ou bien criminelle ? La réaction du poète est de se demander comment cela se fait; et les termes mêmes surgissent aussitôt : est-ce nature ? est-ce éducation ?

On mesure par là quelle stupeur et quelles difficultés avaient soulevées les prétentions des sophistes quand, tout à coup, ils avaient instauré l'enseignement, ou *didakhè*, en lieu et place de la nature, ou *phusis*.

Mais était-ce bien en ses lieu et place ? L'audace qu'il y avait à donner ainsi à l'enseignement un rôle important était en fait si grande que celui de la *phusis* sembla complètement écarté : pour être honnête, il faut avouer que telle n'était sans doute pas l'intention des premiers sophistes.

Un fragment de Protagoras (B3) reconnaît en effet : « L'enseignement a besoin de la nature et de l'entraînement », et aussi : « Il faut, pour apprendre, commencer dès la jeunesse » (ce qui implique, on le voit, l'entraînement et l'habitude)[10]. Les propos que lui prête Platon, dans le dialogue qui porte son nom, reconnaissent bien ce rôle de la nature, dans le cas des gens éminents qui n'enseignent pas à leurs fils le moyen de les imiter : Protagoras parle alors des fils peu doués, ou pas doués du tout (327 c). De même les *Discours doubles*, qui viennent d'être cités, précisaient, on l'aura remarqué : « Il y a bien aussi la nature »...

Cette position, nuancée et raisonnable, a donc dû être adoptée par les grands maîtres du début. Mais, comme l'essentiel était la découverte du rôle de l'enseignement, l'équilibre fut vite rompu.

Certes, les sophistes modérés continuèrent à se montrer nuancés. L'Anonyme de Jamblique, qui semble bien être un sophiste, mais qui donne si peu dans les excès que l'on a cru aussi pouvoir l'identifier avec le philosophe Démocrite[11], déclare ainsi, avec une précision parfaite, qu'il faut d'abord la nature, puis le désir du bien, le goût de l'effort et des études prolongées (I, 2). Pourtant, les sophistes tendaient volontiers à privilégier le rôle de l'enseignement; ainsi Antiphon affirmant : « La chose la plus importante à l'homme est, j'imagine, l'éducation » (B 60); et Critias : « Plus de gens doivent leurs mérites aux soins qu'à la nature » (B 9). Au reste, indépendamment de toute prise de positiion théorique, la confiance même des promesses formulées par les sophistes tendait à faire oublier et le rôle de la nature et celui de l'entraînement. C'est ce que suggère, par exemple, la formule de Socrate, parlant dans l'*Euthydème* (304 c) des sophistes qui se font fort d'instruire tous ceux qui peuvent payer, « sans exception de naturel ni d'âge » !

Et c'est contre cela que, séduits mais inquiets, émerveillés mais arrêtés par leur expérience quotidienne, beaucoup d'Athéniens réagirent.

Pour le Ve siècle, Euripide peut en fournir la preuve. Car, devant le nombre de passages consacrés à ce problème dans son œuvre, on a parfois parlé d'incohérences et de contradictions : on devrait plutôt parler d'un sens admirable de la complexité des choses.

Il est bien vrai que, surtout dans les premières pièces, il arrive à ses personnages de rappeler la part, souvent importante de l'hérédité; mais, dans l'ensemble, on sent un homme que les idées nouvelles attirent, mais à qui son sens même de la psychologie révèle bien souvent que « voir où est le bien » ne suffit pas. C'est même là tout le contraste entre lui et Socrate : il n'est pas intellectualiste. Sa Médée déclare ainsi : « Oui, je comprends quel mal je vais oser faire, mais l'ardeur intérieure *(thumos)* commande mes résolutions : c'est elle qui cause les pires maux des mortels » (*Médée*, 1078-1080). De même, sa Phèdre déclare, non moins nettement : « Nous avons la notion et le discernement de l'honnête, mais nous ne faisons pas l'effort de l'appliquer, les uns par paresse, les autres pour préférer au bien un plaisir qui s'en éloigne » (*Hippolyte*, 380-381). Enseigner est donc bien; cela peut servir d'avoir appris; mais cela ne suffit pas; et le fin psychologue qu'était Euripide ne perd pas une occasion de le dire avec une précision admirablement nuancée.

Rappelons-nous le texte d'*Hécube*, avec ses mots

hésitants, mais bien pesés, et ses réticences, et ses patientes retouches : « Une bonne éducation comporte *bien aussi* un *certain* enseignement de la noblesse morale »; et puis ce choix attentif des termes, quand elle dit que cet enseignement permet d'apprendre « à *reconnaître* le bien, à *discerner* le mal ». Le texte ne dit nulle part que, une fois cela appris, on agira bien. De même, dans *Iphigénie à Aulis*, il est dit que les natures diffèrent et que l'éducation *contribue* beaucoup à la vertu; et le texte parle, ici encore, de *discerner* le devoir... Les deux éléments sont mis en parallèle, et la portée positive de l'enseignement reconnue, mais soigneusement limitée.

Ces indications s'accordent avec les limites posées ailleurs, quand on lit, dans un fragment du *Phénix*, qu'une bonne éducation ne saurait rendre bon l'homme vil et que par conséquent « la nature est l'essentiel » (fr. 810)[12].

Or il en va de même pour cet autre élément irrationnel qu'est l'entraînement, la formation des habitudes. Dans *Les Suppliantes* et dans le fragment 1027, Euripide introduit même l'exemple du petit enfant, qui apprend à dire et à entendre ce dont il ne possède pas la connaissance apprise : ce petit enfant se forme par l'exercice (*askèsis*) et il contracte là des habitudes que l'homme gardera jusque dans sa vieillesse, et qui lui seront comme une seconde nature.

Il serait un peu vain de multiplier les citations et d'aller chercher tous les textes qui, à l'époque, font écho à ces remarques. Sous forme de propositions isolées, de témoignages et d'allusions, ils sont nombreux. Démocrite, par exemple, remarque dans le fragment 242 qu'il y a plus d'hommes rendus vertueux par l'entraînement que par les qualités naturelles : ce n'est plus le règne des dons naturels; mais ce n'est pas non plus l'intellectualisme des sophistes[13]...

Et finalement tous ces échanges, toutes ces réticences, toutes ces omissions et ces redécouvertes, aboutissent à la prise de position modérée dans son esprit, mais péremptoire dans sa présentation, qu'offrent les discours-programmes d'Isocrate.

Un demi-siècle seulement après l'apparition des grands sophistes, il ouvre en effet un enseignement à Athènes : un enseignement intellectuel, comme le leur, tourné vers l'action politique, comme le leur, et prêt à dispenser une formation générale comme la leur. Mais le premier manifeste de cette nouvelle école, qui s'inscrit si bien dans leur suite, s'appelle *Contre les sophistes*. Et sa première, sa seule attaque contre eux est justement celle que l'on a vue mûrir à travers les réticences du Ve siècle : il leur reproche en effet d'avoir voulu trop promettre et de n'avoir pas assez tenu compte, à côté de l'enseignement, des deux facteurs irrationnels que sont les dons naturels et l'entraînement pratique. C'est l'attaque même de son discours : « Si tous ceux qui s'occupent d'éducation voulaient bien dire la vérité, sans faire de promesses supérieures aux résultats qu'ils doivent obtenir, ils auraient moins mauvaise réputation auprès du grand public. » Et bientôt nos trois termes apparaissent, hautement revendiqués : « Dans ce pouvoir, ils n'attribuent aucune part ni à l'expérience ni aux qualités naturelles du disciple, et ils prétendent lui transmettre la science du discours de la même façon que celle de l'écriture » (10). Il rappelle alors – comme l'auteur des *Discours doubles* – que « beaucoup de gens, après avoir fait de la philosophie, sont restés de simples particuliers et que d'autres, sans avoir jamais fréquenté aucun sophiste, sont devenus de bons orateurs et d'habiles politiques » (14). Pourquoi cela ? « Parce que la faculté de faire des discours et de pratiquer toutes les autres activités apparaît chez les gens doués de qualités naturelles et chez ceux qui se sont exercés par l'expérience, mais que l'éducation les rend plus savants en leur art et plus capables dans leurs recherches (car ce qu'ils rencontrent d'abord par hasard, ils sont instruits à le trouver où il est tout préparé). Ceux qui ont une nature moins riche ne pourraient devenir par l'éducation de bons polémistes ni des créateurs de discours, mais elle peut les faire progresser et les rendre plus réfléchis en bien des points[14] ».

Naturellement, du coup, la méthode change : ce que l'on pourrait appeler les travaux pratiques va se développer aux dépens du cours magistral[15]. Mais surtout, on le voit, le ton est devenu bien plus prudent et plus circonspect. Un excès de confiance dans les possibilités d'un apprentissage fondé sur des sortes de recettes intellectuelles a d'abord amené un malaise, et des critiques, pour aboutir enfin à une mise au point.

Mais ce circuit, dont les divers chapitres de ce livre nous offriront une image sans cesse répétée, ne doit pas nous faire oublier deux circonstances, qui se dégagent clairement de cette suite de témoignages.

La première concerne Athènes et le ton même de ces polémiques. A peine une nouveauté lancée, on constate que les Athéniens, écrivains ou hommes de théâtre aussi bien que philosophes, se précipitent dans un débat qui nous paraît aujourd'hui incroyablement abstrait et philosophique : nous discuterions volontiers pour savoir si, en fait, les élèves d'un savant « réussissent »; mais qui irait poser les problèmes *a priori*, en termes généraux ? Les Athéniens, eux, se jetaient allégrement dans ces débats. Il n'était rien qui, pour eux, ne fût aussitôt transposé en problèmes universels et en découvertes d'idées.

Cet élan était d'autant plus vif que les problèmes surgissaient alors dans leur nouveauté vivante. On vient de le voir : l'idée même qu'un enseignement intellectuel puisse avoir une utilité pratique était pour eux une nouveauté. Elle venait d'apparaître dans Athènes, liée au changement social. Et l'ardeur à en débattre était accrue d'autant.

Le résultat est que, s'il nous arrive aujourd'hui, chemin faisant, d'avancer une réflexion sur les limites que connaît tout enseignement, ou sur l'utilité qu'il y a à bien comprendre une situation si l'on veut s'y montrer brave, ou si l'on cherche à définir la part de la formation générale et de la spécialisation dans les enseignements intellectuels, on retombe presque infailliblement sur des arguments que les textes d'alors avaient aussitôt, et à chaud, alignés, pesés et coordonnés, il y a de cela vingt-cinq siècles.

Peut-être cette habitude fut-elle encouragée et renforcée par nos sophistes, et grâce à leur art de tout expliquer et de tout discuter. En tout cas, l'autre circonstance qui frappe, dans ces débats, les concerne, eux, très directement; et elle nous concerne aussi.

On voit en effet, si l'on observe le début et la fin de la discussion, que leur toute neuve ambition marque dans notre histoire un commencement absolu, et qu'elle laisse après elle une situation à jamais acquise.

C'était une nouveauté totale, on l'a vu, que l'idée d'une formation intellectuelle s'adressant à n'importe quel adulte et visant à améliorer ses aptitudes dans tous les domaines, grâce à des techniques de l'esprit et à des sciences humaines. Cette idée surprit; elle changea en profondeur la façon de se représenter l'homme et les raisons qui déterminent ses mérites plus ou moins grands. Elle entraîna des correctifs et des rectifications. Mais jamais jusqu'à aujourd'hui, dans aucun pays civilisé, on ne devait revenir dessus.

Et, ici, force est bien de nous tourner encore une fois vers Isocrate. Oui, il rectifie. Oui, il attaque. Mais c'est parce qu'il pense ainsi pouvoir mieux sauver l'héritage. Et à l'occasion il le dit. Ecoutons-le dans le *Sur l'échange*, une quarantaine d'années plus tard : il n'a pas changé d'avis, car il cite longuement son *Contre les sophistes* et ajoute d'autres témoignages dans le même sens; mais il proclame que la nouveauté était bonne et utile : « Qui donc ignore que beaucoup d'entre nous, après avoir étudié sous les sophistes, n'ont été ni abusés ni traités comme le disent ces gens [*i.e.* les adversaires des sophistes], que les uns sont devenus de bons polémistes, d'autres des maîtres capables d'enseigner, et que ceux qui se sont décidés pour la vie privée sont, dans les réunions, plus polis qu'auparavant et peuvent, avec plus de précision que la majorité, juger des discours et donner des conseils? Peut-on mépriser une telle occupation, capable de donner de si grandes qualités à ceux qui s'y livrent? » (204). On ne le peut pas, et on ne s'y risqua plus. Compte tenu des retouches apportées, l'innovation de Protagoras conduit droit à Isocrate, Isocrate droit à Cicéron, Cicéron droit à nous. Si nous avons un enseignement pour les lycéens, pour les étudiants, pour les gens désireux d'apprendre, même plus tard, à connaître et à manier les idées, nous le devons à Protagoras et à ses amis.

Il y avait de quoi, pour les gens d'alors, être un peu saisis. Mais il y a de quoi, pour nous, rendre un peu mieux justice à ces maîtres, dont les ambitions étaient encore trop vives pour que ne soit pas parvenu jusqu'à nous l'écho du désarroi que leurs excès mêmes ne manquèrent pas de provoquer.

Encore n'avons-nous pas vu le plus troublant de leur programme. Car vouloir enseigner la vertu politique, le jugement et la clairvoyance était déjà une assez belle audace, mais vouloir tirer tout cela d'un enseignement de l'art oratoire était encore plus audacieux. Or telle était – il est temps de l'avouer – la prétention des sophistes.

NOTES DU CHAPITRE II

1. Au passage, on comprendra par là pourquoi, dans les débats d'alors sur l'enseignement, on se réfère si souvent à l'apprentissage de la lecture et des lettres. Isocrate critiquera plus tard la prétention des sophistes à enseigner l'art du discours comme on fait pour les lettres de l'alphabet (*Contre les sophistes*, 10, cité ci-dessus, p. 73).

2. Les sophistes utilisaient d'ailleurs le commentaire des poètes dans leurs leçons et leurs discussions. Protagoras, semble-t-il, jugeait essentiel d'être « connaisseur en poésie » (*Protagoras*, 338e); voir d'ailleurs les remarques de détail transmises dans les témoignages A 29 et 30, entre autres.

3. Voir déjà 303 c : « Que vous êtes heureux, dis-je, avec ces dons admirables, d'être *si vite, en si peu de temps*, venus à bout d'une pareille tâche. »

4. Isocrate, de même, commence son *Panégyrique* en s'étonnant que l'on couronne les athlètes plutôt que ceux qui servent leur pays par le jugement et la parole.

5. En grec, le premier terme est *sophous*.

6. Cf. ci-dessous, p. 98.

7. La traduction des derniers vers est légèrement modifiée, afin de mieux rendre compte de la prudence d'Euripide (cf. ci-dessus, p. 71-72).

8. Le débat de Naupacte est censé se placer peu avant, *Les Nuées* sont postérieures d'un an.

9. Voir, en dehors du texte d'*Hécube* qui a été cité : *Hippolyte*, 80 et 917; *Les Suppliantes*, 911-917; *Electre*, 369-370; *Iphigénie à Aulis*, 567-569; et les fragments 516, 617, 810, 1027, 1068; On ne compte pas ici les textes qui parlent de l'hérédité ou des qualités naturelles sans établir de contraste avec l'éducation (ainsi *Hécube*, 380, fragments 75, 232, 333, 495).

10. Ces trois éléments (nature-enseignement-entraînement) figurent aussi dans les propos que Platon prête à notre sophiste, quand il distingue les mérites dus « à la nature et au hasard » de ceux que l'on acquiert « par le soin, l'entraînement et l'enseignement » (323d).

11. Cf. ci-dessous, p. 198 et suiv.

12. Cf. *Dictys* (333) : « La vieille sentence est valable : on ne saurait être bon en étant né d'un père mauvais. »

13. Pour d'autres références, moins sûres ou plus tardives, voir HEINIMANN, *Nomos und Physis, Herkunft und Bedeutung einer Antithese im griechischen Denken des 5. Jahrhunderts*, note 36, p. 101.

14. 14-15, traduction légèrement modifiée.

15. Ainsi 17 : « L'élève, en plus des qualités naturelles nécessaires, doit connaître les procédés du discours et s'exercer à leur emploi, le maître doit être capable d'exposer ces procédés si exactement qu'il n'omette aucun des points à enseigner et, pour le reste, se donner lui-même en exemple. »

III

UNE ÉDUCATION RHÉTORIQUE

Pour les Athéniens du Vᵉ siècle avant J.-C., et plus largement pour tous les Grecs de l'époque classique, être « habile à parler », ou savoir « bien parler » était un mérite essentiel à acquérir : l'individu, en ce temps-là, pouvait se faire entendre directement et toutes les grandes décisions résultaient de débats publics; la parole était donc un moyen d'action privilégié. Elle le devint d'autant plus que progressait la démocratie. Rien d'étonnant, donc, à ce que cet art d'être orateur, cette rhétorique, ait été parmi les premiers buts revendiqués par l'enseignement des sophistes. Quand, au début du *Protagoras* de Platon, le jeune néophyte qui court se confier au maître doit dire ce que celui-ci enseigne, il ne trouve d'abord d'autre explication que celle-ci : Protagoras « rend habile à parler » (312 d).

De fait, c'est là un des points communs aux divers sophistes; et c'est aussi ce que représentera le mouvement que l'on a appelé la « seconde sophistique » sous l'empire : les maîtres qui en firent partie se voulaient, certes, des maîtres à penser et n'hésitaient pas à conseiller les cités ou les grands, mais avant tout ils furent maîtres de rhétorique, et tinrent à faire montre de leur habileté dans ce domaine en traitant les sujets les plus paradoxaux : ils ne faisaient là que renouer avec les premiers sophistes – ceux du Vᵉ siècle athénien.

Le but d'un tel enseignement était clair et compréhensible; son contenu, en revanche, posait des problèmes. La rhétorique pouvait aller de la simple recette à l'analyse théorique, du style à la pensée, de l'efficacité pratique à la formation intellectuelle. Or, si l'on examine ce qu'enseignaient les nouveaux maîtres et dans quel esprit, on s'aperçoit vite d'un curieux paradoxe. En effet, leur visée même semblait indiquer une séparation radicale entre ce que nous appellerions le fond et la forme; mais les moyens formels qu'ils inventèrent et propagèrent s'avérèrent pourtant au premier chef des moyens d'investigation et de formation intellectuelle.

C'est là, probablement, le fait de tout enseignement rhétorique, que cela se perçoive ou non. Mais il y a des degrés. Et les sophistes du milieu du Ve siècle ont vraiment forgé des instruments nouveaux pour l'esprit : on le comprend bien lorsque l'on mesure le brusque changement qui les sépare de leurs devanciers.

En gros, on peut opposer aux premiers balbutiements des précurseurs les deux orientations que donnèrent à la rhétorique les deux hommes les plus notoires parmi les premiers sophistes, Gorgias et Protagoras. D'autres, plus jeunes, continuèrent, nuancèrent, complétèrent; mais tout est donné clairement dans la double poussée de renouveau qui anime les deux grands maîtres de cet art alors à peine né.

Un témoignage d'Aristote, rapporté par Cicéron (*Brutus*, 46), situe la naissance de la rhétorique en Sicile, après l'expulsion des tyrans, c'est-à-dire vers le premier tiers du Ve siècle, et la met en liaison avec le nombre des procès qui prirent place alors. L'indication exprime en tout cas avec netteté ce que cet art nouveau eut de pragmatique, et à quel point il était lié au monde étroit des procès et de la chicane.

En Sicile, les deux maîtres qui tentèrent d'en codifier les préceptes furent Corax et son élève Tisias – déjà presque des sophistes, puisqu'ils enseignaient en se faisant payer pour cela, et qu'ils s'enchantaient de raisonnements. Tisias, au surplus, aurait été le maître de Gorgias et l'aurait accompagné lors de son ambassade à Athènes. Corax et Tisias avaient tous deux écrit des traités ou *technai*, dont Platon et Aristote aident à se faire une idée, du moins en ce qui concerne l'argumentation. Or celle-ci apparaît sèche, raide et quelque peu simpliste. Mais cela ne l'empêche pas de s'appuyer sur ce qui sera le fondement même de l'argumentation chez les sophistes, à savoir l'argument de vraisemblance. Le vrai, pour ces plaidoiries d'avocats, n'était pas en question (et l'on voit là s'esquisser ce qui choquera tant dans la rhétorique à venir); en revanche, les rhéteurs savaient jouer de façon subtile et systématique du vraisemblable; et ils savaient aussi l'employer au second degré, pour en retourner le sens. Le premier aspect apparaît chez Platon, dans le *Phèdre*, lorsqu'il résume l'art de Tisias : « S'il arrive, a-t-il écrit, qu'un homme sans vigueur et hardi en ait rossé un autre, vigoureux et lâche, qu'il lui ait arraché son manteau ou autre chose, et puis qu'il soit traduit devant les tribunaux, ni l'un ni l'autre ne doivent dire la vérité. Bien au contraire, le lâche prétendra que le hardi n'a pas été tout seul pour le rosser, à quoi l'autre sans doute ripostera qu'ils étaient seul à seul; mais le grand argument auquel il recourra sera : comment me serais-je, moi, fait comme je suis, attaqué à lui, fait comme il est? » Quant au second aspect, Aristote, moins sévère pour le principe et plus intéressé par la technique, en énonce le contenu, en ce qui concerne Corax (*Rhétorique*, III, 24, d) : « Si un homme ne donne pas prise à l'accusation dirigée contre lui, si, par exemple, un homme faible est poursuivi pour sévices, sa défense sera que sa culpabilité n'est pas vraisemblable; mais, si l'inculpé donne prise à l'accusation, si par exemple, il est fort, sa défense sera que cette accusation n'est pas vraisemblable parce qu'elle devait le paraître et qu'on le savait à l'avance. »

Autrement dit, à l'intérieur d'un cadre modeste, qu'ils n'envisageaient pas encore la possibilité de déborder, ces fondateurs avaient déjà posé tous les jalons : ils avaient défini le but de la rhétorique et montré, dans la pratique, le fonctionnement même d'une argumentation reposant sur les réactions communes des hommes. Ils avaient peut-être fait plus encore, car les *Traités* en général considéraient (sans que l'on sache depuis quand), bien des parties du discours qui n'étaient pas à proprement parler la preuve : la narration, l'éloge, l'attaque personnelle, etc.

Dans la foulée des précurseurs, la rhétorique des sophistes devait continuer à suivre cette voie. Ils fournissaient des cadres, des exemples d'arguments, des types de raisonnements, des lieux communs; ils offraient des modèles et des schémas; Socrate, dans le *Phèdre* (226 d et suiv.) cite, non sans ironie, ces modèles divers, avec leurs noms techniques. Il vise la formation oratoire en général; mais nos sophistes y ont contribué; et ils ont probablement recouru à des procédés comparables. Thrasymaque, par exemple, avait écrit, à côté d'un *Traité de rhétorique*, des recueils de discours délibératifs et des *Ressources rhétoriques*. Il nous reste de Gorgias deux brefs exemples de plaidoyers, l'*Hélène* et le *Palamède*, sur lesquels on reviendra. Et Protagoras avait publié des *Discours terrassants*, qui étaient peut-être, au moins en partie, des modèles d'argumentations sans réplique.

Mais, si le contenu pratique de cet enseignement ne faisait que développer et préciser les visées des précurseurs, il est visible que, dès les premiers grands maîtres, les perspectives changent; et les quelques témoignages qui nous restent prouvent à l'évidence que l'étude de ces ressources pratiques offertes aux disciples était désormais animée d'un esprit tout nouveau. Brusquement, avec les nouveaux maîtres, on voit apparaître une réflexion sur le discours et l'on voit se découvrir ses possibilités; cela amène autour d'eux une réaction compréhensible, et une interrogation pressante sur le rapport de la rhétorique avec la justice et la vérité. La question est, pour des siècles, posée et nouée. Et elle l'est avec une sorte d'enthousiasme pour la nouveauté des idées en cause, qui donne à ces débats une actualité toujours renouvelée.

De fait, si l'on suit ce qu'apportent les deux plus grands, Gorgias et Protagoras, on voit s'ouvrir deux voies nouvelles : l'un découvre la magie du discours et les ressources du style, l'autre établit une méthode de discussion et révèle les fondements dialectiques de toute argumentation.

Cela ne veut point dire que Gorgias se soit désintéressé de l'argumentation : en fait, nous possédons de lui (en entier, pour une fois!) deux petits traités écrits à titre de modèles : un *Eloge d'Hélène* (qui est aussi une défense de l'héroïne) et une *Défense de Palamède*[1]; Palamède était le type même de l'homme injustement condamné; il avait été accusé par Ulysse devant Troie et, au Ve siècle, Eschyle, Sophocle et Euripide lui ont tous trois consacré des tragédies aujourd'hui perdues.

Le genre du plaidoyer fictif prenait là ses lettres de noblesse : les maîtres pouvaient ainsi prouver leur aptitude à défendre n'importe quelle cause – et si possible les plus difficiles. Plus tard, cela deviendra une sorte de jeu et de manifestation de virtuosité. Isocrate, au IVe siècle, le pratiquera à sa manière, mais se plaindra de ceux que « l'orgueil envahit lorsque, après avoir fait choix d'un sujet étrange et paradoxal, ils parviennent à le traiter de façon supportable »; et nous savons qu'il existait des éloges du sel (Platon s'en moque dans *Le Banquet*) ou de la mort (ce titre est attesté pour Alcidamas, au IVe siècle).

Cette vogue, poussée à l'extrême, est caractéristique du succès de ces exemples fictifs qu'avait pratiqués Gorgias. Mais elle nous aide aussi à mesurer la différence. Car dans l'*Eloge d'Hélène* comme dans la *Défense de Palamède*, il s'agit de « causes célèbres », qui posaient l'une et l'autre des problèmes de culpabilité ou d'innocence tout à fait typiques.

Or les deux plaidoyers, ou schémas de plaidoyers, écrits par Gorgias procèdent l'un et l'autre de façon exactement semblable en ce qui concerne l'argumentation. Ils ont en effet recours l'un et l'autre à la division *a priori*, qu'ils combinent avec les raisonnements de vraisemblance psychologique.

Ainsi, pour la culpabilité d'Hélène, l'auteur envisage quatre cas possibles : ou bien Hélène a suivi Pâris parce qu'ainsi le voulait le sort ou les dieux, ou les décrets d'un inévitable destin; ou alors elle a été soit enlevée de force, soit convaincue par la parole, soit saisie par l'amour. Or, dans aucun de ces cas, elle n'est responsable, puisque, dans ces quatre hypothèses, elle subissait une force trop puissante pour qu'elle pût s'y opposer.

On voit le principe, qui est de rejeter une responsabilité, en soutenant que l'on n'avait pas le choix. Il est constant chez les orateurs de Thucydide : ceux-ci disent de même qu'ils ont été contraints à la guerre, ou contraints par les circonstances à exercer l'empire, ou encore, si un peuple a des torts, qu'il a dû suivre ses maîtres, ou, s'il envahit une cité, que des citoyens l'avaient appelé. Le principe est constant aussi dans les débats de la tragédie et, plus tard, chez les orateurs.

Mais, ici, l'argument est en quelque sorte multiplié par quatre du fait de la division *a priori*. Celle-ci, en semblant ne laisser aucune possibilité dans l'ombre, donne le sentiment d'une démonstration rigoureuse, qui s'impose. Elle permet en outre – ce qui est bien d'un philosophe – les raisonnements d'ordre théorique et général : on a un inventaire d'hypothèses, au lieu d'une analyse de faits.

Or ce procédé, qui est original, se retrouve dans le *Palamède*, et même à plusieurs reprises : il est combiné avec l'argument de vraisemblance pour écarter toutes les interprétations possibles de la trahison qu'aurait commise Palamède. Il aurait pu trahir pour la richesse (15), ou pour l'honneur (16), ou pour la sécurité (17), ou pour aider des amis (17), ou pour éviter une crainte, une épreuve, un péril (18). Or, chaque fois, l'orateur montre que l'explication ne vaut pas : Palamède a assez d'argent et peu de besoins; il est suffisamment entouré d'honneurs; la recherche de la sécurité est exclue car, quand on trahit, on se fait haïr et guetter par tous; de même, aider ses amis ne peut être un mobile pour qui trahit (car il trahit justement ses amis); enfin, en fait de crainte ou de péril à fuir, nul n'en trouverait à invoquer. Ainsi, de nouveau, l'impression d'avoir envisagé toutes les possibilités donne de la force au plaidoyer. En même temps, on remarque que la division repose sur une analyse ferme des principaux mobiles humains (richesse, honneur, sécurité); Thucydide, pour justifier l'empire d'Athènes, fera mentionner par ses Athéniens ces trois mêmes sentiments, qu'ils déclarent fondamentaux : l'honneur, la crainte et l'intérêt (I, 75,3 et 76,2). Qui plus est, chacune des analyses du *Palamède*, sauf la dernière, s'appuie sur une réflexion générale relative aux habitudes des hommes selon qu'ils sont dans telle situation ou bien telle autre (« ce ne sont point ceux qui..., mais ceux qui », « les honneurs viennent de..., et non pas de... », « pour tous, le traître... », etc.) : l'usage est, on le sait, exactement le même dans les discours de Thucydide.

Les deux plaidoyers fictifs de Gorgias sont donc loin d'être indifférents du point de vue même de l'argumentation : ils révèlent, à côté d'un maniement déjà savant de l'argument de vraisemblance et de la psychologie des hommes en général, un procédé d'analyse *a priori*, qui n'est nulle part attesté de façon aussi nette et systématique, et qui pourrait bien avoir été propre à notre sophiste. Il était, en effet, plus théoricien et plus abstrait que les autres : un fragment de lui, portant sur le non-être, fournit une preuve éclatante de cette virtuosité à jouer avec les concepts.

Pourtant, ce n'est point sur de tels procédés que ses contemporains ont attiré l'attention : il semble que le style ait chez lui pris une importance exceptionnelle et son nom est resté attaché à des figures rhétoriques rendant ce style plus recherché. On parlait dès l'Antiquité des « figures à la Gorgias ». Et les divers écrits que l'on a de lui en sont émaillés à chaque ligne. C'est ainsi que, pratiquant comme beaucoup l'antithèse, il a cherché à en relever l'effet par toutes sortes de procédés attirant l'attention sur elle : les assonances finales, ou rimes, l'égalité du nombre de syllabes, l'emploi de termes parallèles, soit dans leur formation, soit dans leur sonorité, soit dans leur valeur métrique... Une prose ainsi travaillée donne, autant que la poésie, l'impression qu'aucune syllabe n'y est laissée au hasard.

C'était là une révolution dans la manière d'écrire; et, il faut l'avouer, les exemples des textes conservés ne donnent pas de cette révolution une impression très favorable. Tant d'artifices étourdissent et semblent plutôt nuire à la clarté du sens.

On ne peut s'en rendre compte avec exactitude d'après une traduction, dans laquelle les effets stylistiques disparaissent nécessairement : le début d'un fragment conservé de son *Oraison funèbre* peut du moins donner une idée du principe – et de ses inconvénients. En français, ce début donnerait quelque chose comme ceci : « Que manquait-il à ces héros que des héros dussent avoir ? Qu'avaient-ils en eux qu'ils ne dussent avoir ? Puissé-je être en mesure de dire ce que je souhaite et souhaiter dire ce que je dois, évitant la colère divine et échappant à l'envie humaine ? Car divin était leur mérite, mais humain leur côté mortel... » Vers la fin de la courte page – la seule qui nous ait été conservée, à titre d'exemple stylistique – les adjectifs s'alignent, chacun avec un complément, en groupes parallèles, pendant une dizaine de lignes : « violents envers les violents, intrépides envers les intrépides, terribles dans les cas terribles... », le tout pour conclure que, « avec leur mort, le regret qu'ils inspirent n'est pas mort : immortel, il survit en des êtres non immortels, alors qu'eux ne survivent pas »...

A vrai dire, on en a un peu le tournis; et ce style, si bizarre et si chargé, semble, de toutes les inventions des sophistes, une des plus artificielles et des moins sérieuses. Aussi bien nul n'a-t-il suivi le maître dans ces excès.

Il faut pourtant reconnaître qu'il eut des imitateurs, plus discrets que lui. Le principal est Thucydide. Quand il emploie ce style de façon particulièrement insistante (dans l'oraison funèbre prononcée par Périclès, c'est-à-dire un texte parallèle à celui de Gorgias), les commentateurs en sont choqués[2] et crient à la complication; ainsi quand il écrit, à II, 40,1 : « Nous cultivons le beau dans la simplicité, et les choses de l'esprit sans manquer de fermeté. Nous employons la richesse, de préférence pour agir avec convenance, non pour parler avec arrogance. » Cependant, il est manifeste aussi que ces rimes et ces parallélismes (dont on ne perçoit ici qu'une partie) donnent non seulement de l'éclat au style, mais de la force aux antithèses; et, de cette force, la pensée à son tour tire une densité accrue. Aussi bien, dans d'autres passages, ce caractère apparaît-il mieux; ce sont ceux où l'emphase n'a pas de place. Ainsi, le fameux parallèle entre Sparte et Athènes au livre I est rempli de tels effets; mais ceux-ci aiguisent et renforcent le contraste : « Eux sont novateurs, vifs pour imaginer et pour réaliser leurs idées; vous, vous conservez votre acquis, vous n'inventez rien, et, dans la réalisation, vous ne satisfaites même pas à l'indispensable. » L'analyse comporte des rimes, des reprises de préverbes, des effets de toutes sortes, et elle se poursuit pendant une page; mais rien n'y est artificiel et les effets ne sont ni constants ni surajoutés.

Gorgias peut donc passer pour l'inventeur d'une prose d'art recherchée, dont il donne des exemples artificiels et forcés, mais qui, employée à bon escient au service d'une pensée sérieuse, pouvait en devenir la très utile servante. C'est le premier cas que nous rencontrons où l'apport d'un sophiste n'a pris son sens qu'une fois décanté et rendu plus modeste, dans la réalité de la littérature attique.

Mais ce goût des figures de style n'était qu'un des aspects par lesquels Gorgias servait la création d'une prose travaillée, capable d'agir, indirectement, sur les esprits et les émotions. Et, en définitive, ce n'est qu'une des coquetteries que lui inspire son émerveillement devant les pouvoirs de la parole.

Là, on touche vraiment à l'essentiel. Car on possède, en l'occurrence, un texte de Gorgias lui-même, où il célèbre de façon saisissante le pouvoir quasiment magique des mots. Ce texte appartient à l'*Eloge d'Hélène* et constitue la justification d'Hélène pour le cas où elle se serait laissé « convaincre par la parole ». Tout à coup, alors, l'accent se fait plus personnel : la rhétorique « ouvrière de persuasion » est précisément ce qui a rempli la vie de Gorgias; et les enchantements qu'il célèbre sont ceux qui n'ont cessé de l'occuper.

Or ce qu'il en retient – et ceci semble caractéristique – est avant tout la possibilité d'agir sur les émotions. « La parole, écrit-il, est une grande puissance, elle qui, à partir de l'être physique le plus petit et le moins perceptible, exerce l'action la plus divine. Elle peut faire cesser la crainte, ôter l'affliction, susciter la joie, développer la pitié. »

Et, aussitôt, par une première comparaison qu'appelle cette description, il rapproche la parole en général de la poésie. Le rapprochement ne manquait pas de hardiesse. Jusque-là, seule la poésie avait été une forme d'expression noble; elle avait été, aussi, liée à l'inspiration et aux Muses. Or voici que Gorgias revendique les mêmes pouvoirs pour la parole, quelle qu'elle soit : il considère et définit la poésie dans son ensemble comme « une parole réglée métriquement ». Toute parole acquiert les prestiges de la poésie. Et c'est de là que vient, de toute évidence, son goût des recherches stylistiques, destinées à rapprocher la prose de la poésie.

Mais bientôt les métaphores ou les comparaisons du texte dépassent le niveau de la poésie pour atteindre celui de la magie. On rencontre les termes d'incantations, de magie, de charme, de drogue, de sorcellerie. Qu'est-ce à dire, sinon que, par des moyens qui semblent irrationnels, les mots lient l'auditeur et l'affectent malgré lui ?

La possibilité de cette action magique est d'ailleurs expliquée, en fonction d'une analyse de la connaissance : la connaissance en général est peu sûre et comporte des éléments subjectifs; de même la mémoire est limitée; force est donc de se rabattre sur de simples opinions, toujours fragiles et changeantes. Or c'est là ce qui explique le rôle de la parole, capable d'agir sur ces opinions, de les modifier, de les entraîner – comme en font foi tous les débats où l'on voit s'opposer les savants, les orateurs, les philosophes. L'action de la rhétorique est donc justifiée par l'incertitude de la connaissance; et son efficacité est fonction de notre condition en ce domaine.

C'est pourquoi la parole acquiert cette efficacité absolue. Dans la dernière partie du texte, dépassant les deux comparaisons offertes jusque-là, Gorgias en vient à parler d'une action nécessaire et contraignante de la parole : on n'a plus le choix; on ne peut qu'approuver; et la parole seule est responsable des actes que l'on commet alors; Hélène, convaincue de suivre Pâris, n'a fait qu'obéir à cette parole toute-puissante.

Poésie – magie – contrainte : on est passé en une page d'une sorte de plaisir dans l'émotion à un pouvoir de persuasion que plus rien n'arrête.

En apparence, donc, il semble n'être question, dans tout ce petit texte, que des fautes d'Hélène et du rôle des mauvais conseillers – alibi banal qu'invoquent bien des coupables; mais l'analyse se gonfle en volume, s'enrichit d'arguments, et traduit en fait une prise de conscience émerveillée des ressources du discours – ressources que l'art de la rhétorique peut porter à leur plus haut point. On remarque d'ailleurs au passage l'emploi, à deux reprises, du mot *technè* pour les techniques du langage. Sous la justification d'Hélène perce un cri de fierté du maître de rhétorique.

Tout allait rentrer sous sa coupe, désormais : tout ce qui, indépendamment de l'argumentation elle-même, peut soutenir la magie des mots, par des moyens irrationnels. Gorgias est connu pour avoir fait une grande place à l'art de saisir l'occasion et de se plier à l'opportunité (ce que les Grecs appellent le *kairos*). Et nous savons que Thrasymaque s'était, selon Platon, « montré supérieur pour mettre une foule en fureur, et ensuite, ces furieux étant soumis à ses enchantements, pour l'apaiser : ce sont ses expressions; sans égal aussi, quel que soit le cas, aussi bien pour calomnier que pour dissiper la calomnie[3] ».

Ces praticiens du nouvel art jouaient donc avec les passions. Ils savaient, à leur gré, les susciter ou les apaiser. Ils profitaient pour cela de la fragilité des opinions des hommes; et tout leur art consistait, justement, à en profiter.

On voit déjà s'annoncer là bien des traits alarmants. Les passions sont dangereuses. Et ce jeu sur les opinions suppose que l'on fait bon marché du vrai et du juste. Gorgias reconnaît lui-même cette possibilité, dans son *Eloge d'Hélène*, puisque, selon lui, si Hélène a cédé aux prestiges de la parole, c'était, en l'occurrence, une parole perfide, menant à une conduite coupable. Dans ce cas, Gorgias le précise bien, la persuasion est mauvaise et la tromperie flagrante (il le dit et le répète, aux paragraphes 8, 10 et 14). Ces condamnations appuyées opposent de telles paroles aux « divines incantations » dont on était parti. Et l'on découvre ainsi une nouvelle prise de conscience, parfaitement lucide, par laquelle se révèlent, cette fois, l'ambivalence de la rhétorique et ses dangers. Si lui, le maître, pensait ainsi, on devine que les autres avaient de quoi s'inquiéter.

L'art oratoire, en effet, est par essence trompeur; et chacun en mesure les méfaits. La démocratie athénienne fut très vite victime des « beaux parleurs », et les auteurs s'en plaignent. Dans la vie courante aussi, les plaideurs adroits, qui font croire n'importe quoi, sont un fléau; et les protestations fusent. Même Euripide, qui s'est si fort intéressé aux recherches des sophistes, qui a pratiqué les débats oratoires, opposant entre eux des plaidoyers contradictoires, même lui qui s'est tant plu au jeu des responsabilités rejetées, au point qu'il a prêté à Hélène – justement elle! – toute une argumentation qui, renvoyant la faute aux dieux ou à la pauvre Hécube, parvient, dans l'esprit même de Gorgias, à démontrer son innocence – même lui s'est alarmé de cette rhétorique, surtout quand il l'a vue aux mains des démagogues. Dans *Hippolyte* (deux ans avant l'arrivée de Gorgias à Athènes), Thésée se plaint déjà que l'on invente tant de merveilleuses nouveautés, mais que l'on ne cherche pas à enseigner la sagesse (916-920); et, quelques années plus tard, dans *Hécube,* le ton se fait plus violent à propos d'Ulysse, « le madré, l'astucieux parleur au séduisant langage, le flatteur des foules », qui sait faire agir sur l'armée la persuasion (131-133, à quoi l'on peut joindre 254-257). De plus, les tragédies d'Euripide sont remplies de ces méchants qui justifient trop aisément leurs conduites égoïstes; dans chaque cas, le chœur, ou bien la victime, se plaint que le talent du plaidoyer ne soit pas en rapport avec la valeur de la cause...

Avec l'enseignement de la rhétorique et sa vogue devait, en effet, surgir le problème de sa relation avec la justice et la vérité. Et ce problème ne pouvait que faire se heurter de front les maîtres de rhétorique et les philosophes comme Socrate.

L'opposition est lancée avec force par Xénophon, dans

le chapitre déjà cité du *Sur la chasse*. Sa sévérité pour les sophistes, maîtres de rhétorique, n'étonne guère chez ce fervent du sport, qui est en plus disciple de Socrate. Or il les accuse vertement de viser la tromperie, et rien d'autre.

Mais surtout le conflit du philosophe et du maître de rhétorique occupe, vers la même époque, tout le *Gorgias* de Platon. Il y est même si central qu'il faut bien, avant d'aborder les trouvailles plus techniques qui sont liées au nom de Protagoras, considérer d'abord cette question essentielle, soulevée à propos du grand rhétoricien qu'était Gorgias.

La position de Gorgias lui-même, dans le dialogue, est bien celle qui transparaît dans son *Eloge d'Hélène* : la réthorique peut, comme la parole, être employée pour le bien ou pour le mal. Platon prête à son Gorgias cette même neutralité. Il lui fait dire que la rhétorique « tient sous sa domination toutes les puissances » (455 a); mais il lui fait admettre que ce pouvoir peut servir au mal comme au bien. C'est le cas de nombreuses techniques : « Il faut user de cet art comme de tous les autres arts de combat. Quels que soient ceux qu'on cultive, ce n'est pas une raison pour en user contre tout le monde »; de même la rhétorique : « Si un homme, devenu habile dans la rhétorique, se sert ensuite de sa puissance et de son art pour faire le mal, ce n'est pas le maître, à mon avis, qui mérite la réprobation et l'exil; car celui-ci enseignait son art en vue d'un usage légitime et le disciple en a fait un abus tout contraire » (457 a-c).

Cette attitude de Gorgias était raisonnable; mais elle était peu en rapport avec l'ambition des nouveaux maîtres, et terriblement inquiétante. Aussi Platon s'est-il plu à montrer, dans son dialogue, un Gorgias hésitant qui, après ces belles déclarations, ne peut renoncer à l'idée que, malgré tout, on acquiert aussi auprès de lui le sens et le respect de la justice (460 a). Il n'est pas à l'aise pour le dire. Et le fait est que Gorgias – le vrai – était fort réservé sur ce point : on nous dit dans le *Ménon* (95 c) qu'il ne promettait pas d'enseigner la vertu et se moquait des autres sophistes qui prenaient de tels engagements; il n'entendait, lui, que faire de bons orateurs. Mais, devant les questions de Socrate, il ne pouvait guère refuser d'admettre que sa rhétorique impliquait une certaine expérience de ce qu'est le juste. Aussi bien n'avait-il, ni dans le dialogue ni ailleurs, rien d'un amoraliste. D'où le malaise que présente si finement Platon, les « il semble bien », « cela a tout l'air »... Et bientôt, dans le dialogue, Platon fait prendre la relève par des disciples plus résolus, qui, à la différence du maître, renoncent carrément à la justice. Platon n'aurait pas pu prêter à Gorgias des idées que celui-ci eût, de notoriété publique, désavouées; mais il s'arrange pour révéler vers quoi, en fait, tendait ce nouvel art.

Gorgias, dans le dialogue, s'efface donc devant un interlocuteur plus jeune, Polos; et celui-ci reconnaît qu'à ses yeux tout coupable qui évite le châtiment est heureux. Puis Polos s'efface à son tour devant un jeune arrogant, Calliclès, qui n'est même plus du métier du tout : ce dernier soutient, lui, que la loi du plus fort domine le monde et que le juste n'est qu'une convention voulue par les faibles. En creusant dans les sous-entendus qu'implique la rhétorique, on trouve donc le refus du juste; et les disciples l'acceptent. La rhétorique a partie liée avec l'injustice.

Comment Socrate aurait-il pu l'accepter? Dès lors qu'elle implique cette orientation, il ne saurait que la rejeter. Elle n'est pas une science, parce que ses méthodes ne reposent pas sur des principes clairement raisonnés. Et elle n'est pas une science, parce qu'elle ne vise ni au vrai ni au bien. Elle n'est qu'un art de la flatterie, comme la cuisine ou la toilette. Elle n'est pas sérieuse. Et ses défenseurs doivent avouer qu'ils ont des fins peu morales – ce qu'un vrai philosophe ne peut que condamner de toutes ses forces.

Il est vrai que plus tard, dans le *Phèdre*, Platon devait dessiner le projet d'une autre rhétorique, qui serait une science dialectique. Ce lointain projet fait ressortir, par contraste, les insuffisances de la rhétorique des sophistes : il n'ôte rien à la force de la réaction première exprimée dans le *Gorgias*, et tendant à un rejet absolu, au nom de la morale.

Gorgias, avec son indifférenciation de la rhétorique, était donc, d'un côté, débordé par les disciples, proches ou lointains, qui le liaient à l'immoralisme, et, de l'autre, condamné par ceux qui exigeaient la recherche du bien et du vrai! C'était là une impasse; et la rhétorique, prise entre ces deux extrêmes, risquait fort de s'en mal tirer.

N'y avait-il donc pas de salut pour une saine rhétorique? N'y avait-il donc pas d'espoir de la réconcilier avec la morale? Il s'en présenta un – une fois de plus chez Isocrate. Celui-ci est en un sens profondément fidèle à la confiance de son maître Gorgias en son art, et fidèle aussi à son hésitation. Il n'a pas la sévérité de Platon à l'égard de l'opinion : il reconnaît sa fragilité, comme Gorgias. Mais il compte quand même qu'en gros elle est saine. Elle est en tout cas tout ce que nous avons, car les grandes vérités que poursuit Platon lui semblent bien loin. Aussi trouve-t-il là une possibilité de tout concilier : si l'opinion est saine, le souci de persuader un auditoire doit de toute évidence en tenir compte. L'orateur devra être bien vu, pour impressionner favorablement son public; et il devra soutenir des idées acceptées et tenues pour valables. Ce souci le mènera en général à ce que nous pouvons percevoir du vrai, dont le signe même est l'approbation des autres. Certes, ce n'est pas le bien, ou le vrai selon les philosophes comme Platon; mais c'est le bien et le vrai tels que les hommes se les représentent : « Ils exhortent, écrit-il en parlant des philosophes, à une vertu et à une sagesse ignorées des autres et sur lesquelles eux-mêmes discutent; moi, j'exhorte à une vertu reconnue de tout le monde » (*Sur l'échange*, 84). La rhétorique et la vertu se donnent désormais la main.

Et voici que, pour donner un exemple, Isocrate choisit

à son tour le thème d'Hélène et s'en sert pour se situer par rapport à Gorgias : il reproche à celui-ci d'avoir annoncé un éloge et de s'être contenté d'une défense, de type judiciaire[4]. Lui, pour bien montrer ce qu'il entend par là, fait alors l'éloge de tout ce qui pouvait être admirable en Hélène : la naissance divine, les exploits de ceux qui l'ont recherchée, la beauté et son pouvoir universel, le culte qui lui est rendu, l'action qu'elle exerça pour unir la Grèce contre le barbare. On ne trouve plus rien de l'habileté chicanière du vieux maître; en revanche, on trouve, à propos d'Hélène, tout ce qui reçoit l'approbation humaine et peut communément passer pour des vertus. L'argumentateur en situation difficile a cédé la place à l'éducateur patenté.

On voit par là ce que l'on perd et ce que l'on gagne. Lancée dans l'Athènes du Ve siècle comme la clef menant à toutes les réussites, la rhétorique avait vite, du point de vue de la justice, soulevé un malaise et des discussions : il appartenait à un maître athénien, jadis disciple de Gorgias, de réconcilier ce pouvoir de la parole avec la morale pratique et traditionnelle; moyennant quoi étaient préservées et la rhétorique elle-même et l'idée du rôle souverain de l'opinion, qui y reste liée[5].

Une autre façon de préserver l'héritage était la façon, encore en vigueur il y a peu, qui consistait à faire coexister, ou plutôt se succéder, des études de « rhétorique » puis des études de « philosophie ». Mais comment espérer qu'à l'époque de Gorgias l'invention si neuve et si efficace qu'était la rhétorique ait été perçue avec ses limites, ses frontières, et son domaine exactement délimité? La rhétorique était alors trop neuve pour savoir rester à sa place.

Elle le pouvait d'autant moins que la parole, ou le *logos*, pour un Grec, était aussi la pensée et qu'en fait la rhétorique recouvrait aussi un art de raisonner, de discuter et de juger. On le voit avec éclat dès que l'on passe à Protagoras.

De même que Gorgias ne s'est pas entièrement désintéressé de l'argumentation, loin de là, de même Protagoras ne s'est pas entièrement désintéressé de l'expression formelle. Mais, alors que Gorgias se souciait de la magie du style, Protagoras, lui, s'attachait, en ce domaine, à la rigueur même de la langue. Le langage le fascinait aussi, comme Gorgias; mais, remontant plus loin dans l'analyse, il voulait le considérer comme un outil pour la pensée, en comprendre les possibilités et en affiner la précision.

Il s'intéressait, on le sait, à la grammaire. Selon Aristote, il aurait distingué les genres des noms et les temps des verbes. Et Socrate, dans le *Phèdre* (267 c), lui attribue le mérite d'avoir introduit dans la rhétorique la « propriété de l'expression » ou *orthoepeia*.

Quelle différence entre les deux points de vue! L'un s'occupait, en somme, de l'effet produit sur l'auditeur, et l'autre de la correspondance précise entre pensée et expression. Les recherches de Protagoras se posaient d'emblée comme plus scientifiques.

A vrai dire, on ne sait pratiquement rien de ses travaux en ce domaine – sinon qu'ils existaient. De même, on ignore tout ce pan de l'activité des autres sophistes. On sait qu'une philosophie du langage était impliquée dans leurs études. Et c'est là une nouveauté, étonnamment moderne. Ils se sont interrogés sur les ressources du langage et sur ses imperfections. Protagoras, comme Démocrite, devait considérer l'attribution des noms comme venant des hommes et n'ayant pas de racines naturelles. Malheureusement, il est difficile de se faire une idée de ces doctrines sans les moderniser beaucoup, et sans leur donner aussi une importance qu'elles n'avaient pas encore. En fait, l'intérêt des sophistes pour le langage est essentiellement orienté vers le désir d'enseigner à le manier le mieux possible. Et les remarques de Protagoras relatives à telle imperfection d'Homère ou à tel problème sur le genre d'un nom ne semblent pas avoir eu d'autre but. De même, on sait qu'Hippias avait écrit des ouvrages de grammaire et de prosodie, s'occupant de la quantité des syllabes, des rythmes, de la métrique : tout cela nous est inconnu. Et nous ignorons même si les autres sophistes qui se sont occupés de rhétorique, comme Thrasymaque, Théodore de Byzance ou Evénos de Paros, traitaient de ces questions. Mais il est évident que la réflexion sur le langage venait, avec les sophistes, de se constituer en branche du savoir; et leurs recherches ont paru déjà assez précises pour que l'on ait parlé à leur sujet des « débuts de la philologie », ou de « pionniers dans le domaine philologique et grammatical » (ce sont là les titres d'études publiées par Diels en 1910 et par P.B.R. Forbes en 1933).

Un seul d'entre eux est connu à cet égard, et encore indirectement; mais c'est un bon exemple : il s'agit de Prodicos. Soucieux, lui aussi, de la propriété de l'expression, il entreprit de donner au vocabulaire une précision accrue, en distinguant avec soin les mots presque synonymes : les témoignages nombreux qui nous sont parvenus à ce sujet révèlent l'importance extraordinaire que ce genre de recherches prit pour l'élaboration de la langue à Athènes.

Parmi les élèves de Prodicos, il y eut Thucydide, il y eut Euripide. Socrate, non sans un peu d'ironie, se déclare son élève. Platon le cite ou le met en scène plus de douze fois. Et toujours (sauf en un passage de Xénophon, qui se réfère à l'enseignement moral du sophiste), il s'agit de ces nuances de vocabulaire. Platon s'en moque, naturellement; et il traite cette habitude comme une douce manie. Il jugeait sans doute que ces distinctions entre les mots restaient un peu formelles et ne débouchaient pas sur une analyse philosophique. En tout cas, en les citant si souvent, il les met en relief. A chaque instant, il montre Prodicos en train de préciser des nuances de sens : discuter n'est pas disputer, l'approbation n'est pas la louange, vouloir et désirer ne sont point identiques, non plus qu'être et devenir; ce n'est pas non plus la même chose que la crainte et la frayeur. Tous ces exemples sont empruntés au seul *Protagoras*.

Le *Protagoras* ne les rapporte pas sans une ironie un peu protectrice; et le fait est que la répétition même du procédé suggère une habitude assez artificielle. Mais on ne saurait assez dire le rôle qu'il a joué et pour la rigueur de la langue et pour la fermeté de la pensée. On peut d'ailleurs constater tout ce qu'un auteur aussi dense et profond que Thucydide lui doit. Quelquefois il reprend, dans des discours, les distinctions prêtées à Prodicos. Ce dernier avait distingué, par exemple, « discuter » et « se disputer »; or les Corinthiens du livre I précisent : « Que personne ne voie dans nos déclarations aucune hostilité, mais un simple reproche : les reproches vont à l'ami qui se trompe, et les accusations à l'ennemi qui nous a fait du tort » (I, 69,6); adaptée et précisée, c'est la même distinction. Et surtout on en retrouve le principe chaque fois que Thucydide, serrant le sens des notions, les cerne par des contrastes précis. C'est le cas non seulement pour la crainte et la frayeur, mais pour toutes les formes du courage et de l'audace, pour l'insurrection et la défection, pour l'hégémonie et l'empire... La fermeté de la pensée est fonction de cette attention donnée par Prodicos, comme par Protagoras, à l'emploi correct du vocabulaire.

Toutefois ce détour vers Prodicos, suggéré par ces recherches sur la langue, ne doit pas faire oublier que celles-ci n'étaient, dans l'activité de Protagoras, qu'un aspect plus ou moins secondaire. Son originalité majeure se situe en effet ailleurs; et sa rhétorique est avant tout une dialectique. On peut se rendre compte de sa nature grâce aux deux idées que la tradition nous a transmises sur sa doctrine.

La première est celle des « discours opposés ». Diogène Laërce et Clément d'Alexandrie la citent sous des formes voisines : « Le premier, il [Protagoras] a dit qu'il y avait à propos de tout deux discours opposés »

(D.L., IX, 51), ou : « Les Grecs prétendent, à la suite de Protagoras, que, par rapport à tout discours, il en existe un qui lui est opposé » (*Stromates*, VI, 65).

Qu'est-ce à dire? Le mot grec *logos* est toujours embarrassant. On peut l'entendre ici au sens large, et la formule a, déjà ainsi, un puissant retentissement. Car, s'il faut entendre qu'à toute thèse s'oppose une antithèse, et que l'on peut à son choix soutenir l'une ou l'autre, voilà que s'ouvre toute la tradition des débats d'idées, des *agônes* où s'opposent deux points de vue contraires, exposés en tirades parallèles. On sait que, chez Euripide et chez Thucydide, ces débats, appelés souvent « antilogies », sont un usage constant. Ils étaient à vrai dire, et malgré une formule simpliste de Diogène Laërce, antérieurs à la sophistique. Il y en a déjà chez Sophocle; ils font, dès l'origine, le centre des comédies; et comment s'en étonner, puisqu'ils sont déjà le type même du débat en justice? Mais, en développant cette technique, Protagoras en a fait une sorte de méthode en soi, à laquelle son enseignement était une préparation. On sait d'ailleurs qu'il avait écrit une *Méthode des controverses*[6] et deux livres d'*Antilogies*. Autrement dit, il enseignait à défendre successivement deux points de vue, l'éloge et le blâme, l'accusation et la défense, etc. On employa souvent pour ces affrontements dialectiques le terme de « discours doubles ».

C'est la formule que l'on trouve dans un petit traité anonyme, qui fut écrit peu avant 400 et semble représenter un canevas d'enseignement où se reconnaît l'influence de Protagoras : on cite même le traité sous ce titre. Il commence en effet par poser qu'il y a des « discours doubles » sur le bien et le mal, l'un disant qu'ils se confondent, car tout dépend des circonstances, et l'autre qu'ils se distinguent, sans quoi on tombe dans la contradiction. Et le traité continue avec le beau et le laid, le juste et l'injuste, etc. Chaque fois, il y a deux thèses. L'auteur les défend toutes les deux, tout en en choisissant une. Tout cela sent le procédé et reflète sans doute les habitudes de l'enseignement d'alors.

Pourtant, la formule n'était pas réservée aux gens d'école : un fragment de l'*Antiope* d'Euripide affirme ainsi : « Sur tout sujet, on pourrait établir un débat de discours doubles pourvu que l'on soit habile à parler » (189 N).

Ô merveille! Savoir défendre, de façon convaincante, le pour et le contre! Et savoir, à l'audition d'une thèse, en prendre le contre-pied!

Mais comment faisait-on? C'est ici qu'intervient l'autre sens du mot *logos*, et un art dialectique beaucoup plus raffiné[7]. Car on ne se contentait pas de trouver d'autres arguments : on pouvait, pour chaque argument, trouver son contraire et découvrir qu'il y a, là aussi, des « discours opposés ». On ne réfutait pas seulement : on retournait les arguments. C'était, si l'on veut, l'épanouissement et la généralisation de ce que les premiers maîtres enseignaient comme vraisemblance au second degré, qui permettait de retourner la vraisemblance (l'homme fort n'attaquerait pas, sachant que les soupçons le viseraient aussitôt). A cet égard, Protagoras procédait en dialecticien et s'inspirait peut-être des méthodes pratiquées par les philosophes d'Elée. Mais il les faisait entrer dans la pratique, et inaugurait une technique toute neuve. En tout cas, on peut voir dans Thucydide toutes les savantes opérations auxquelles menait la généralisation d'un tel procédé. Quelquefois, une même action est considérée à des moments différents de son histoire; ou bien deux mobiles présentés comme contradictoires sont combinés en un tout; ou encore on admet un fait, mais on en change l'interprétation... Ainsi, lorsque Athènes intervient en Sicile, ses adversaires essaient de soulever les villes contre elle en disant : « C'est le même type d'intervention qu'en Grèce, ils ne songent qu'à leur empire » et les Athéniens répondent : « Oui, nous ne songeons qu'à notre empire, mais ce souci, ici, nous pousse, au rebours de ce qui se passe en Grèce propre, à défendre des peuples dont l'indépendance sert notre intérêt » (VI, 75-88). Et ce n'est pas un seul argument que l'on retourne ainsi, mais tous : l'élégance est de savoir reprendre à l'autre ses faits, ses idées et ses mêmes mots pour en tirer une conclusion inverse. Cela suppose des déplacements, des reconstructions, tout un jeu subtil dont les commentateurs, fascinés, s'exercent à percer le secret – qui était, à n'en pas douter, le secret de Protagoras.

Cela suggère que les traités déjà cités pourraient bien avoir été plus techniques et plus savants qu'on ne l'entend parfois. Il est possible aussi que l'on trouve un reflet de cette technique dans le titre de *Kataballontes* ou *Discours terrassants*, qui a été employé et semble désigner le traité connu sous le nom de *La Vérité*.

Mais cette interprétation jette un jour intéressant sur la seconde des deux idées que la tradition a conservées comme caractéristiques de Protagoras. Cette seconde idée se traduit dans l'expression « rendre le plus faible des deux arguments le plus fort[8] ». Aristophane, qui cite cette formule dans *Les Nuées* (112 et suiv.), l'entend, semble-t-il, au sens large : pour lui, il s'agit de thèses; et faire triompher la thèse faible, c'est faire triompher l'injustice. Mais Aristote nous met sur la voie d'un sens plus technique, car il critique le principe comme constituant un faux-semblant de vraisemblance, propre à la rhétorique et à l'éristique. Il est donc fort probable que, lorsque Protagoras se vantait de pouvoir ainsi inverser la supériorité d'un *logos* sur l'autre, il visait précisément cet art de retourner les arguments, pour qu'une circonstance accablante devînt une justification, et une circonstance favorable une aggravation. Pour prendre un exemple simple et presque naïf, on voit ainsi, dans Thucydide, les Athéniens justifier leur empire en rappelant leur glorieuse conduite des guerres médiques : l'éphore de Sparte répond que s'ils se sont bien conduits alors, mais mal aujourd'hui, « ils méritent deux fois plus d'être punis, pour être ainsi passés du bien au mal » (I, 86,1).

Beaucoup d'exemples sont plus subtils; certains surprennent et, au premier abord, déroutent.

Il ne faut donc point négliger ce sens technique, ni pour le premier témoignage ni pour le second : ce serait fausser gravement la portée de l'enseignement de Protagoras. Toutefois, il est probable que, dans la pratique, les deux sens se recouvraient : les thèses s'opposaient d'autant mieux entre elles que les arguments s'opposaient aussi, et la thèse la plus faible triomphait parce qu'à chaque fois l'argument le plus faible devenait « terrassant ». C'est bien pourquoi on retrouve les principes de cet enseignement un peu partout, appliqués avec plus ou moins de finesse ou de rigueur. En fait, ils s'inséraient dans la pratique rhétorique courante. On peut en juger par les discours fictifs de l'orateur Antiphon, qui sont bien caractéristiques de l'esprit du temps.

Ce sont trois groupes de quatre discours ou tétralogies. Rien de wagnérien, certes, dans ce terme : il s'agit chaque fois, sur une même affaire judiciaire, de quatre schémas de discours (l'accusateur, la défense, à nouveau l'accusateur, à nouveau la défense). Dans le premier cas, les plaidoyers traitent d'une affaire sans preuve, où seules comptent les vraisemblances – le type même, par conséquent, du bel exercice de démonstration. Dans les deux autres, il s'agit de ce à quoi excellaient les sophistes, c'est-à-dire de responsabilités à établir ou à rejeter : la deuxième tétralogie porte sur un accident survenu au gymnase, ce qui rappelle fort le débat qu'avait eu Protagoras avec Périclès, et suggère qu'il devait y avoir là – comme on l'a vu pour le cas d'Hélène – des sortes de problèmes types, où chacun pouvait s'exercer en des débats d'école.

Ces débats ne constituaient pas de purs exercices formels : ils correspondent à une réflexion neuve et sérieuse sur tous les problèmes de responsabilité; et l'art dialectique aide à en préciser les données. Avoir tué par erreur, par imprudence, involontairement, sans pouvoir l'empêcher : ces notions se heurtent et s'affinent au cours de telles discussions et pénètrent peu à peu dans la conscience juridique.

Mais, avant tout, ce qui frappe est l'extraordinaire agilité de la technique. Les tétralogies d'Antiphon en donnent des exemples constants, par l'art de passer de la thèse à l'antithèse, en retournant, à chaque fois, l'appréciation des mêmes données de fait. La victime avait couru au-devant de l'arme, elle est donc responsable du meurtre; mais le pédotribe avait fait signe que l'on devait ramasser les armes : celui qui a lancé l'arme aurait donc dû faire attention; pourtant le pédotribe, qui a donné l'ordre, est plus responsable que ce dernier... Un esprit mal entraîné s'y perd dans ces retournements : ils sont le reflet de l'art de Protagoras. On peut du reste ajouter à cela que ces mêmes discours ont également recours à l'art de préciser la pensée par les antithèses entre mots de sens voisins, à la manière de Prodicos : ainsi l'acte impie et la faute (1 α 3), ou bien la malchance et le malheur (2 γ 8 et δ 10) : tous les procédés convergent et se rencontrent, dans l'allégresse des récentes découvertes.

Découvertes grisantes, mais non moins alarmantes.

Dans cette aptitude à défendre le pour et le contre, on pouvait déceler un fâcheux mépris de la vérité. Dans cette façon de soutenir n'importe quelle cause, la justice ne jouait plus de rôle. Enfin, cet art de retourner chaque argument rendait suspect le principe même de toute argumentation et suggérait que ces raisonnements des sophistes étaient ce que précisément nous appelons encore aujourd'hui des sophismes.

Or ils se multiplient! De toutes parts, ils pullulent! On peut désormais prouver n'importe quoi, nier l'évidence, se tirer des plus mauvais pas. Cet inquiétant talent avait été reconnu dès avant la guerre et inquiétait déjà alors les Athéniens. Plutarque cite le mot d'un adversaire de Périclès à qui l'on demandait qui, de lui ou de Périclès, était le plus fort à la lutte; sa réponse fut : « Quand je l'ai terrassé à la lutte, il soutient qu'il n'est pas tombé, et il l'emporte en persuadant les assistants » (*Périclès*, 8).

Mais, avec l'entraînement technique et la vogue des sophistes, cette ingéniosité se développa. Le jeune homme des *Nuées*, à peine formé par les nouveaux maîtres, y brille avec aisance. Et l'on peut en voir le reflet dans les écrits théoriques du temps, comme le petit traité des *Discours doubles*. Car on y trouve jetés côte à côte, sous une forme brève, tous les arguments possibles – ceux qu'employaient les meilleurs penseurs et qui relevaient directement de la réflexion philosophique, mais aussi les plus extérieurs et artificiels. Ainsi le bien et le mal, selon le traité, se confondent parce que la maladie est mauvaise pour le malade, mais bonne pour le médecin et que la mort est mauvaise pour le mourant mais bonne pour les gens des pompes funèbres! A trop apprendre à discuter, on risque de devenir un simple discutailleur.

Et le fait est que Platon se moque, comme le faisait Aristophane. Mettant en scène cette passion de la controverse, ou « éristique », il montre une sorte de jeu dialectique, se jouant à vide, dans lequel les gens ont réponse à tout. On peut s'en faire une idée par les deux sophistes de l'*Euthydème*, qui sont si fiers d'aligner les raisonnements les plus artificiels.

Les gens y prenaient goût : ils assistaient à ces combats d'arguments comme on applaudirait à un combat de boxe. Et Platon, naturellement, s'en gausse. A la fin de l'*Euthydème*, après un raisonnement un peu pire que les autres, c'est l'enthousiasme, Socrate se déclare « assommé » et plus loin « subjugué »; quant aux assistants, ils portent aux nues et l'argument et les deux étrangers : « ils riaient, battaient des mains, manifestaient leur joie à en perdre le souffle » (303 b).

Peu à peu cette habitude de l'argumentation à vide se répandait dangereusement. Le Cléon de Thucydide, dans un passage déjà cité, prie les Athéniens de ne pas se laisser emporter par le goût des arguments neufs, et de ne pas devenir « des gens dominés par le plaisir d'écouter, semblables à un public installé là pour les sophistes plutôt qu'à des citoyens qui délibèrent de leur cité » (III, 38,7).

Aussi bien cette technicité sera-t-elle bientôt rejetée et méprisée. A plusieurs reprises, Isocrate – d'accord, ici, avec Platon – s'en prend aux discuteurs, aux « éristiques ». Leurs discussions sont stériles, ennuyeuses, sans utilité[9]. Le mot d'éristique s'appliqua encore pour les logiciens de l'école de Mégare; mais l'abus du procédé l'avait ruiné dans l'esprit du public et avait éclaboussé l'ensemble de la rhétorique des sophistes.

Il faudrait ajouter à cela la suffisance et l'arrogance que risquaient d'entraîner ces trop faciles succès. Euthydème et Dionysodore, Thrasymaque, Calliclès, sont présentés par Platon comme insolents et arrogants. La passion de confondre l'adversaire les rend intolérants. Avec le goût de la vérité sombrent aussi la patience, la courtoisie et le sens du véritable dialogue.

On pourrait imaginer, ou espérer, qu'il s'agissait là de simples déformations professionnelles, et des abus toujours prévisibles lorsqu'il s'agit d'une technique nouvelle. Pourtant, divers faits suggéraient que la question était plus grave que cela.

Tout d'abord, il est évident qu'au fond de cette technique existe un postulat latent, consistant à admettre que le succès compte plus que la vérité. On le savait à l'avance. C'était vrai de toute rhétorique, même oratoire et charmeuse. Mais cette réthorique du raisonnement touchait vraiment aux démarches propres de l'esprit. C'est à propos du succès remporté à Athènes par Protagoras et dans le dialogue qui porte son nom, que Platon rappelle, ou fait rappeler par Socrate, qu'il est dangereux de se livrer à l'enseignement des maîtres sans précautions; car ce que l'on apprend pénètre en fait dans l'âme, sans que l'on s'en rende compte. Et c'est à propos de cet enseignement de Protagoras qu'Aristophane attaque l'effet dangereux de telles leçons. Strepsiade, en effet, cite presque exactement les deux formules qui résument pour nous l'enseignement de Protagoras : il se félicite qu'il existe sur tout deux thèses, et que l'on puisse apprendre, chez les nouveaux maîtres, à rendre plus forte la thèse la plus faible. Il précise – et cela a trompé bien des gens plus avertis que les spectateurs du temps – que cette thèse la plus faible est celle « qui dit les choses les plus injustes » (115). Et, après tout, il faut s'en souvenir : si Strepsiade, puis son fils, s'adressent aux nouveaux maîtres, c'est pour trouver quelque secret permettant de ne pas payer ses dettes. Toute l'attaque est donc menée contre une rhétorique qui n'a de sens que comme une acrobatie intellectuelle servant aux pires fins.

On sait au reste le résultat : le jeune homme sortira de chez les professeurs avec un arsenal d'arguments pour ne pas payer, en jouant sur le nom du jour prévu pour l'acquittement (1175-1191). Mais il en sortira aussi avec des raisons ingénieuses pour démontrer qu'il est très bien qu'un fils batte son père : Aristophane a donc illustré, de façon concrète, l'art du retournement, si cher à Protagoras. Strepsiade, pour avoir voulu sauver ses intérêts par des arguties malhonnêtes, se voit lui-même maltraité par celui à qui il a fait enseigner cet art.

Au reste, on a déjà rappelé le grand débat de la comédie, qui oppose l'ancienne et la nouvelle éducation; mais il est temps de préciser un ou deux détails dans la façon dont est engagé ce débat; car ils prennent maintenant tout leur sens. Le débat est en effet présenté comme opposant non pas deux éducations, mais deux « discours », dont l'un, qui est « le plus faible », se déclare apte à vaincre l'autre (893-895) : il le fera grâce à des idées neuves qu'il doit aux gens de l'art et à son talent pour pratiquer, contre les idées de justice, l'art de l'antilogie (901). Sur quoi il laisse le « discours juste » parler le premier, se réservant ensuite de l'accabler « de petites phrases et de pensées nouvelles, comme d'autant de flèches ». Et c'est ce qu'il fera sans cacher ses vraies intentions : « En vérité, il y a longtemps que je suffoquais jusqu'en mes entrailles, impatient de bouleverser tous ces arguments par des maximes contraires. Car moi, le raisonnement faible, je fus précisément appelé ainsi parmi les penseurs parce que le tout premier j'ai eu l'idée de contredire (*antilexai*) les lois et la justice » (1036-1040). De fait, toute la suite du plaidoyer est inspirée par le même amoralisme, ainsi que par un total mépris de la vérité[10]. L'attaque est directe et brutale. Et elle vise l'art redoutable où excellait Protagoras.

La protestation de principe contre l'immoralisme de la rhétorique prend donc ici un tour plus précis et plus grave.

Qui plus est, cette attaque ne renvoie plus seulement, comme dans le cas de Gorgias, à des implications latentes ou à des déformations faciles : elle est liée de façon directe à des déclarations fracassantes de Protagoras en personne. Et la pensée du grand sophiste vient confirmer l'inquiétude de ses adversaires.

Protagoras était l'auteur d'un traité intitulé *La Vérité*; et le début de ce traité déclare : « L'homme est la mesure de toutes choses : pour celles qui sont, mesure de leur être, pour celles qui ne sont pas, mesure de leur non-être » (B 1). Cela veut dire que l'être se ramène au paraître : il n'y a pas de vérité en dehors de la sensation et de l'opinion. L'idée vaut pour ce que nous éprouvons, mais aussi pour tous les jugements; pour ce qui est « beau et laid, juste et injuste, pie et impie », nos appréciations sont subjectives et relatives; elles ne valent que pour nous.

L'analyse de Gorgias, montrant que l'opinion a un rôle décisif, est donc largement dépassée ici. Et l'on conçoit la gravité de telles déclarations. Platon leur attachait assez d'importance pour les discuter à plusieurs reprises, ainsi dans le *Cratyle* (386 a-e) et le *Théétète* (151 e-172 c).

On a beaucoup débattu sur le sens de ces déclarations;

et il conviendra de les examiner ailleurs de plus près[11]. Mais il est clair qu'en tout cas elles étaient révolutionnaires : après des siècles religieux, après les philosophies du *cosmos*, elles inauguraient un relativisme total, qui ne laissait rien subsister de transcendant ou d'assuré.

Or le rapport de ces idées avec la rhétorique de Protagoras est manifeste; et il est des plus étroits. Car la doctrine qui se trouve ici proposée implique justement que thèse et antithèse coexistent à jamais en une confrontation sans issue[12].

Par conséquent, l'orientation purement pragmatique de la rhétorique n'est pas un accident. Il est tout à fait vrai qu'elle ne recherche ni le juste ni le vrai; et, dans le cas de Protagoras, on découvre qu'elle pouvait d'autant moins chercher la vérité que celle-ci elle-même n'était plus qu'un leurre! On dirait que l'on trouve là comme une confirmation philosophique aux protestations qu'élevait Platon contre la rhétorique, opposée à la recherche du vrai.

Avouons-le : la rhétorique ne s'en est jamais tout à fait remise.

Mais si, dans son principe, elle ne se présente pas comme une recherche du vrai, et si, dans le cas de Protagoras, elle ne pouvait guère y prétendre, il n'est pas dit qu'elle ne puisse pas pour autant, dans la pratique, aider à cerner et à dominer certaines formes du vrai. Il est même sûr, justement pour Protagoras, qu'elle a eu ce rôle : il suffit, pour le constater et pour comprendre comment, de regarder la littérature du temps.

Il est temps en effet – conformément à l'esprit de Protagoras – d'écouter un peu un autre son de cloche et de découvrir, après la thèse, l'antithèse. La thèse se tirait des débats théoriques portant sur le rapport de la parole et de la vérité : l'antithèse apparaît dans les textes où des hommes cherchent à voir clair dans leur expérience quotidienne. Dans ce cas, surprise! Voici la rhétorique qui sert à des fins tout autres que celles qu'imaginait Aristophane; la voici qui devient la clef de cet art de bien décider, que les Athéniens d'alors appelaient l'*euboulia*, et auquel les sophistes étaient si attachés.

Il est vrai que chacun peut soutenir une thèse ou son contraire et que les arguments se retournent : de ce fait, chacun peut justifier n'importe quoi. Mais le principe des controverses est précisément que l'on ait les deux thèses, ensemble, et confrontées. Il veut que l'on trouve côte à côte l'argument et le contre-argument, rapprochés l'un de l'autre. Et, de ce fait, ce qui pouvait être gratuit et artificiel pour chacun pris isolément devient, sitôt les deux discours joints l'un à l'autre, un moyen rigoureux de mesure et de confrontation.

C'est ainsi que, si deux avocats adverses plaident, avec un égal talent, pour deux clients en conflit entre eux, nous ne pensons pas, encore aujourd'hui, que la clairvoyance d'un juge ou d'un jury puisse en souffrir, tout au contraire.

Or, c'est ce que l'on a, à Athènes, tant dans la tragédie que dans l'histoire.

Comme dans les *Tétralogies* d'Antiphon, c'est alors le même auteur qui traite successivement des deux thèses; et les deux discours sont composés en fonction l'un de l'autre, le but étant précisément de les affronter entre eux.

Il arrive naturellement, quand il s'agit de personnages ayant un caractère et une histoire, que l'un des deux pratique cette habileté malhonnête visée par Aristophane; mais dans ce cas le texte le fait sentir et les sophismes se retournent contre les coupables trop habiles. Par exemple, dans la tragédie, nous connaissons les personnages, nous savons qui est l'opprimé et qui l'oppresseur, nos sympathies sont orientées. Si elles ne le sont pas assez, les réactions de celui qui est la victime nous guident, et aussi les remarques du chœur. Leur plainte, qui constitue, on l'a vu, un témoignage sur le danger de la rhétorique, sert donc aussi, dans les pièces elles-mêmes, à l'atténuer et à le corriger. Lorsque, dans *Médée*, Jason, après avoir trahi Médée, s'en justifie par de subtiles argumentations, le coryphée lui dit : « Jason, tu as bien présenté ton discours, et pourtant je crois – même si cela doit surprendre – que tu vas contre la justice en trahissant ta femme » (576-578). Et, dans *Les Troyennes*, quand Hélène, plus subtilement encore, tente de prouver son innocence, le chœur dit à Hécube qu'il lui faut lutter contre la persuasion d'Hélène; « car elle parle bien, tout en agissant mal; et cela est redoutable » (966-968). Au reste, cette fois-là, même le verdict condamne Hélène : Ménélas se range pour le moment du moins aux raisons de son accusatrice.

Dans ces cas-là, l'habileté raisonneuse échoue : elle a seulement montré, grâce au contraste, combien ses bases mêmes étaient insuffisantes.

Mais, d'autres fois, les parts sont plus égales : des passions et des souvenirs différents se dressent de part et d'autre – comme lorsque Clytemnestre et Electre discutent si âprement sur le meurtre d'Agamemnon et nous laissent sous l'impression de querelles inapaisables. Ou bien des responsabilités se compensent et se confrontent – comme lorsque Tyndare et Oreste, dans *Oreste*, discutent sur le matricide. Tous deux généralisent, montrant la gravité d'un tel acte, et son caractère intolérable : Tyndare montre qu'il est ainsi intolérable qu'un fils venge directement son père en tuant sa propre mère : si chacun procédait ainsi, où s'arrêteraient les calamités ? Mais Oreste montre que le meurtre d'un père, s'il reste impuni et que les fils ne le vengent pas, ouvre à son tour la voie à une série de meurtres également désastreux. Entre les deux, voici le problème du droit dans sa généralité et sa gravité qui se pose en toute clarté; et le jeu des arguments traduit le poids des impératifs contraires. Le débat d'idées, sans issue apparente, débouche non sur une vérité, mais sur la compréhension tragique d'obligations opposées.

Cette façon de mesurer la situation et ses contraintes diverses devient primordiale dans l'histoire, telle que l'a pratiquée Thucydide[13]. Cette fois, en effet, il ne s'agit pas de peindre dans des discours ni l'hypocrisie ni la passion; il ne s'agit pas non plus d'émotion : il s'agit uniquement d'analyser une situation avec les deux *logoi*, les deux thèses qui, à elles deux, en épuisent le sens.

Quand un discours est isolé, dans l'œuvre de Thucydide, c'est le plus souvent qu'il n'y a pas de claire vision des faits chez l'adversaire, ou bien que celui-ci n'a pas d'importance : Périclès n'a jamais de contradicteur, comme s'il n'existait pas de *logos* opposé. Mais, presque toujours, les discours vont par paires; et leur combinaison offre ainsi, comme accolées en un bloc, deux faces contraires de l'événement en cours et deux vues sur la meilleure façon de l'aborder – toutes deux solides, précises, fondées sur l'expérience humaine et sur la vraisemblance, toutes deux dessinées l'une pour l'autre et rattachées entre elles par le plus de détails possibles, si bien que l'on voit exactement où se fait le retournement, où subsiste un doute, et de quoi dépend l'issue. Après quoi le récit vient infirmer ou confirmer les diverses affirmations des deux discours – avec une rigueur beaucoup plus convaincante que les vagues appréciations d'un chœur de tragédie.

Le type le plus clair et le plus schématique de ce moyen d'analyse est fourni par un récit de bataille comme la bataille de Naupacte au livre II, avec ses deux discours antithétiques qui analysent tout, depuis la nature du courage jusqu'au rôle de la manœuvre, et avec son récit qui semble d'abord donner raison aux Péloponnésiens, puis, grâce à un détail de hasard, offre aux analyses athéniennes l'occasion de se vérifier point par point. Quand il s'agit d'analyses politiques, le principe est le même : simplement, la confirmation du récit est moins proche et moins systématique.

Dans tous ces cas, les paires de discours, les « *logoi* opposés », et l'art de rendre fort l'argument faible, c'est-à-dire les deux éléments du programme de Protagoras, deviennent un moyen d'enquête et d'évaluation permettant de cerner, de la façon la plus objective qui soit, une vérité aux éléments complexes qui, dès lors, deviennent intelligibles.

On peut dire, d'ailleurs, que la méthode des questions et réfutations de Socrate doit, elle aussi, beaucoup à l'art de Protagoras[14].

Tout est, par conséquent, fonction de la façon dont on pratique cet art nouveau. Gorgias le disait bien; mais la différence entre la bonne et la mauvaise façon de le pratiquer est ici encore plus précise et plus décisive. S'il s'agit, comme dans Aristophane, de défendre une thèse déterminée, choisie à des fins pratiques, pour justifier une conduite particulière, tout repose naturellement sur la négation du vrai et du bien; cet art mérite alors, largement, les sarcasmes qu'il a suscités. Mais employé dans une réflexion sérieuse, qui combine l'analyse de deux thèses contradictoires, il permet au contraire de rejoindre une forme de vérité plus poussée que chacune d'elles : à la rencontre de deux « paraître », de deux « discours », de deux thèses, cet art constitue alors comme une technique de l'esprit; et il offre le meilleur moyen d'affronter lucidement l'univers incertain qui nous cerne.

Certes, il ne s'agit jamais que d'une vérité relative, approchée, liée au « paraître » et aux « discours ». Quand on déclare que la vérité des sophistes n'est que dans les mots, c'est surtout cela que l'on veut dire. Mais, pour l'homme engagé dans le réel et tendant à mieux juger, rien ne peut mener plus loin. L'étude d'une rhétorique reposant sur le raisonnement et la dialectique devient alors, sans viser à une vérité absolue, un des plus sûrs chemins que puisse prendre la pensée la plus loyale et la plus exigeante.

On pourrait donc conclure que, lancée dans Athènes, la méthode des controverses y souleva d'emblée l'inquiétude et le scandale, mais que, liée à la grande curiosité de l'homme que ressentaient alors les Athéniens, elle est devenue pour certains un moyen d'analyse d'une nouveauté et d'une efficacité remarquables.

Ce serait vrai. Et pourtant cela ne rendrait qu'imparfaitement compte des faits. Car cette méthode des controverses fleurit bien partout à la fin du Vᵉ siècle; mais elle cesse bientôt d'être pratiquée. Et, dans l'histoire de la rhétorique, elle disparaît aussi. On a vu son rejet par Isocrate. Quant à Aristote, il étudie bien dans sa *Rhétorique*, comme Protagoras, les modes de raisonnement et les lieux qui en commandent la teneur; mais c'est alors une classification qu'il offre : ce n'est plus une pratique et encore moins une pratique de la controverse. Au surplus, l'analyse des moyens pour rendre fort l'argument faible ressortirait plutôt, une fois ces sciences mises chacune en sa place, de la logique que de la rhétorique[15].

Il en va donc de l'art des controverses de Protagoras comme des figures de style ou de la magie des discours chez Gorgias : nés dans l'enthousiasme des découvertes, ces enseignements ont semblé magnifiques et révolutionnaires; ils ont présidé à la naissance de chefs-d'œuvre; et puis ils se sont édulcorés; les ambitions sont devenues moindres, la prudence plus grande. Tout a été assimilé, assagi, digéré. Et tout reste présent dans nos traditions.

On oublie seulement aujourd'hui, quand on retrouve le vieil arsenal de la rhétorique, telle qu'elle fut pratiquée et se pratique encore, à quelles découvertes explosives, à quelles luttes et à quels efforts il a dû de prendre naissance.

On oublie enfin autre chose, qu'il serait temps de rappeler. Car, quand la vague se retira et que les choses rentrèrent dans l'ordre, la folle ambition des débuts ne laissa pas seulement aux mains des successeurs cette science assagie et commode que l'on appelle la rhétorique : elle y laissa aussi, à ses côtés, toutes les voies de recherche et toutes les disciplines que celle-ci avait suscitées. Elle y laissa la grammaire, avec les études des formes et du vocabulaire, ainsi que toutes les sortes d'enquêtes que suscite ce qu'à nouveau nous appelons aujourd'hui, dans un sens large, le « discours ». Elle y laissa aussi la logique, car il est clair qu'Aristote, en ce domaine comme en d'autres, a surtout eu l'originalité de tirer la leçon théorique de ce que les sophistes avaient, les premiers, pratiqué de façon empirique : il le reconnaît lui-même [16]. Elle y laissa en même temps de véritables sciences humaines qu'elle avait eu besoin d'inventer pour servir ses propres desseins.

Parmi celles-ci figure la psychologie, sur laquelle se fondaient les arguments de vraisemblance : étude des caractères, étude des réactions habituelles à l'homme, de ses mobiles, de ses faiblesses et des constantes observables dans son comportement. Les réflexions générales dont sont émaillés les débats d'Euripide et les discours de Thucydide en sont la preuve palpable; et la présence d'une description des caractères et des passions dans la *Rhétorique* d'Aristote confirme le rapport. Là aussi, d'ailleurs, on constate, chez les contemporains des premiers sophistes, une confiance ambitieuse dans la possibilité d'établir les lois universelles et une science générale de l'homme; puis on rabat ces ambitions pour observer, classer et reconnaître la variété des cas et des individus.

Cette psychologie s'appliquait souvent aux cités : cela se voit dans Thucydide, mais aussi chez Euripide. Or la connaissance des règles qui président à la conduite des cités en temps de paix ou en temps de guerre constitue à son tour les débuts d'une science politique et sociologique. L'une et l'autre apparaissent dans Thucydide; mais elles y apparaissent essentiellement dans les discours, où elles fournissent une base d'argumentation pour l'analyse des orateurs : la science politique et la science sociale naissent dans le sillage de la rhétorique, pour la servir et la renforcer.

Il en va de même de la stratégie, qui se fonde sur une analyse des réactions ordinaires d'une armée : « toujours une armée, après une victoire », « toujours, un chef, s'il veut réussir », « toujours, un combat sur mer », autant de réflexions, elles aussi générales et peu péremptoires, qui servent de base aux analyses des généraux. Et la stratégie, comme science, naît donc elle aussi dans le sillage de la rhétorique. On pourrait y joindre ces sciences aux noms récents, dont on trouve l'annonce dans Thucydide, la politologie, la polémologie, etc. Le départ de tout est là. Le départ se prend sous l'impulsion de la rhétorique. Et puis, l'élan une fois pris, ces diverses sciences humaines s'affranchissent, se diversifient, et, une fois de plus, se font plus empiriques et plus modestes.

Il fallait ici le rappeler, car la méfiance des Athéniens à l'égard de la rhétorique et de ses mensonges pourrait le faire oublier – tout comme la suspicion où beaucoup, aujourd'hui, tiennent les études de ce genre. Il le fallait aussi parce que, dans le cas de nos sophistes, il risque de se faire une confusion entre les domaines.

C'est une chose, en effet, de s'inquiéter des conséquences morales que peut avoir l'usage de la rhétorique. Mais c'en est une autre que de réagir à des doctrines avouées, qui nient l'existence des valeurs. Or – on vient de le voir pour un traité de Protagoras, son traité sur la vérité – ce qui complique ici la situation est que les grands sophistes ne furent pas seulement des professeurs de rhétorique : ils étaient aussi, et demeurent au premier chef, des penseurs. Peut-être un peu pour montrer leurs capacités, mais sans nul doute, aussi, pour défendre des doctrines, ils écrivaient. Leurs écrits théoriques étaient connus, célèbres. Et ils avaient souvent le mordant du vitriol. Indépendamment de toute technique rhétorique, leurs analyses critiques faisaient table rase de tout ce en quoi l'on avait cru.

NOTES DU CHAPITRE III

1. Gorgias avait aussi écrit un *Traité*, dont nous ignorons tout (voir les témoignages de A 3 et 4, ainsi que B 13) : nous savons seulement qu'il y traitait, entre autres, de l'à-propos (*kairos*). L'authenticité du *Palamède* a parfois été contestée. Sur ces questions de rhétorique, dans l'ensemble, cf. J. de Romilly, *Magic and rhetoric in ancient Greece*, Harvard Un. Press, 1975, ch. I.
2. Denys d'Halicarnasse a analysé avec sévérité toutes ces recherches stylistiques et n'a pas manqué d'y signaler l'influence de Gorgias et d'autres sophistes : « Quelle recherche, quelle affectation dans une foule de tours ! Il multiplie les périodes à membres symétriques, les paronomases, les antithèses, et tous ces ornements puérils dont Gorgias de Léontium, Polos, Licymnios et d'autres sophistes contemporains se montrèrent si prodigues » (*Sur Thucydide*, 24).
3. Dans cette partie du *Phèdre*, Platon mentionne les parties diverses du discours, subtilement distinguées par Evénus de Paros, Tisias ou Gorgias. Il mentionne aussi, à côté de nos grands sophistes, des travaux de Polos, ce disciple de Gorgias, qui aurait écrit des *Sanctuaires oratoires des Muses*, et des études sur le redoublement, le style sententieux, le style imagé (267 c).
4. La distinction est d'ailleurs présentée dans la manière de Prodicos (voir ci-dessus, p. 95-97).
5. Le problème ne semble plus avoir paru essentiel aux yeux d'Aristote, qui tente de rendre la rhétorique plus scientifique et d'en faire enfin une *technè*, sans pour autant reprendre la condamnation de Platon.
6. En grec *technè éristikón* : le dernier mot sera conservé chez les philosophes dans son acception technique (voir ci-dessus, p. 103).
7. Cette double valeur du mot *logos* a souvent créé des malentendus dans l'interprétation des textes sophistiques : voir la bonne analyse de C. NATALI, dans le volume *Positions de la sophistique*, p. 105-106.
8. « Plus faible » et « plus fort » s'entendent évidemment de la valeur persuasive de chaque argument; cela ne veut pas dire, comme on l'admet parfois, que « plus fort » signifie « majoritaire » : il s'agit d'un affrontement dialectique et raisonné. Inversement, le terme ne traduit pas la seule supériorité morale (comme le suggère Aristophane).
9. *Hélène*, 1 et 6; cf. *Contre les sophistes*, 3 et suiv.
10. L'adultère qui se laissera surprendre commencera par nier (1079-1080) avant de rappeler – comme dans l'*Hélène* de Gorgias – que Zeus lui-même succombe à l'amour.
11. Cf. ci-dessus, p. 89-127.
12. Curieusement, ce scepticisme semble pouvoir à la limite se retourner contre la dialectique elle-même : Protagoras, nous dit Platon,

ne croyait pas à la possibilité de réfuter; sur cette question d'ordre purement philosophique, voir au chapitre suivant.

13. Sur les discours antithétiques chez Thucydide, voir J. de Romilly, *Histoire et raison chez Thucydide*, Paris, Les Belles Lettres, 1967, ch. III. – De même, sur l'influence de Prodicos, voir, du même auteur, « Les manies de Prodicos et la rigueur de la langue grecque », *Museum Helveticum*, 1986, p. 1-18.

14. Voir. G. B. KERFERD, dans l'ouvrage collectif *The Sophists and their Legacy*, « Hermes Einzelschriften », 44, 1981, p. 4.

15. La place de ce qu'il appelle la dialectique se situe en fait dans la suite de l'art de la controverse; mais il s'agit, ici encore, beaucoup moins d'une pratique que d'une analyse théorique, portant sur les principes d'une certaine logique.

16. Dans ses *Réfutations des arguments des sophistes* (183-184), il définit ce qui le distingue lui-même du type de raisonnement rhétorique des sophistes. D'abord, ce type de raisonnement n'atteint que des probabilités illusoires, non le vrai. Ensuite il représente non pas une *technè*, mais une série d'applications (*ta apo tès technès*).

IV

LES DOCTRINES DES SOPHISTES : LA TABLE RASE

Les écrits des sophistes faisaient plus que confirmer les inquiétudes athéniennes : en marge de leur enseignement rhétorique, les doctrines que reflétaient leurs traités, et dont il circulait dans la ville des phrases et des résumés, rejetaient hardiment les traditions courantes et pouvaient aisément susciter le scandale.

Là, on entre dans un domaine différent; car on aura désormais affaire à de véritables doctrines philosophiques, denses et résolues, et au moins aussi audacieuses que l'était l'action des sophistes dans l'enseignement. Il importe de le dire, car elles ne doivent pas souffrir du rapprochement avec cette action. Certains critiques, en effet, ont été influencés par l'aspect pratique des leçons que donnaient les sophistes et par la façon arbitraire dont, comme maîtres de rhétorique, ils jouaient à soutenir toute thèse et son contraire; et ces savants ont ainsi été tentés de minimiser le sens d'une pensée, qui est cependant une des plus fermes qui soient. D'autres ont aussi été influencés par Platon, et sensibles au contraste qui oppose sa rigueur philosophique au côté plus pratique de la pensée des sophistes. Ainsi est née l'idée que ces maîtres n'avaient eu de doctrines qu'autant que leurs activités professionnelles l'impliquaient ou l'exigeaient[1].

Cette impression relève, à nos yeux, d'une optique déformante et ne va pas sans injustice. On peut poursuivre un rôle pratique et s'intéresser aux réalités quotidiennes tout en ayant une pensée ferme sur les principes qui sont en cause; et il est d'autres philosophies que celle de Platon. Nous tenterons en effet de montrer que les sophistes ont fait beaucoup plus que s'insérer dans le facile conformisme des réalistes et des pragmatistes. Tout le prouve : déjà le ton même de leurs formules, qui est net, résolu et hardi, suppose une prise de parti consciente; et elles vont toujours droit aux principes. Qui plus est, elles sont cohérentes, et étroitement liées entre elles. Enfin leur destinée même révèle leur importance et, apparemment, leur originalité. Car elles ont choqué et stimulé; elles ont été citées, critiquées, discutées, sur le moment et pendant des siècles.

On tentera ici de retrouver cette pensée en la dégageant des écrits qu'ils avaient composés : presque chacun d'eux semble avoir été une attaque franche contre les principales certitudes des penseurs antérieurs.

Ces écrits sont perdus, naturellement; mais nous en avons des fragments, des formules souvent révolutionnaires, à l'emporte-pièce, dont on n'est pas surpris de voir qu'elles ont été souvent transmises par le philosophe sceptique de la fin du IIe siècle après J.-C., Sextus Empiricus : dans sa lutte contre le dogmatisme, nul ne pouvait lui fournir plus d'armes que la poignée de ces philosophes d'un nouveau genre qui hantaient Athènes sept siècles plus tôt et soumettaient toutes les croyances à leur impitoyable analyse.

On peut suivre dans tous les domaines cette série de renversements et de refus : on les voit alors, pour chacun, s'aggraver à chaque pas, de texte en texte. Aucune transcendance, aucun absolu, ne résiste aux coups de boutoir d'une raison désormais sûre d'elle et prête à tout critiquer. On assiste donc à un effritement soudain, qui gagne tout : l'idée de l'être et l'existence même d'une vérité, mais aussi des sujets touchant directement la façon même de vivre et constituant les bases de la religion ou de l'éthique, à savoir l'existence des dieux et le sens à donner à la justice.

Dans ces divers domaines, il est parfois difficile de ne pas se laisser entraîner par les interprétations doctrinaires ou les simplifications faciles, comme il y en a eu beaucoup : on essaiera, en considérant tour à tour les divers thèmes, de cerner exactement les limites des déclarations de chacun : même ramenées à leur exacte portée, ces déclarations restent d'une force négatrice qui déconcerte.

L'être et la vérité

L'être, au sens métaphysique du terme, ne concerne que les philosophes de profession. De plus, les attaques en ce domaine ne sont venues que de Gorgias. Si on les considère ici en premier, bien que Gorgias soit arrivé à Athènes plusieurs années après Protagoras, c'est parce que le texte où s'expriment ces attaques est le seul qui, au lieu d'adopter d'emblée le point de vue de l'homme, s'en prenne aux philosophies antérieures et se mesure à leurs problèmes. Les premiers philosophes parlaient de l'Univers; ils affirmaient son unité ou sa diversité. Parménide, dans son grand poème *Sur la nature*, soutenait ainsi son unité, en disant : « L'être est incréé et impérissable, complet, unique, immobile et sans fin » (fr. 8, 3-4); et il déclarait que le non-être ne pouvait exister, puisqu'il ne pouvait être pensé.

Or voici Gorgias ! De tous les sophistes, c'est le seul dont nous ayons un écrit de plusieurs pages dont l'allure est métaphysique et qui adopte les cadres de pensée des écoles précédentes; or il vient précisément de Sicile, la patrie d'Empédocle, non loin de la ville d'Elée, la patrie de Parménide. On a conservé de lui (grâce à Sextus Empiricus, bien entendu!) un assez long fragment d'un traité qui s'appelle, de façon caractéristique, « Du non-être ou de la nature ». Là, l'être, le non-être, la possibilité de penser l'un ou l'autre, et aussi les débuts de l'être, resurgissent au premier plan – à telle enseigne que l'on n'est pas surpris de rencontrer, au Ier siècle, un opuscule péripatéticien intitulé : « Sur Mélissos, Xénophane et Gorgias ». Mélissos était un philosophe éléate de l'époque de Gorgias, Xénophane un philosophe antérieur, qui (bien qu'il fît la différence entre la connaissance et l'opinion) admettait lui aussi le principe d'un être unique et immuable. Le rapprochement de notre Gorgias et de ces auteurs montre assez en quoi le thème dont il traite se rattachait aux soucis philosophiques alors prédominants.

Mais là s'arrêtent les ressemblances. Car, si le problème est ancien, les solutions de Gorgias ne le sont pas : elles sont radicalement et impérieusement négatrices. Elles se définissent en effet par trois thèses : « Rien n'est; l'être, en admettant qu'il soit, n'est pas perceptible; en l'admettant perceptible, il est incommunicable. » Tout s'abolit ensemble : l'être et la connaissance.

La démonstration, à vrai dire, est déroutante : de façon sèche et rapide, elle accumule les formules renvoyant au principe de contradiction (par exemple : si le non-être est, cela voudra dire à la fois qu'il est et qu'il n'est pas, etc.). On remarquera du moins que Gorgias procède, un peu comme pour l'innocence d'Hélène, à coups de distinctions *a priori* (par exemple : si quelque chose est, c'est ou l'être ou le non-être ou bien l'être et le non-être; si l'être est, il est ou éternel, ou situé dans le devenir, ou bien éternel et situé dans le devenir...); et, chaque fois, une sorte de jeu logique intervient, soutenu par un cliquetis verbal rapide et crépitant[2].

Derrière cette méthode où l'on reconnaît le maître de rhétorique, le philosophe, cependant, est là. Et l'on perçoit dans le texte comme une réponse à Parménide. Celui-ci ne disait-il pas que l'être est et que le non-être n'est pas, car il ne peut être pensé? Gorgias, en introduisant des idées comme celle d'un commencement de l'être ou de ses limites, montre les contradictions auxquelles on se heurte. En fait, avec ces démonstrations critiques ainsi juxtaposées, ce qui finalement domine, chez lui, est l'idée que l'on ne peut rien savoir, rien affirmer, rien trancher. Il ne veut même pas tant établir que rien n'existe : il veut montrer que les réflexions sur l'être se retournent aisément et sont, dans leur principe même, vaines. Sextus Empiricus l'a bien vu, qui, dans l'introduction de ce texte, range Gorgias parmi ceux qui ont ôté le « moyen de juger » (le *kritèrion*).

Peut-être y a-t-il dans cette démonstration toute formelle une bonne part de jeu. La question est, encore aujourd'hui, abondamment débattue. On remarque que ni Platon ni Aristote ne semblent en avoir tenu compte, et qu'Isocrate, qui n'était, à vrai dire, guère métaphysicien, a pris de haut ces analyses[3]. Il n'empêche que l'exercice, si c'en était un, se situait, sur des problèmes connus, au point extrême de la négation et du scepticisme, et que jouer sur ces questions est déjà, en soi, du scepticisme. L'ironie, en un tel domaine, fait table rase de toutes les réflexions sur l'être.

Du reste, ne retrouve-t-on pas dans le texte, poussées à la limite, les réserves faites ailleurs par Gorgias sur la possibilité de la connaissance ?

Par là ce jeu polémique rejoint des critiques sérieuses et implique un complet changement de point de vue. Et ne laissant rien subsister de sûr ni même de pensable, il ouvre les portes au scepticisme sous toutes ses formes. De la sorte, il s'accorde profondément avec une des doctrines maîtresses de la pensée sophistique : le relativisme de Protagoras.

Il a déjà été fait allusion[4] au traité que Protagoras avait intitulé *La Vérité*, et dont le début disait que « l'homme est la mesure de toutes choses : pour celles qui sont, mesure de leur être, pour celles qui ne sont pas, mesure de leur non-être ». On rencontrera encore la formule, dans ce livre, en liaison avec diverses idées : elle est le mot d'ordre de la pensée des sophistes et commande tout le reste.

Aussi est-il important d'en mesurer le sens et la portée.

En gros, naturellement, ce sens est clair. On parle bien encore d'être ou de non-être, mais toute question de réalité ou de vérité disparaît désormais pour ne laisser subsister que les impressions de l'homme; et seules décident ses sensations ou ses opinions, sensations et opinions que l'on ne peut ni confronter ni confirmer, et qui varient en fonction des personnes ou des circonstances. Or elles sont le seul critère, la seule mesure : « telles les choses me paraissent, telles elles me sont », résume Socrate dans le *Cratyle* (386 a).

Du coup, voilà l'homme seul juge, et voilà toutes les idées qui se mettent à flotter, sans rien pour leur servir d'ancre.

On peut du reste se faire une idée de ce relativisme en lisant, dans le petit traité des *Discours doubles*, les argumentations tendant à prouver que le bien et le mal, le beau et le laid, le juste et l'injuste, se confondent parce qu'ils ne sont tels qu'en fonction d'un homme et d'une situation.

C'est là un principe absolument révolutionnaire, qui fait table rase de toute croyance en une vérité objective.

Du coup, tout est mis en question, à commencer par la possibilité de la science et l'existence même de l'erreur; et l'on comprend que Platon ait été amené (dans le *Théétète* en particulier) à se colleter avec la thèse de Protagoras. Même Aristote semble inspiré par ce souci, si l'on en croit le livre III de la *Métaphysique*. C'est une thèse philosophique, à la fois sérieuse et redoutable.

On remarquera au reste que, de façon en apparence paradoxale, elle semble avoir engagé le père des controverses et des antilogies dans une querelle philosophique où il se trouve en étrange compagnie : Platon le cite comme étant de ceux qui nient que l'on puisse parler faux, ou réfuter (*antilegein*)[5]. Cette querelle était célèbre (Isocrate la cite dès les premiers mots de son *Hélène*);

mais la thèse ainsi formulée semble avoir rapproché des gens comme Parménide, qui croyait à l'unité absolue de l'être (on ne pouvait donc, selon lui, dire le non-être), et d'autres comme Protagoras, qui ne croyait à aucune vérité (on ne pouvait donc jamais prétendre dire l'être)! La polémique, faute de textes, nous échappe en partie; mais on peut au moins tirer de ses échos une preuve de plus confirmant la portée métaphysique des déclarations de notre sophiste. Et, toutes querelles d'écoles mises à part, il est sûr que son traité offrait un monde sans vérité. La démarche par laquelle Platon, après Parménide, proclama l'existence d'une vérité absolue, universelle et transcendante, était à coup sûr audacieuse; celle par laquelle Protagoras, résolument, niait l'existence même d'une vérité était inverse, mais n'était pas moins audacieuse. Et Platon, dans sa philosophie, répond pour une bonne part à Protagoras.

On aimerait, étant donné l'importance de cette thèse, pouvoir préciser davantage. Mais, si l'orientation d'ensemble est d'une clarté totale, il n'est pas toujours facile de dire avec exactitude jusqu'où Protagoras allait en ce sens. Les auteurs modernes se sont employés avec ardeur à le préciser : on cherchera seulement ici à dégager les grands traits.

On s'est d'abord demandé si, par « l'homme », il fallait entendre l'individu, ou bien les hommes en général. Si l'on en croit le témoignage de Platon, aucun doute n'est possible : quand il évoque cette doctrine dans le *Théétète*, il ne cesse d'insister sur l'aspect individuel. Les exemples qu'il cite sont des exemples de sensations qui varient entre un homme et un autre (comme le doux et l'amer). Et il parle de « chacun », de « chacun pour lui seul », de « sensations individuelles » (*idiai*). Il parle aussi de différences entre « l'un » et « l'autre » : « Infinie est la différence de l'un à l'autre, par le fait même qu'à l'un ceci est et apparaît, à l'autre cela » (166 d). Il se peut que Platon, qui croyait en des essences absolues, susceptibles d'être approchées par l'esprit, ait voulu pousser à la limite le relativisme de Protagoras. Néanmoins, tous les exemples concrets qu'il cite au passage s'accordent avec ce qu'il dit. Et l'on ne peut guère douter que ce soit là le sens. Accessoirement, ce sens peut s'accorder aussi avec un fragment récemment attribué à Protagoras et qui déclare : « A toi qui es là, j'apparais assis; aux absents, non : si je le suis ou non n'est pas clair[6]. » L'individu est donc, dans cette doctrine, primordial.

Des réserves, pourtant, s'imposent. Et il ne faut peut-être pas trancher entre les deux sens avec toute la rigueur de notre pensée moderne : l'individu du Vᵉ siècle avant J.-C. n'était pas pensé dans son isolement. Et Protagoras avait plus que d'autres le sens de la collectivité[7].

Mais, avec cette idée de collectivité, surgissent des retouches plus importantes encore. Car il semble bien, d'après le *Théétète*, que Protagoras ait admis que l'on pouvait convaincre autrui et que telle opinion pouvait être plus utile que telle autre, pour chaque personne et pour le groupe. Son relativisme connaissait donc des limites, d'ordre pratique. Et c'est précisément sur quoi se fonde Platon pour réfuter sa doctrine de l'homme-mesure. Parfois, il lui fait reconnaître l'existence d'une certaine sagesse, plus grande chez l'un que chez l'autre; ainsi, dans le *Théétète* 166 d, lorsque Socrate imagine ce que pourrait dire Protagoras : « La sagesse, le sage, beaucoup s'en faut que je les nie. Voici par quoi, au contraire, je définis le sage : toutes choses qui, à l'un de nous, apparaissent et sont mauvaises, savoir en invertir le sens de façon qu'elles lui soient bonnes » : c'est ce que fait le médecin avec le malade, le sophiste avec ses élèves.

Il ne faut donc pas tirer des déclarations un peu abruptes du sophiste des conclusions trop radicales. Son rejet de la vérité laisse la place à des vérités, ou à quelque chose qui y ressemble. Et sa pensée ne s'identifie pas avec les doctrines postérieures qui enfermeront le sujet en lui-même, qu'on les appelle subjectivisme ou pur solipsisme[8]. Une étude de sa pensée dans d'autres domaines aidera à le préciser, en confirmant l'importance qu'attache Protagoras aux relations entre les hommes.

D'ailleurs Diogène Laërce, cherchant les origines des doctrines sceptiques, mentionne quantité d'auteurs anciens mais ne cite pas Protagoras : vu à la lumière de certaines prises de position postérieures, il est clair que son relativisme n'est pas sans limite.

Mais, ces réserves une fois posées, il faut bien reconnaître que ce relativisme n'en constitue pas moins, dans son principe, une critique redoutable, heurtant de front tout à la fois les doctrines philosophiques qui se réclamaient d'une vérité en soi et les présupposés à peine conscients par lesquels l'homme du commun se rassure avec des valeurs qui servent d'étais à sa vie : Protagoras, avec ses formules hardies, dénie toute existence à ces doctrines, à ces étais. Désormais, il n'y a plus que des opinions, fondées sur les sensations, et toutes personnelles. Désormais, on vit dans le paraître; on ne connaît plus que lui; à un point de vue s'oppose toujours un autre point de vue; et celui qui aimait voir se heurter deux *logoi* contraires nous offre, en fin de compte, un monde où ce heurt est la loi, et où chaque thèse reste aussi valable que l'autre.

L'importance de cette doctrine dans l'histoire de la pensée grecque est considérable; et on en mesure la portée aux réactions de Platon. Non seulement il en parle; non seulement il la critique à plusieurs reprises; il semble aussi construire sa propre philosophie en fonction de telles idées et pour leur répondre. On le voit bien dans *Le Sophiste*, où il ne s'agit pas nommément de Protagoras, mais où Platon cherche à définir le sophiste en tant que tel; or, pour cela, il est amené à faire un long détour et à passer par Parménide, pour établir, contre ce dernier, la possibilité de l'erreur, qui donne existence à ce qui n'est pas. L'être et le non-être, la vérité, Parménide, cela fait un détour de taille, et révélateur; contre la pensée des sophistes qui, inspirée par Protagoras, niait la distinction entre erreur et vérité, Platon dresse, avec une rigueur obstinée, une philosophie toute contraire.

Cette opposition fondamentale se traduit d'ailleurs dans les termes mêmes.

Le mot qui sonne fièrement dans la formule de Protagoras, c'est « l'homme » : « la mesure de toutes choses est l'homme. »

L'homme : cela veut dire qu'il renonce à toute relation avec l'être, à toute vérité qui aurait partie liée avec les dieux; cela veut dire qu'il instaure d'un coup un univers nouveau où ceux-ci n'ont plus de rôle. A force de s'interroger sur la mesure exacte dans laquelle « l'homme » de Protagoras était individuel ou collectif, on a fini parfois par perdre de vue ce contraste essentiel, qui changeait tout.

C'est en quoi Platon se montre, un moment, délibérément injuste, lorsque, par une plaisante boutade, il fait dire à Socrate, toujours dans le *Théétète* (161 c), que le début de Protagoras l'a surpris : « Que n'a-t-il dit, en commençant sa Vérité, que la mesure de toutes choses, c'est le " pourceau " ou le " cynocéphale ", ou quelque bête encore plus bizarre parmi celles qui ont sensation ? C'eût été façon magnifique et hautement méprisante d'entamer, pour nous, son discours. Il eût ainsi montré, alors que nous l'admirions à l'égal d'un dieu pour sa sagesse, qu'au bout du compte il n'était supérieur, en jugement, je ne dis pas à aucun autre homme, mais même pas à un têtard de grenouille! »

Le texte est amusant et vif. Mais la référence à « l'homme » n'a, chez Protagoras, rien d'arbitraire; et il savait ce qu'il faisait en l'employant. Il rejetait la transcendance; il s'enfermait dans un monde de sensations, d'opinions et d'intérêts – qu'ils soient individuels, collectifs ou généraux; mais il gardait la possibilité de reconstruire, à partir de ce monde, tout un système de pensée et toute une morale – cela sans l'aide d'aucun absolu, ni ontologique, ni religieux, ni éthique.

Tout cela se jouait sur cette phrase. Et l'on comprend donc que Platon – toute plaisanterie mise à part – ait senti qu'elle impliquait le problème philosophique le plus décisif. Aussi bien n'est-ce pas un hasard si lui-même, au terme de sa recherche, a écrit dans *Les Lois* (716 c) : « La divinité pourrait bien être pour nous, plus que quoi que ce soit, la mesure de toutes choses. »

Les deux pôles opposés de la philosophie occidentale sont désignés par ces deux phrases inverses.

Les dieux

Cette analyse de la connaissance et de la vérité impliquait donc la révocation en doute de toute certitude religieuse. Or l'on sait que Protagoras a aussi fait porter sa critique sur ce terrain, qui était tout à la fois central pour sa doctrine et dangereux par rapport à l'opinion athénienne. Qui plus est, il n'a pas été le seul sophiste à suivre cette voie : la pensée du dernier quart de siècle semble, à cet égard, se précipiter sur ses traces.

Et le fait est que, quand la critique des sophistes touche aux thèmes dont dépendent la vie et le comportement des gens, elle trouve d'autant plus d'échos : elle est reprise par les divers maîtres et on la voit, de proche en proche, se renforcer ou s'aggraver. Mais, précisément pour cette raison, elle exige aussi d'être regardée de plus près.

L'attention d'un tel regard peut réclamer un effort; mais celui-ci n'est jamais fourni en vain. Seules, en effet, des comparaisons nombreuses peuvent montrer comment chaque progrès dans la critique constitue une étape décisive, mais laisse pourtant la place à une autre, située un peu au-delà. D'où le besoin, à chaque instant, de mesurer le chemin accompli et celui qui reste à accomplir, d'apprécier l'audace, mais aussi ses limites, de reconnaître la hardiesse de l'innovation, mais aussi sa relative prudence. Par là, on évitera d'abord de confondre entre eux ces maîtres, qui n'étaient pas interchangeables, mais renchérissaient volontiers l'un sur l'autre; et l'on évitera également de simplifier des thèses, qui, du fait de leur impact et de leur influence, ne l'ont été que trop, dès l'Antiquité. Force sera donc de procéder à petits pas, si l'on veut espérer retrouver, par-delà les confusions anciennes ou modernes, la rigueur de pensée qui fut celle d'alors.

En ce qui concerne Protagoras et les dieux, le problème est d'ailleurs facile : il s'agit d'une seule phrase, et parfaitement claire.

Elle ouvrait, nous dit le chrétien Eusèbe, son traité *Sur les dieux*; et elle est attestée par de nombreuses citations. Elle dit : « Sur les dieux, je ne puis savoir ni qu'ils existent, ni qu'ils n'existent pas, ni quelle forme est la leur; bien des circonstances empêchent de le savoir : l'absence de données sensibles et la brièveté de la vie » (B 4).

Les derniers mots, qui ont été parfois omis, sont cependant importants : ils montrent sur quel terrain se plaçait Protagoras et quel était le sens de son agnosticisme. Il ne considérait en effet que le point de vue de la connaissance; et le mot grec qu'il emploie deux fois dans la phrase désigne bien le « savoir » (*eidenai*), non la croyance ou la foi. Protagoras veut donc dire que l'on ne sait rien sur les dieux, et non pas qu'ils n'existent pas. La différence n'est pas encore portée. Et déjà Cicéron (dans le traité *De la nature des dieux*, I, 1, 2) faisait la distinction entre le doute de Protagoras et l'athéisme. Selon une formule employée par certains savants, rien ne permet d'affirmer que notre sophiste n'admettait pas pour la religion d'autres fondements; et la suite du traité les rendait peut-être clairs. En fait, on n'a ici rien d'autre qu'une analyse rigoureuse et parfaitement évidente. Certains ont parlé à son sujet de phénoménologie.

Il reste pourtant que cette façon de partir, ici encore,

de l'homme, pour ne retenir que ce qu'il peut ou non connaître, prenait, lorsqu'il s'agissait des dieux, un caractère révolutionnaire. Dire que l'on ne peut savoir si les dieux existent est, du point de vue du savoir, indiscutable, mais l'affirmation va directement à l'encontre des traditions religieuses, les met en doute, les condamne : par conséquent, elle suscite le scandale en ouvrant la voie à l'impiété[9].

La question est assez grave pour que l'on cherche à se représenter les circonstances dans lesquelles surgissait cet agnosticisme.

La religion grecque, en effet, ne comportait ni dogme ni clergé. Il ne pouvait donc pas être aussi grave de formuler des doutes à son endroit que pour d'autres religions. De fait, elle pouvait accueillir des dieux nouveaux; et les mythes divins pouvaient se modifier selon les auteurs ou les lieux de culte. Il y avait, pour chaque dieu, plusieurs légendes et plusieurs cultes. Il existait donc une liberté fondamentale à cet égard. Et cette liberté se traduisit par une épuration progressive de l'idée que l'on se faisait des dieux. Déjà Homère cache certaines légendes, bien connues de son temps (sur les amours de Zeus, par exemple). Pindare lui-même avoue qu'il faut parler des dieux en bien et que, pour cela, il a modifié les récits relatifs à Pélops (*Ol.* I, 35, et aussi 52 : « Non! je ne puis appeler cannibale aucun des dieux... »). Eschyle à son tour cherche à mieux comprendre la justice de Zeus, à écarter l'idée d'une *némésis* presque automatique, qui frapperait la richesse ou la grandeur plus que la faute ou que le crime. Et le philosophe Xénophane, qui vient d'être évoqué à propos de Gorgias, avait, dès le VIIe siècle, été beaucoup plus loin en refusant de prêter aux dieux l'aspect anthropomorphique que la religion leur attribuait. Les doter d'un vêtement, d'une voix, d'un corps, n'était à ses yeux qu'une illusion humaine. En un sens, Protagoras, avec son agnosticisme, ne péchait pas beaucoup plus contre les croyances en usage.

Et pourtant il y a un seuil, qui est décisif. Modifier, revoir, corriger le contenu de la religion, c'était, de l'intérieur, l'améliorer. Mais révoquer en doute l'existence même des dieux était une autre affaire. Et l'on se souviendra que, si la religion grecque n'avait ni dogmes ni prêtres, en revanche elle était indissolublement liée à la vie de la cité. Les dieux protégeaient la cité. Ils protégeaient aussi la morale, les serments et les lois, qui assuraient le bon ordre de la cité. A partir du moment où l'on admettait que les dieux pouvaient ne pas exister du tout, l'ensemble de ces fondements civiques et moraux semblait pouvoir lâcher. Et la cité répondit en multipliant, on l'a dit, les procès d'impiété.

Il y en eut une première vague, très forte, contre Périclès et ses amis. Périclès était lié à Protagoras. Il représentait les esprits éclairés; et il préférait, on l'a vu[10], les explications scientifiques aux présages. Cela, les gens l'acceptaient. Mais, lorsque les difficultés avec Sparte intervinrent et que l'hostilité à Périclès s'accrut, on poursuivit ses proches, et souvent pour impiété. Aspasie, la compagne de Périclès, fut accusée d'impiété; et Périclès eut grand-peine à la sauver. Anaxagore fut visé par un décret disant que l'on poursuivrait pour crime contre l'Etat ceux qui ne croyaient pas aux dieux et qui enseignaient des doctrines relatives aux phénomènes célestes[11]. Plutarque, qui rapporte le fait dans la *Vie de Périclès* (32), ajoute que l'auteur du décret – un devin, comme par hasard! – « visait Périclès à travers Anaxagore ». Périclès, par prudence, fit quitter la ville au philosophe. On ne parle pas nettement de Protagoras pour cette époque-là (encore que Plutarque, dans la *Vie de Nicias*, 23, mêle son bannissement à l'arrestation d'Anaxagore). Mais, plus tard, il fut, dit-on, accusé à son tour d'impiété; et ses livres furent publiquement brûlés. On n'oubliera pas que cette accusation reparaît contre Socrate, puisque l'un des deux griefs retenus dans l'acte d'accusation est « de ne pas reconnaître comme dieux les dieux de la cité et d'en introduire de nouveaux ».

On touche donc, avec l'agnosticisme de Protagoras, à un terrain des plus dangereux.

On en a la confirmation d'après la suite : celle-ci prouve en effet que la crise qui s'ouvrait alors dans Athènes était grave. Car, après Protagoras, d'autres sophistes renchérirent. Et, après les poussées rationalistes du milieu du siècle, la vague d'irréligion sembla devenir bien plus forte. Le tout se développa en vingt-cinq ans.

Prodicos, qui est apparu si proche de Protagoras par son souci de l'expression correcte, n'était pas un esprit révolutionnaire, mais un homme épris de valeurs morales. Or, en ce qui concerne les dieux, il semble avoir suivi la même voie que Protagoras et avoir même aggravé les choses.

Il ne considère plus la question, en effet, sous le seul angle de la connaissance : comme si la croyance aux dieux n'était qu'un phénomène comme un autre, il en offre une explication anthropologique et positiviste. Du point de vue de l'esprit scientifique et des sciences humaines, il y a là une avancée rationaliste à peine croyable. En revanche, du point de vue religieux, il ne subsiste pour les dieux – ou du moins pour beaucoup d'entre eux – que le statut d'inventions humaines. Il dit en effet dans un fragment (que cite, naturellement, Sextus Empiricus, mais qui est aussi connu par bien d'autres témoignages) que « le soleil, la lune, les fleuves et les sources, ainsi que tout ce qui favorise la vie, avaient été considérés par les anciens comme des divinités, à cause de leur utilité – comme le Nil pour les Egyptiens » (B 5).

Tout y est : l'utilité, l'explication naturaliste, le souci comparatiste ! La théorie de Prodicos, que l'on a parfois rapprochée de l'évhémérisme (bien qu'il ne semble pas avoir supposé la possibilité d'hommes devenant des dieux), est à coup sûr audacieuse; et un grand pas est franchi dans le sens d'un scientisme radical. Est-ce, cette fois, l'athéisme, comme certains témoins anciens (entre autres Sextus Empiricus) l'ont prétendu? Ce n'est pas une certitude. Prodicos parle ailleurs des dieux; et des savants modernes comme E. R. Dodds[12] ont soigneusement distingué sa doctrine de l'athéisme : ils n'ont vu dans cette dernière que la marque d'un esprit très moderne. De fait, c'est bien là le trait le plus remarquable du texte : le souci scientifique gagne, s'épanouit et s'affirme, ne laissant plus guère de place au souci religieux – que cependant il n'attaque point de front.

Or de telles affirmations ne devaient pas être rares chez les sophistes. Elles devaient même l'être de moins en moins d'année en année. On possède ainsi un fragment, qui fait vingt-deux vers, d'une pièce intitulée *Sisyphe*, qui offre à cet égard un témoignage éclatant. Malheureusement, il est difficile de dire qui en était l'auteur; car les vers sont cités, selon les cas, sous le nom de Critias ou sous celui d'Euripide. C'est d'ailleurs un étrange destin que celui qui veut que presque tous les fragments tragiques attribués à Critias puissent être revendiqués pour Euripide et l'aient été : on mesure par là les parentés entre tous ces esprits plus ou moins pénétrés des idées nouvelles et de l'influence des sophistes. En tout cas, pour *Sisyphe*, on s'est longtemps rangé à l'opinion de Wilamowitz, qui attribuait l'extrait à Critias; puis un examen récent et précis l'a rendu, non sans autorité, à Euripide[13].

Or, pour les perspectives adoptées ici, la différence est assez grande. Critias, en effet, est bien connu. Il était l'oncle de Platon et l'un des plus hardis parmi les trente oligarques qui prirent le pouvoir à Athènes en 404; mais il était aussi un sophiste, ou du moins l'Antiquité le désignait ainsi et l'on a suivi ici cet usage; car, même s'il ne faisait point payer ses entretiens, il a vécu en intellectuel, écrivant sur les constitutions, participant aux débats des philosophes et contribuant à répandre les idées des sophistes. Euripide, en revanche, tout en subissant leur influence était manifestement en dehors.

S'agit-il donc d'un texte de sophiste, ou bien non? Et faut-il en parler comme d'un témoignage sur leurs doctrines, ou bien sur leur influence?

De toute façon, l'hésitation entre ces deux noms est révélatrice, puisqu'il se trouve que le plus résolu des textes examinés ici comme allant à l'encontre de la religion est aussi celui qui se place le plus à la limite, par rapport au groupe des sophistes, et le plus loin des premiers grands maîtres : ou bien l'auteur est un Athénien qui a entendu les sophistes, à savoir Euripide; ou bien c'est un homme qui, s'il peut être appelé sophiste, était un autre Athénien, très orienté vers l'action pratique et très ambitieux, bref un homme qui n'était déjà plus un sophiste au sens rigoureux du terme. En se répandant au-delà du cercle des maîtres proprement dits, les doctrines se durcissent : on en trouvera plus loin bien des preuves.

Si le texte en question figure ici parmi les écrits de sophistes authentiques, on voit donc que c'est sous toutes réserves, et pour ne pas encourir le reproche d'édulcorer leur pensée : il reflète peut-être plus l'influence des sophistes que le tour même de leurs analyses. Du moins en offre-t-il le prolongement exact.

Le passage, qui appartient en tout cas à un drame satyrique de la dernière partie du Vᵉ siècle, exprime la pensée d'un personnage peu encombré de scrupules moraux (un peu comme le Cyclope d'Euripide), mais s'exprimant sur un ton plutôt doctrinal.

Il commence par évoquer – comme tant d'autres à l'époque – les progrès de la vie humaine, depuis le désordre initial; et il indique qu'à l'origine il n'y avait ni récompenses pour les bons ni châtiments pour les méchants. Ensuite les hommes établirent des lois, afin de faire régner la justice. Mais celles-ci ne jouaient pas pour les actes cachés, qui n'avaient pas de témoins. Alors? Eh bien, dit le texte, « il me semble qu'alors un homme avisé et d'esprit ingénieux (*sophos*), pour inspirer la crainte aux méchants, même à propos d'actes, de paroles ou de pensées cachés, fit intervenir le divin, et l'idée qu'il existe une divinité douée d'une vie sans fin, entendant et voyant par l'esprit ». Cela, naturellement, n'était qu'une invention commode : « Il cachait la vérité sous des paroles mensongères... » Désormais, les hommes eurent peur de tous les phénomènes naturels; mais, du coup, leurs désordres prirent fin dans la peur.

Cette fois, le texte traite bien l'existence des dieux comme une invention et un mensonge.

Sur la portée de ces mensonges, aucun doute n'est possible. On aurait pu croire, à première vue, qu'ils visaient seulement la justice des dieux et leur souci de punir les méchants. Et il est exact que le texte s'en prend résolument à cette première idée : cette justice divine constitue un mythe sans fondement. Par là, le *Sisyphe* rejoint une tendance bien attestée, qui joua beaucoup pour encourager les doutes religieux de l'époque, et que des sophistes contribuèrent à répandre. Cette tendance consiste à se demander si les dieux existent, puisque leur action de justiciers ne se fait pas sentir dans la vie humaine. Un autre fragment d'un sophiste du temps, Thrasymaque, remarquait que les dieux ne faisaient rien pour favoriser le règne de la justice : « Les dieux ne voient pas les affaires humaines; autrement, ils ne négligeraient pas le plus grand des biens humains, la justice : nous voyons en effet que les hommes ne la pratiquent pas » (B 8). La justice divine a toujours posé des problèmes; et nos sophistes n'allaient pas laisser passer une telle difficulté. Platon se fera encore, un demi-siècle plus tard, l'écho de cet état d'esprit lorsqu'il écrira dans *Les Lois* (X, 888 c) qu'une croyance « a persisté, non chez beaucoup, mais chez quelques-uns, croyance selon laquelle les dieux existent, mais ne se soucient pas des affaires humaines ». Le problème allait revivre chez Plutarque et dans toute la pensée occidentale.

Pourtant, le petit texte du *Sisyphe* ne s'en est pas tenu à cette première forme d'incrédulité; et ce sont bel et bien les dieux eux-mêmes qui sont devenus, pour l'auteur, une invention et un mythe, destinés à faire peur aux méchants. Deux vers de conclusion ne laissent sur ce point aucun doute, car ils disent : « C'est ainsi, je crois, que quelqu'un persuada le premier les mortels d'admettre l'existence d'une race divine (*daimonôn*). »

On s'écarte là, complètement, du point de vue scientifique qui avait été celui de Prodicos. Prodicos était parti de sentiments spontanés existant chez les hommes; et son explication devait rester un trait caractérisant, avec des colorations diverses, toutes les philosophies matérialistes [14]. Il avait, lui, mis en cause l'émerveillement naturel des hommes devant ce qui était utile à la vie; les épicuriens (à la suite de Démocrite, contemporain de Prodicos) devaient mettre en cause les craintes naturelles de ces mêmes hommes devant des phénomènes qu'ils ne comprenaient pas. De telles tentatives cherchaient à rendre compte d'une tendance spontanée, dont on pouvait constater l'existence chez les hommes; l'auteur du *Sisyphe*, lui, suppose des craintes artificiellement inspirées à ces mêmes hommes par l'un d'entre eux; celui-ci aurait inventé les mensonges que, plus tard, un Lucrèce devait s'efforcer de réfuter, afin de les rassurer : la colère des dieux est ici une fable mise au point par un politique avisé [15].

Depuis la réserve agnostique de Protagoras, l'évolution a donc été rapide. En quelques formules hardies, l'esprit de libre pensée a succédé à la simple lucidité dans les définitions. Et l'homme mesure de toute choses est alors devenu le seul inventeur d'une mensongère transcendance.

Or on ne voit que trop en quoi cette orientation était de nature à émouvoir le public; et cette émotion même a faussé les perspectives : le domaine auquel s'appliquaient ces théories – celui de la religion – touchait en effet de trop près aux traditions et aux croyances des citoyens pour que ces différences de degré, qui sont si importantes philosophiquement, puissent être perçues et respectées; de toute façon, il y avait scandale, et l'on ne prit pas la peine de regarder au détail ou d'entrer dans les distinctions.

Ce scandale était, au surplus, d'autant plus compréhensible qu'avec la croyance aux dieux risquait de disparaître un des fondements essentiels sur lesquels reposaient la morale et le respect des lois.

La justice

Des lois sanctionnées par les dieux et traduisant leur volonté : on avait là une base claire et solide. Même sans la sanction de ces dieux, on pouvait à la rigueur préserver l'idée d'un équilibre du *cosmos*, dont la justice serait l'image. Mais cette justice absolue, qui la connaissait ? Où la voyait-on ? Si l'homme est mesure de toutes choses, la justice est aussi la justice, c'est-à-dire une certaine idée qu'il se fait de la justice et qu'il traduit dans ses lois. Il n'y a plus alors de différence entre le juste et le légal. Or le légal varie, selon les époques et les lieux.

Voilà donc la justice, à son tour, instable, relative, sans fondement ! Voilà la justice prête à lâcher, comme le reste !

On le remarquera : cette rupture correspond à un autre aspect de la critique du temps : celle-ci, ici, ne part plus de l'analyse théorique, mais de l'expérience concrète de la diversité.

Hérodote était le contemporain de Protagoras. Et il venait précisément de montrer, dans ses enquêtes d'ethnologie, la variété des usages humains ; il en avait même dégagé l'idée dans ses apologues. La conclusion qu'il en tirait était qu'il fallait toujours se montrer tolérant. Il imagine ainsi au livre III (38) que, si l'on réunissait de partout, pour les offrir aux hommes, les plus belles règles de vie et les plus belles lois, chacun choisirait les siennes propres. Et il cite en exemple des usages tenus pour monstrueux chez les Grecs et pratiqués ailleurs –

comme de manger le corps de son père, ainsi que le font certains Indiens.

Cette expérience de la diversité des usages pouvait aussi mener à les tenir tous pour vains et sans fondement. Or les sophistes étaient curieux de ce genre de choses. Hippias semble avoir fait à son tour des recherches d'ethnologie et écrit sur les noms des peuples. En tout cas, le petit traité des *Discours doubles* prouve nettement que cette variété dans les jugements de valeur était un merveilleux argument pour les relativistes et que ceux-ci, sans hésiter, utilisaient Hérodote. Et effet, voulant montrer la relativité du beau et du laid, l'auteur cite toute une série d'usages, soit grecs soit barbares, qui sont sévèrement rejetés par d'autres peuples. Les Lacédémoniens trouvent beau que les filles découvrent leur corps et pratiquent les exercices gymniques : cela est laid chez les Ioniens; les Thessaliens trouvent beau de dompter des chevaux ou d'égorger des bœufs : cela est laid pour les Siciliens; et ainsi de suite : le texte passe en revue des usages macédoniens, thraces, massagètes, perses, lydiens, égyptiens... On croirait relire Hérodote. On le croirait plus encore quand il déclare que, si l'on réunissait de partout les règles de vie des hommes, afin de permettre à chacun de faire son choix, tous les usages seraient repris et rien, pour finir, ne serait laissé au rebut. Le traité, à II, 18, résume le texte d'Hérodote, en II, 38[16]. Mais son but, à lui, n'est plus de prêcher la tolérance : il est de démontrer que le beau et le laid n'ont aucune existence objective – de même que n'en ont aucune le juste et l'injuste.

Telle est en effet la thèse qui se rencontre chez les sophistes, à la jonction du relativisme philosophique et de l'anthropologie.

Par un trait remarquable, Protagoras, qui a si souvent ouvert la voie, semble avoir été très réticent et réservé en ce domaine. Il ne semble pas s'être jamais attaqué à la justice. Il a sans aucun doute admis que chaque cité avait son droit et ses lois; mais aucune critique sur le principe ne semble avoir été liée à cette constatation; aucune en tout cas n'est parvenue jusqu'à nous. Au contraire Platon lui-même, dans le *Protagoras*, lui a fait célébrer dans son mythe le rôle de « la pudeur et la justice », que Zeus envoie aux hommes afin qu'il y ait dans les cités de l'harmonie et des liens créateurs d'amitié. On a donc le sentiment que les coups de boutoir, ici, ont commencé après lui.

Ils ont aussi eu besoin, pour commencer, d'une idée autre que celle de l'homme mesure : ils ont eu besoin de la distinction entre la nature et les règles humaines, entre *phusis* et *nomos*.

L'histoire de l'opposition entre *phusis* et *nomos* éclaire un aspect important de la transformation intellectuelle du Ve siècle : elle a été étudiée en détail par F. Heinimann[17] et l'on se dispensera d'y revenir; mais il est essentiel de constater qu'elle se rencontre dans les œuvres de presque tous les sophistes, et n'y tient pas nécessairement un rôle de destruction et de refus : il peut même arriver que ce rôle soit très positif et serve seulement à affranchir les hommes de cadres traditionnels trop étroits. C'est ce que l'on observe chez deux sophistes : Hippias et Antiphon.

Hippias a eu toutes sortes d'activités et d'intérêts; mais, dans le *Protagoras* de Platon, tout son rôle est centré sur notre distinction entre la nature et la loi. Il déclare en effet avec fermeté que « la loi, tyran des hommes, oppose sa contrainte à la nature » (337 d). Autrement dit, il existe d'une part un domaine naturel, et d'autre part des règles artificielles, imposées par les hommes et contrariant cet état de nature.

On ne saurait s'exprimer plus nettement, ni poser une distinction plus indiscutable.

Mais le tout était de savoir à quoi cette distinction allait s'appliquer.

Dans le *Protagoras*, auquel on vient de l'emprunter, l'affirmation d'Hippias n'a rien de révolutionnaire, loin de là ! Il veut en effet dire que tous les assistants, qui viennent de diverses cités mais ont en commun l'amour de la philosophie, sont « des parents, des proches, des concitoyens selon la nature sinon selon la loi ». Il plaide, tout simplement pour la bonne entente entre gens de bonne volonté, quelle que soit leur origine.

C'est tout juste si l'on peut s'aviser au passage que, par-delà cette intention d'apaisement, la formule, qui est très générale, peut viser d'autres cas, et jeter un certain discrédit sur diverses distinctions sociales : la littérature du temps en fait à l'occasion l'application aux esclaves, ou aux bâtards, dont le statut ne repose que sur une convention (par contraste avec la nature) et ne constitue qu'un « mot » (par contraste avec la réalité).

L'application, on s'en doute, peut aussi viser les lois et les règles de justice. Et Hippias lui donnait certainement cette valeur : on le voit dans *Les Mémorables* de Xénophon (IV, 4, 14 et suiv.), où il est ainsi amené à admettre que les lois, qui changent si facilement, ne sont rien de sérieux. Perspectives alarmantes !... Mais Hippias lui-même ne devait guère s'engager sur cette voie. Car, si l'on en croit le même passage des *Mémorables*, il admettait, à côté de ces lois, variables et incertaines, l'existence des fameuses lois non écrites, qui étaient valables en divers pays et qui, divines ou naturelles, ne dépendaient pas de tel ou tel texte de loi.

Il faut donc attendre des sophistes plus résolus pour que l'opposition entre la loi et la nature mette vraiment en cause la justice.

Et, même leur temps une fois venu, il faut au moins rappeler que cette opposition gardera parfois, jusque chez les plus audacieux d'entre eux, sa valeur positive et, si l'on peut dire, humaniste. Le sophiste Antiphon en fournit une preuve éclatante, dans un fragment qui affirme la fraternité naturelle de tous les hommes, nobles ou vilains, Grecs ou barbares : « Le fait est que, par nature, nous sommes tous et en tout de naissance identique, Grecs et barbares [...]. Aucun de nous n'a été distingué à l'origine comme barbare ou comme Grec : tous, nous respirons l'air par la bouche et par les narines » (fragment 44a, B, col. 2).

Certes, Antiphon ne demande pas par là que ces diverses catégories soient, dans la pratique, abolies : il ne fait qu'analyser et distinguer ce qui relève de la nature ou de la convention. Mais prononcer de pareilles formules dans la Grèce des cités, les prononcer dans une Grèce encore fière de son succès sur les barbares, n'en impliquait pas moins une étonnante audace : la thèse de la fraternité humaine fait là sa première apparition.

On peut juger émouvant que cette formule hardie se rencontre chez un des rares sophistes à avoir été citoyen de cette Athènes si pénétrée de sa prééminence; mais ce n'est sans doute pas un hasard si cette ligne de pensée, inspirée par le sentiment de la relativité des usages et de la diversité du monde, s'est manifestée justement dans le milieu cosmopolite des sophistes. Ces professeurs itinérants, venant de toute la Grèce et dégagés des liens sociaux, ne pouvaient, dans leurs conquêtes comme dans leur refus, que dépasser le cadre de la cité. Ce n'est pas le moindre de leurs apports à notre culture.

Il y avait cependant d'autres façons d'utiliser l'opposition entre la loi et la nature; et si, par son côté ouvert et positif, elle pouvait ouvrir de telles perspectives, on imagine la force destructrice qu'elle était susceptible de prendre, quand elle devait s'appliquer – chez Antiphon lui-même et chez d'autres – non plus aux distinctions sociales ou nationales, mais aux lois et à la justice.

Ni Protagoras ni Hippias n'avaient ouvert le feu : Thrasymaque et Antiphon ont largement compensé cette discrétion – ce qui suggère, ici encore, l'espèce de coupure qui se fait entre Protagoras et les sophistes postérieurs : après lui, la critique semble s'accentuer de proche en proche, à vive allure.

Entre Thrasymaque et Antiphon, il n'est guère possible d'établir une différence de date; ils sont contemporains et peut-être même Thrasymaque est-il le cadet. Si l'on commence ici par lui, plutôt que par Antiphon, c'est donc simplement parce qu'il est, des deux, celui dont l'œuvre nous est le moins bien connue. Le seul fragment un peu développé que l'on ait de lui (il fait deux pages) appartient à un discours politique; et il ne traite pas des lois ou de la justice, non plus que de la nature opposée aux conventions. Pour ses doctrines en la matière, on ne possède que les propos mis dans sa bouche par Platon au Livre I de *La République*. Et, comme il s'agit de la réfuter, on peut supposer que la pensée de Thrasymaque est, en l'occurrence, plutôt durcie et présentée sans indulgence. Du moins le rôle qui lui est ainsi attribué prouve-t-il que Thrasymaque tenait une place importante dans ce débat.

Or quelle est sa thèse, d'après *La République*? Elle est simple et brutale. Thrasymaque entre sauvagement dans la discussion; il se moque de tout ce qui a été dit par les autres; et il déclare que le juste n'est rien d'autre que « l'intérêt des plus forts »!

Qu'est-ce à dire? Socrate semble surpris : « J'attends d'avoir compris, dis-je, ce que tu veux dire; pour le moment, je ne comprends pas encore... » Surpris, nous le sommes aussi. Mais la thèse n'est ni si folle, ni même si radicale qu'elle le semble au premier abord.

Thrasymaque aimait peut-être la justice; il regrettait peut-être de voir qu'elle était si mal récompensée dans la vie humaine, et le témoignage d'Hermias lui prête une pensée, qui a déjà été citée à propos des dieux et où il aurait dit : « Les dieux ne voient pas les affaires humaines; autrement, ils ne négligeraient pas le plus grand des biens humains, la justice; nous voyons en effet que les hommes ne la pratiquent pas. » « Le plus grand des biens humains » est évidemment un terme laudatif. Mais suffit-il à parler de regret et d'amertume? On admirerait plutôt le ton objectif de l'observateur : « nous voyons... ».

En tout cas, ce n'est pas de cette justice en soi que

parle Thrasymaque dans *La République :* c'est de celle qui s'inscrit dans les lois, et qui relève d'une décision politique, prise à un moment donné, dans une cité donnée.

Ses variations avaient été signalées par d'autres. Mais l'originalité de Thrasymaque, par rapport aux autres textes qui nous ont été conservés, est de s'être demandé qui, en fait, prenait la décision, et qui faisait ces lois. De toute évidence, ce sont ceux qui ont l'autorité ou la force pour le faire, c'est-à-dire les gouvernants. Et de toute évidence, aussi, ils le font en fonction de leur propre intérêt. C'est bien en quoi le juste, défini par la loi, représente, aux yeux de Thrasymaque, « l'intérêt des plus forts ».

Cette conclusion vaut pour le peuple, pour une oligarchie, pour un tyran. Ils établiront des lois servant leur intérêt. Mais cette observation, qui est d'ordre politique, et qui ressemble un peu aux conseils que donnera Aristote pour la préservation des divers régimes, se prolonge, dans la bouche de Thrasymaque, par une analyse plus générale et plus lourde de conséquences : certains ont même pensé qu'elle reflétait une interprétation abusive de la part de Platon. Pourtant, on ne saurait l'écarter *a priori*, simplement parce qu'elle semble plus audacieuse que tel autre témoignage. Cette analyse tend à justifier le fait que les législateurs songent à leur propre intérêt. Pour cela, elle explique que tel est le but de tous ceux qui s'occupent soit d'un troupeau de bêtes soit d'une collectivité humaine. Et comment non ? Tout le monde le sait : la justice est une mauvaise affaire, où nul ne trouve jamais sa récompense.

Voilà ce que dit Thrasymaque, selon Platon. Et sans nul doute le pas franchi est grave. Voici que désormais la justice, sous toutes ses formes, devient un leurre sans profit. Au contraire, l'injustice donne tout. Menée à son point extrême, elle vaut au tyran une prospérité que nul ne critique plus. On n'oserait pas le critiquer; on ne le voudrait pas non plus; car, finalement, tout ce qui se dit contre l'injustice procède d'une seule crainte, qui n'est en aucune façon celle de la commettre, mais bien celle de la subir. L'injustice, quand elle se manifeste sans restriction, est quelque chose de plus fort, de plus libre, de plus dominateur que la justice (344 a-c),

Même compte tenu des durcissements qu'a pu apporter Platon, on ne peut douter qu'il y ait là une thèse cohérente, et terriblement destructrice.

Par son pessimisme fondamental, elle s'accorde avec le fragment plus timide cité par Hermias. Et, en insistant sur le fait que tous suivent leur propre intérêt et rien d'autre, elle rejoint une des constantes de la pensée sophistique.

Dans ce monde réaliste, en effet, l'utilité et l'avantage sont toujours au premier plan. Même en matière de rhétorique, les vraisemblances supposent toujours que chacun recherche son intérêt. Toute la psychologie, individuelle et collective, qui sous-tend les arguments est centrée sur cette même idée. C'est sur elle que reposent les justifications des actes que l'on conseille – même des actes héroïques; c'est d'elle que les orateurs se servent pour expliquer, tout naturellement, les options politiques de chacun. A plus forte raison la même idée s'applique-t-elle avec force pour les cités, dont l'intérêt devient le souci de tous et qui, elles-mêmes, ne se cachent pas de lui obéir, au mépris de tout le reste : on sait que c'est là un thème essentiel dans les analyses de Thucydide. Thrasymaque, ici, est donc bien en accord avec l'esprit du temps.

Cependant, il ne se contente pas d'adopter ce pessimisme moral et d'ignorer tout idéalisme : par un trait plus audacieux et sans doute plus personnel, il porte contre cet idéalisme une condamnation radicale : la justice est à ses yeux – toujours selon Platon, à 348 c-d – une « très noble naïveté », alors que l'injustice est la marque d'un esprit avisé (elle est du côté de l'*euboulia*, dit-il en employant le mot qui désigne désormais cette sagesse éminemment pratique que prônent les idées nouvelles). Jamais Protagoras n'eût dit cela. Jamais personne n'eût dit cela avant Thrasymaque ou ses amis. Et l'on comprend que toute la défense de la justice soit passée, pour Platon, par une réfutation de ces idées et par une attaque contre ce personnage.

Il faut prendre conscience de ce fait. Il faut l'avouer très haut. Et pourtant quelques correctifs s'imposent.

C'est vrai : il faut être prudent ! A supposer même que la pensée de Thrasymaque n'ait en rien été déformée, il faut l'interpréter avec mesure et circonspection. Et il faut dépister avec soin les risques de forcer ou de fausser les choses.

Un de ces risques tient à nos habitudes modernes, qui tendent à voir partout des prises de parti et des « engagements » : elles pèsent terriblement sur l'interprétation des sophistes et de ces fragments qui nous arrivent toujours isolés. Affirmer que la justice « ne paie pas » est une constatation de fait. Même dire qu'elle est un mauvais calcul et une naïveté reste une autre constatation de fait. Et rien n'est dangereux comme de traduire des constatations de fait par des formules du genre : l'auteur est « pour » ceci ou « contre » cela.

Mais le danger est aggravé, dans le cas de Thrasymaque, par une circonstance particulière. En effet, Platon a eu recours, dans un autre dialogue, à un autre personnage – le Calliclès du *Gorgias* – pour illustrer des idées assez voisines et avec lesquelles, peut-être, on risque de les confondre. Calliclès aussi traite la justice de convention. Lui aussit dit qu'elle fut inventée, arbitrairement, pour défendre des intérêts. Mais l'esprit de révolte souffle chez lui beaucoup plus fort.

D'abord une différence de fait, importante : Thrasymaque disait que les règles de justice avaient été fixées par les gouvernants, c'est-à-dire les plus forts. Calliclès, lui, dit qu'elles ont été fixées par la coalition des faibles, soucieux de se garantir contre les forts. C'est presque le contraire. Et ce retournement n'est possible que parce que Calliclès est, lui, un individualiste. Il déteste obéir aux règles. Il déteste la démocratie athénienne, dans laquelle il vit. Il imagine, avec une ardente sympathie, le surhomme qui foulerait aux pieds tous ces texte contre nature; et l'on verrait alors briller de tout son éclat le droit de la nature[18]. L'ambition égoïste se dresse, ici, contre le droit; elle le renie, au nom de la force : on dirait une société animale, où chacun a la place que lui vaut sa force physique – une société, précisément, d'avant l'existence des lois[19].

Mais surtout – on vient de le voir aux derniers mots rapportés – Calliclès déclare ce triomphe des forts juste selon la nature. Il admet un droit selon la nature, qui s'oppose au droit des hommes. Alors que Thrasymaque constatait seulement la séparation des deux domaines, Calliclès fait glisser le juste du côté de la nature.

On reviendra sur Calliclès, qui est, par certains côtés, apparenté à d'autres que Thrasymaque. On aura à chercher qui il était et pourquoi c'est lui qui tient des propos tellement plus radicaux que les autres. En attendant, le contraste même doit nous aider à situer l'audace saisissante de Thrasymaque dans sa vraie lumière, et à voir combien elle restait le fait d'une pensée théorique et analytique. Distinguer absolument la justice et l'intérêt, dire que la justice fait du tort à qui la pratique, c'est aller jusqu'au bord même du conseil de ne pas la suivre; mais ce n'est pas le donner[20]. Ce pas décisif, qui est franchi par Calliclès, ne l'est pas par Thrasymaque – même dans l'image que Platon nous donne de sa pensée, et qu'il veut brutale.

On voit ainsi quelle redoutable influence pouvaient avoir de telles idées, dès lors qu'on leur donnait un tout petit coup de pouce; mais la différence que constitue ce coup de pousse laisse également entrevoir que peut-être les analyses des sophistes, prises dans leur vraie valeur, pouvaient se combiner avec d'autres doctrines, moins révoltées et moins amorales, dont il nous faudra, le moment venu, tenter de relever les traces. On doit en tout cas constater que les analyses de Thrasymaque sont loin d'exclure une telle possibilité.

Le coup de boutoir, impatiemment donné par lui dans *La République*, était, dans l'ordre de l'éthique, un des plus forts qui pouvaient secouer la vieille morale; mais il traduit plus la rigueur critique de ces esprits audacieux qu'une prise de position dans le domaine pratique. C'est bien pourquoi on ne s'est pas soucié, jusqu'à présent, dans ce livre, de chercher comment cette analyse s'accordait avec des fragments d'apparence moins destructive. C'est là un problème général d'interprétation qui devra être examiné en fonction de divers sophistes, et surtout en fonction d'auteurs dont les textes soient mieux préservés.

C'est le cas pour Antiphon, chez qui la critique de la justice se renforce et s'approfondit, mais dont on possède, cette fois, des fragments de plusieurs pages, dont la découverte a été retentissante.

Les fragments d'Antiphon ont été retrouvés, sur papyrus, en 1915; et l'on sait, par des recoupements certains, qu'ils appartenaient à son traité *Sur la vérité*.

Le titre à lui seul suggère que cette réflexion sur la justice comptait parmi les grandes idées du sophiste : c'était le titre de Protagoras; ce devait être celui d'Antisthène; on dirait donc que, par lui-même, il annonce une sorte de manifeste sur des points fondamentaux de critique philosophique.

Or le fait est que, dans les trois extraits que l'on possède, la pensée va plus loin que dans aucune autre réflexion sur la justice.

Malheureusement, l'existence même d'un texte conservé, qui semble une aubaine si rare, ne suffit pas à nous éclairer. Et ces trois extraits n'ont pas entraîné l'accord des interprètes, loin de là! Sans entrer dans le détail des discussions qu'il a soulevées, on est donc forcé de suivre, encore une fois, la pensée à la piste, en s'appuyant sur le détail de ces mots si précieux et si contestés.

Le premier fragment (44 a) part d'une définition qui ne surprend guère dans l'atmosphère intellectuelle d'alors : selon les premiers mots du texte, la justice consiste à ne transgresser aucune des règles légales admises par la cité dont on fait partie. Le caractère positiviste de cette définition implique ces variations des lois, que l'on a rencontrées ailleurs.

Mais là surgissent les difficultés.

Certains en effet ont pensé qu'Antiphon citait cette définition pour en montrer les conséquences, sans pour autant la faire sienne! Pourquoi supposer cela? Les raisons sont de deux ordres. D'abord, un autre des nouveaux fragments, le troisième, offre une définition différente : il définit la justice comme le fait de ne léser personne; et, là-dessus, il montre les contradictions qu'entraîne cette définition. On peut donc supposer que le premier fragment suit la même démarche et part, lui aussi, d'une définition provisoire. Après tout, le fragment commence au hasard, là où débutait le feuillet retrouvé; nous ne savons pas ce qui précédait et servait d'introduction à la définition que nous avons! Mais ici intervient l'autre raison : si certains auteurs ont recours à cette interprétation pour le moins hypothétique, c'est tout simplement qu'ils sont choqués des conséquences qu'en tire Antiphon : ils n'ont pas le cœur d'attribuer à un homme autrement généreux et soucieux du bien collectif des thèses aussi révolutionnaires.

C'est là, semble-t-il, suivre une mauvaise méthode.

Toute la suite du texte, en effet, s'accorde à la perfection avec la définition donnée et en tire sa justification. Cette suite va avec la définition. Elle est aussi trop ferme pour n'être qu'un argument d'occasion. Tel qu'il est, le fragment forme un tout, et un tout éclatant d'évidence. Il faudra donc plutôt s'arranger avec les deux difficultés signalées : expliquer comment il peut y avoir plus loin une définition différente, et surtout comment un homme généreux et soucieux du bien collectif peut soutenir ce qu'il soutient; mais le premier devoir consiste à lire le texte, tel qu'il est.

Le fait est qu'à le lire on reste saisi; car il est impossible d'appliquer plus radicalement à l'idée de justice la fameuse opposition entre la nature et la loi, ou la convention. Antiphon distingue en effet deux ordres : celui de la nature, qui existe en tout temps et en tout lieu, et où chacun poursuit des satisfactions matérielles – et celui de la justice, qui s'y surajoute et le contredit.

Thrasymaque disait, dans *La République* de Platon, que la justice allait à l'encontre de nos intérêts : voici la même pensée qui surgit chez Antiphon, mais combien plus radicale, plus fouillée, plus systématique! Après avoir défini la justice comme l'obéissance aux règles légales, le texte poursuit : « Un homme a donc tout intérêt à observer la justice, s'il y a des témoins quand il respecte les lois; mais, seul et sans témoins, il trouve son intérêt aux impératifs de la nature. Car ce qui est de la loi est accident, ce qui est de la nature nécessité; ce qui est de la loi est établi par convention et ne naît pas de soi-même; mais ce qui est de la nature naît de soi-même et ne relève pas d'une convention; aussi, quand on transgresse les règles légales, si c'est à l'insu des auteurs de la convention, on s'en tire sans honte ni dommage; dans le cas contraire, ce n'est plus vrai. En revanche, si, forçant le possible, on viole un des arrangements de la nature, alors, même à l'insu du monde entier, cela est un mal; et, même au vu de tous, ce mal n'est pas pire : le dommage, en effet, n'est pas fonction de l'opinion, il relève de la vérité. »

Il est impossible de distinguer plus fermement deux ordres différents. Impossible d'analyser avec plus de rigueur le contraste entre deux systèmes. Peut-être pourrait-on seulement hésiter sur ce qu'est exactement cet ordre de la nature; mais les deux colonnes suivantes viennent le préciser, en montrant non plus seulement la différence des deux domaines, mais l'opposition, et même la guerre qui existe entre eux (*polemiôs*) : « On a légiféré pour les yeux sur ce qu'ils doivent et ne doivent pas voir; pour les oreilles, sur ce qu'elles doivent et ne doivent pas entendre; pour la langue, sur ce qu'elle doit et ne doit pas dire; pour les mains, sur ce qu'elles doivent et ne doivent pas faire; pour les pieds, sur les endroits où ils doivent et ne doivent pas aller; pour l'esprit, sur ce qu'il doit et ne doit pas désirer. Or il n'y a pas plus d'affinité ou de parenté avec la nature dans ce dont les lois nous détournent que dans ce vers quoi elles nous poussent; ce qui est de la nature, c'est vivre et mourir; or nous vivons de ce qui est notre intérêt et nous mourons de ce qui ne l'est pas. » Le fragment s'achève par les idées de plaisir et de souffrance, qui sont plus précises encore.

Ces deux domaines, ces deux systèmes sont donc radicalement autres. Antiphon le dit avec force et insistance. Mais – il est temps de le préciser – on ne le prend jamais à dire plus.

Ainsi il ne se réfère pas à des lois de la nature. Il ne parle pas (comme les idéalistes) d'une justice naturelle, fondée sur l'ordre du monde; mais il ne parle pas non plus (comme Calliclès) des « lois de la nature » imposant le triomphe des forts. Non seulement il ne le fait pas, mais la réserve de ses formulations est, à cet égard, remarquable. Il n'emploie pas pour la nature les mots de « lois » ni de « règles » : il parle bizarrement d'« arrangements »; et, pour ce vers quoi elle nous pousse, il a recours à un neutre quasiment intraduisible[21] : « ce qui est de la nature ». « Ce qui est de la nature », ce sont les tendances qui poussent les êtres à survivre, à prospérer, à se réjouir. Elles se déploient sans qu'aucun décret humain s'en mêle : elles sont « libres », tandis que les lois constituent, par rapport à la nature, des « chaînes »[22]. N'ajoutons pas, car il ne le dit nulle part, qu'il faudrait pour autant les secouer et les rejeter.

Cela ne signifie pas, bien entendu, que la nature ne comporte pas de contraintes. On peut dire, par exemple, que toujours le feu brûlera, que les pointes blesseront, qu'on ne pourra se passer ni d'air, ni de nourriture, ni de boisson. C'est pourquoi Antiphon parle des cas où l'on « force le possible »; et il admet de toute évidence que chaque infraction en ce domaine se paie. Mais les limites ainsi définies sont tout aussi naturelles que les désirs ou les plaisirs, tout aussi universelles que la sensation ou la vie : il ne s'agit pas d'un droit, moins encore d'un modèle. Nulle métaphore ne vient fausser la rigueur de l'analyse.

Ce qui pourrait la fausser, aux yeux du lecteur, est plutôt l'insistance même du texte.

Pour faire ressortir le contraste entre la justice et l'intérêt, il cite ainsi à la colonne suivante (col. 5) le cas de ceux qui poussent le respect des parents jusqu'à rendre le bien pour le mal. Ils existent. Ils sont idéalistes. Mais... ils vont, c'est clair, contre leur intérêt.

De même, le texte rappelle que la loi ne peut protéger ceux qui la respectent, pour la bonne raison qu'elle intervient, dans la pratique, après coup. Si des gens sont attaqués, que pourrait-elle ? Elle n'entre en action que quand le mal est fait, et sans chercher qui a commencé : compter sur elle serait folie.

De même encore, Antiphon, rappelant que la justice suppose de ne pas léser celui qui ne nous a rien fait, montre qu'un citoyen qui porte témoignage contre un autre lèse quelqu'un qui ne lui a rien fait. Après les insuffisances du droit, voici donc ses contradictions.

Cela fait beaucoup : cela fait presque trop ! En effet, alors que la définition des deux grands domaines était parfaitement claire, et même évidente, l'argumentation (que d'ailleurs nous ne possédons pas dans sa continuité, ce qui gêne fort) semble ici faire allusion soit à une justice plus large que celle du droit, soit à des faiblesses particulières de ce dernier, ou à des contradictions qui lui sont inhérentes : la démonstration utilise tout au passage.

Ne nous plaignons pas que la mariée soit trop belle !

Ne nous plaignons pas qu'Antiphon fasse flèche de tout bois pour prouver le caractère artificiel des lois et leur opposition avec l'intérêt ! Cela ne serait grave que s'il acceptait, chemin faisant, des définitions différentes[23] ou encore des thèses différentes. Or il ne le fait pas. Malgré les lacunes de l'exposé et les marges d'incertitude qui demeurent, rien ne dévie ni ne dérape. Dans chaque cas, la thèse est bien toujours la même : obéir à la justice, c'est aller à l'encontre de son propre intérêt.

On en revient toujours là; et la pensée semble d'une clarté aveuglante. C'en est même à se demander comment elle a pu se prêter à tant de divergences et de malentendus.

Or ces divergences et ces malentendus sont multiples; et leur existence même montre assez tous les risques qui ne cessent de guetter les interprètes de cette pensée sophistique, si aisée à tirer dans le sens que l'on souhaite.

Ces risques étaient, pour Antiphon, plus grands encore que pour Thrasymaque.

Pour Thrasymaque, on a évoqué deux circonstances invitant au malentendu : l'existence de Calliclès d'une part et, de l'autre, la difficulté à s'en tenir à de simples constatations de fait. Or ces deux circonstances jouent ici de façon renforcée.

Calliclès, en effet, renchérit sur Antiphon au moins autant que sur Thrasymaque; et, dans la mesure où nous pouvons juger de ces textes perdus, il en est aussi plus proche, puisque, comme Antiphon, il part de l'opposition entre la loi et la nature : « Le plus souvent, dit-il, la loi et la nature se contredisent » (*Gorgias*, 482 e). Comme il en tire une morale de révolte, on a vite fait d'identifier les deux pensées et de prêter la même morale à Antiphon. Pourtant, un regard plus attentif révèle qu'au contraire il existe une différence entre eux deux, et qu'elle est essentielle. Antiphon est pure objectivité. Calliclès, lui, s'affirme ouvertement partisan. Il estime qu'il y a une « loi de la nature », en vertu de laquelle les forts l'emportent sur les faibles, et que les règles inventées par les hommes ont été faites pour tenir les forts en respect. Donc, bravo à ceux qui savent rejeter ces hypocrites incantations ! Bravo à ceux qui savent saisir leur avantage ! Ce qui est chez Antiphon analyse théorique devient ici conseil, choix, et décision pratique. La confusion de ces deux pensées en apparence si proches est donc aussi grave et injustifiée qu'elle est, au premier abord, tentante.

Le passage de l'une à l'autre est facile, terriblement facile.

La tentation est d'autant plus grande que l'objectivité est un exercice austère – surtout dans les périodes de crise, comme le Ve siècle athénien, ou dans les époques de pensée engagée, comme la nôtre. Et pourtant, est-il si impossible de s'en tenir à l'idée qu'il y a différence et divergence entre la nature et la loi ? Antiphon ne dit nulle part rien de plus. Faut-il vraiment que chacun cherche à lire une prise de parti dans ce qui est une analyse ? Les critiques le font, constamment. Les uns, voyant que, selon Antiphon, la justice va contre notre intérêt, n'hésitent pas à transcrire qu'il est « hostile » à la loi de la cité, qu'il la « rejette », et qu'il est un « défenseur » de la nature (*upholder*) ; quand il dit que ce n'est pas l'avantage de l'homme de respecter la loi lorsqu'il n'y a pas de témoin, ces mêmes savants transposent en disant que l'homme « devrait », dans ce cas, ne pas la respecter (*one should*). Inutile de citer les auteurs de ces transpositions : on les rencontre parmi les meilleurs esprits et dans tous les pays ! Et au nom de quoi ? Est-il nécessaire, parce que l'on dit qu'une conduite n'est pas avantageuse, d'en conclure que l'on y est hostile ? N'y a-t-il pas bien des défenses de la justice qui ne se fondent pas sur l'intérêt personnel et immédiat de l'individu ? Il faut croire, apparemment, que nos commentateurs d'aujourd'hui sont plus retors et plus hypnotisés par les avantages pratiques que ne l'étaient les sophistes eux-mêmes ! Ou bien il faut admettre que le fameux paradoxe de Socrate, selon lequel le meilleur et le plus avantageux coïncident, est devenu une évidence pour tous! Pourtant, chacun sait à quel point c'était un paradoxe, étrange, audacieux et isolé. En fait, aimer la justice n'exige pas qu'on la confonde avec l'intérêt.

En suivant cette pente, on a trop souvent tiré Antiphon, comme Thrasymaque, dans le sens de l'amoralisme; et c'était là une distorsion très grave.

Mais il en existe une autre, non moins grave, qui s'est exercée en sens inverse, et qui veut que l'on « sauve » les sophistes en les blanchissant de tout amoralisme. Pourquoi ce souci? Pourquoi tant d'efforts? Eh bien, parce qu'il se trouve que, dans plusieurs cas – on l'a signalé en passant pour Thrasymaque –, il existe des témoignages, minces mais précis, où se révèle une autre face de leur personnalité ou de leur pensée. On a, à côté des fragments critiques, des mots, des phrases, voire des pages, qui reflètent une morale très sage.

On a vu Thrasymaque saper le fondement des lois et décrire un monde mené par l'intérêt. Mais, ailleurs, il appelle la justice le plus grand des biens humains. Et, ailleurs encore, le seul fragment que l'on possède de lui appartient à un débat politique et semble tenir compte de l'entente dans la cité, ainsi que des mérites d'un bon régime politique : il croit donc au bien en politique. Alors, on minimise. On admet que Platon a dû forcer les choses et que son témoignage, valable pour le début de l'intervention de Thrasymaque, ne saurait l'être quand il se fait plus radical : ce serait dès lors une sorte d'interpolation. Peut-être Platon trahit-il Thrasymaque; c'est fort possible; en revanche, il est sûr qu'on le trahit, quand on veut faire concorder les intentions d'un texte avec celles d'un autre, en choisissant et en retranchant.

On a donc un peu de mal, pour Thrasymaque, à concilier les divers fragments ou témoignages; mais, avec Antiphon, c'est bien pire encore. Pour l'un, l'absence de textes gêne; pour l'autre, c'est leur existence.

Car, là aussi, les témoignages sont divergents! l'auteur de ces fragments terribles du *Sur la vérité* était aussi l'auteur d'un ouvrage *Sur la concorde*, dont il nous reste des fragments, qui sont nettement d'un moraliste. Il y parle de l'amitié, des tentations dans lesquelles on triomphe de soi-même, du courage[24]. Alors que faire? On a recours à des solutions différentes, portant soit sur l'interprétation soit sur le tri des sources.

Dans le cas de l'interprétation, on dit par exemple – et sans qu'aucun détail du texte y encourage – que la définition donnée de la justice n'est pas celle qu'adopte Antiphon, qu'au contraire l'allusion des gens qui font plus que ce qu'ils doivent implique de sa part un attachement profond à une justice naturelle. Bref, on lit, derrière ces fragments purement objectifs et descriptifs, toutes sortes de sous-entendus moralisants.

Ou bien – moyen désespéré – on commence à faire un choix et à distinguer plusieurs Antiphon!

On y est, à vrai dire, encouragé par un précédent; car l'habitude s'est établie de distinguer Antiphon l'orateur (auteur des *Tétralogies*, si importantes pour la rhétorique) et Antiphon le sophiste (auteur de nombreux traités, dont le *Sur la vérité* et le *Sur la concorde*). Cette première distinction est ancienne : elle remonte au IIIᵉ siècle de notre ère, peut-être même au Iᵉʳ. Cela ne veut pas dire qu'elle soit justifiée. Le fait qu'il y ait, entre les textes, des différences de genre ou de style ne saurait l'étayer; car elles peuvent s'expliquer autrement; la mention « le sophiste », figurant dans certains témoignages, ne vaut pas davantage, car on la joint à bien des noms sans qu'une distinction entre homonymes soit visée[25]. A cet égard, on pourrait plutôt s'étonner que, pour un homme aussi célèbre que l'orateur (dont Thucydide fait un vibrant éloge), nul n'ait pris soin de mettre en garde contre cette confusion. Mais enfin l'habitude a prévalu : chacun émet en passant un vague doute sur la distinction entre les deux Antiphon, mais se rallie pourtant, par prudence, à ce qui paraît être une hypothétique « majorité des opinions ».

Il est possible, une fois de plus, qu'il y ait eu en effet deux hommes. Mais les raisons sur lesquelles on se fonde pour le dire révèlent avec éclat le malentendu que nous tentons ici de dénoncer. Et ce malentendu est si grave qu'il faut bien s'arrêter un instant à cette façon de couper entre un Antiphon et un autre et éventuellement un troisième.

On dit ainsi : l'orateur était un partisan résolu de l'oligarchie (on le sait par Thucydide) et il dut la mort à ses idées politiques; or le sophiste exprime des idées on ne peut plus démocratiques : ce n'est donc pas le même homme! Hélas, trois fois hélas! le texte où se traduiraient ces sentiments si « démocratiques » est simplement celui où l'auteur montre que la distinction entre gens de noble ou de basse origine relève des conventions humaines : une fois de plus, il s'agit d'une constatation de fait inattaquable, et l'on veut y lire que l'auteur est pour ceci ou contre cela[26]...

De même, on tire argument du fait que l'orateur marque du respect pour les lois, alors que le sophiste est « contre ». Hélas, trois fois hélas! Il n'est pas « contre »; et l'on peut parfaitement respecter une convention, reconnue pour telle, si elle paraît utile.

Encore si l'on s'arrêtait là! Bientôt, parce que les fragments du *Sur la vérité* sont révolutionnaires et que le *Sur la concorde* traduit le souci d'un moraliste, certains suggèrent que, là non plus, l'auteur n'est pas le même. Pour certains (comme Nestle), le *Sur la concorde* serait de « l'orateur », ce qui fait du moins l'économie d'un Antiphon. Autrement, en voici trois! Et, comme on parle aussi de tragédies et d'un ouvrage sur l'interprétation des rêves, on peut répartir à sa guise, si ce n'est multiplier encore... On tranche en fonction d'une interprétation orientée et déformée des fragments.

Certes, ceux-ci sont révolutionnaires. Certes, ils portent un coup terrible à la justice. Mais, comme tant d'autres textes sophistiques, ils ne portent ce coup que sur le plan philosophique; et ils ne tombent jamais dans l'esprit de parénèse et de prosélytisme qu'il est si tentant et si erroné de leur prêter.

A vrai dire, c'est même là que l'on mesure le grand malentendu qui a toujours pesé sur les sophistes, et qui a présidé, déjà, à la forme prise de leur vivant par leur influence.

Même sur le moment, en effet, comment ces Athéniens qui entendaient dire par de grands professeurs qu'il n'y avait pas de vérité au-delà des impressions variables de chacun, que l'on ne savait pas s'il y avait des dieux, et que la justice n'était qu'une convention, à laquelle on n'avait pas intérêt à obéir – comment ces Athéniens n'en auraient-ils pas tiré, jusque dans la pratique, un mépris tout neuf de ces idées et de ces valeurs ? Chemin faisant, pour chaque témoignage, pour chaque phrase, on a pris soin ici de poser les limites et de dégager l'espèce de neutralité de diamant que présentaient les analyses. Mais il était d'autant plus nécessaire de prendre ce soin qu'à chaque instant on risquait de glisser, de se laisser entraîner plus loin, trop loin. Déjà, de Protagoras à Hippias ou à Critias, on voyait la pente s'accentuer : quand on passe à l'interprétation « laïque » et quotidienne, c'est un véritable abîme qui soudain se creuse sous les pas. Les disciples des sophistes en rajoutent, tirent à eux les doctrines, les simplifient, les banalisent.

Il faut donc à tout prix remonter à la source, ou du moins en amont du point où ces déformations interviennent : on découvre alors qu'à partir de nos fragments une autre direction s'ouvrait, qu'il existait une autre pente et un autre courant. Et l'on découvre que cet autre courant est jalonné par quantité de repères. Du coup l'on voit surgir un système de pensée nouveau, dans lequel les fragments critiques examinés ici se combinent avec ces autres fragments, qui n'ont été évoqués que comme une source de gêne, mais qui existent : ceux où nos sophistes, si ardents à détruire, parlent en sages moralistes.

Le phénomène qui a été ici mis en lumière à propos d'Antiphon est en effet général. On le rencontre déjà avec Gorgias et Protagoras. Eux aussi ont développé des doctrines positives et constructives; et tous les sophistes qui ont suivi l'ont fait[27]. Tous ont défendu des valeurs ou des vertus. Tous l'ont fait à partir de la *tabula rasa* que l'on vient de décrire. Car ils sont partis d'elle pour reconstruire, sur d'autres fondements, une nouvelle morale, centrée sur l'homme seul. Plutôt que d'édulcorer et d'atténuer soit un aspect soit l'autre dans leur pensée, le vrai problème est donc de saisir comment la destruction de toute transcendance a pu les conduire, justement, à cette reconstruction : le lien entre les deux aspects – négatif et positif – est à coup sûr le trait le plus original de la pensée sophistique; et ce double mouvement constitue une démarche entre toutes décisive dans l'histoire des idées.

A partir d'une seule et même critique, intellectuellement radicale mais libre de toute conclusion pratique, on va donc voir se développer deux tendances opposées. L'une, qui est reflétée, non pas par des textes philosophiques, mais par des œuvres littéraires du temps, suit le rejet des valeurs jusqu'à l'extrême. L'autre, qui se dégage au contraire de nos fragments, ouvre des perspectives toutes différentes : elle réinsère l'homme dans une société faite pour lui et par lui.

L'écart entre ces deux orientations – que l'on suivra ici l'une après l'autre et de façon indépendante – mesure la difficulté que rencontre toujours une pensée nouvelle pour se faire saisir dans son ensemble et dans ses nuances – fût-ce au Ve siècle athénien.

NOTES DU CHAPITRE IV

1. Cf. H. I. Marrou, dans son *Histoire de l'éducation dans l'Antiquité*, p. 90, disant que les sophistes n'étaient « pas à proprement parler des penseurs, des chercheurs de vérité : c'étaient des pédagogues ». On peut être les deux ensemble. D'autres ont renchéri sur le côté sceptique des sophistes et le résultat a été le même; ainsi B. Cassin (*Le Plaisir de parler. Etudes de sophistique comparée*, p. 6) : « Philosophie des apparences et apparence de la philosophie. »
2. Pour le conserver, nous avons gardé le mot « être » partout, même là où des philosophes modernes distingueraient entre « être » et « exister ».
3. *Eloge d'Hélène*, 3 : « Comment surpasserait-on Gorgias, qui osa déclarer que rien n'est, ou Zénon qui tente de présenter successivement la même thèse comme possible ou impossible, ou Mélissos qui, devant la masse infinie des réalités existantes, s'efforça de trouver la preuve qu'elles formaient un tout unique ? » Le peu de sérieux du texte de Gorgias est admis par Gomperz et par Dodds (Introduction au *Gorgias*, p. 6-10).
4. Cf. ci-dessus, p. 106.
5. *Euthydème*, 286 b-c, à rapprocher du *Cratyle*, 429 d et suiv., et du *Sophiste*, 237 a et suiv. Un papyrus de Toura attribue la même thèse à Prodicos. Antisthène semble avoir pris la suite. Sur ce problème, voir G. Binder et L. Liesenborghs dans *Museum Helveticum*, 1966 (37-43), article repris dans *Wege der Forschung*, p. 452-462.
6. Ce fragment vient d'un commentaire des psaumes, qui serait de Didyme l'Aveugle. Son authenticité n'est pas certaine; et son sens est discuté. Selon certains, qui ponctuent autrement, le doute final ne vaut que pour les absents (le texte disant que ce n'est pas clair *pour eux*).
7. Cf. ci-dessous, p. 192-196.
8. Voir récemment les bonnes remarques de L. Rossetti dans *Positions de la sophistique*, p. 197-200.
9. Protagoras avait écrit un autre traité (ou un chapitre) intitulé : *Sur ce qui se passe dans l'Hadès*. On en ignore le contenu; mais l'analyse reposait vraisemblablement sur la critique et, si l'on peut dire, sur l'humanisation des données traditionnelles.
10. Cf. ci-dessus, p. 28.
11. Les savants qui s'occupent des choses célestes sont assimilés aux esprits forts : le rôle des « nuées » dans la comédie d'Aristophane suppose la même assimilation.
12. Commentaire aux *Bacchantes*, 274-285, où Tirésias (un devin, pourtant !), dit que Déméter est une déesse, mais aussi la terre, et Dionysos un dieu, mais aussi le vin.
13. A. Dihle, dans *Hermes*, 105 (1977), p. 28-42.

14. Il faut naturellement distinguer ces doctrines de celles de certains physiciens anciens, qui voyaient effectivement des forces plus ou moins divines à l'œuvre dans la nature (le Tourbillon, l'Ether, la Querelle, l'Amour...); ces forces pouvaient passer pour de nouveaux dieux : c'est ce que retient Aristophane, avec les nouvelles divinités qu'il prête à Socrate : les « Nuées ». Ainsi, les diverses formes d'impiété se rejoignent aux yeux du public.

15. Ces théories audacieuses ont rarement été formulées de façon aussi résolue : Guthrie (*The Sophists*, p. 244) ne trouve à en rapprocher que Polybe et la pensée allemande du XVIIIᵉ siècle. Encore ces deux témoignages n'ont-ils pas, semble-t-il, la force brutale des débuts.

16. Et tous deux préparent Voltaire...

17. *Nomos und Physis, Herkunft und Bedeutung einer Antithese im griechischen Denken des 5. Jahrhunderts*, Bâle, 1ʳᵉ éd. 1945.

18. Sur Calliclès, voir ci-dessous, p. 182-187.

19. « Bestiale » est l'épithète normale de cette vie des origines antérieure au groupement des hommes : le mot est employé dans une dizaine de textes du temps décrivant la vie des origines; cf. notre étude « Thucydide et l'idée de progrès au Vᵉ siècle » dans les *Annales de l'Ecole normale supérieure de Pise*, 1966, 143-191, notamment aux pages 146-148.

20. Il ne défend d'ailleurs la sagesse attachée à l'injustice que pour ceux qui arrivent au suprême degré en ce domaine, en s'asservissant des cités et des peuples (cf. 348 d : « Ceux qui du moins... ») : les petites fautes, elles, ne méritent pas l'attention, mais il se peut aussi qu'elles ne servent pas l'intérêt des coupables, car ils risquent de se faire prendre ! (*ibid.* : « s'ils échappent... »)

21. Même le mot « impératifs » employé dans la traduction suggère déjà trop (cette traduction emprunte des éléments à celle de la *C.U.F.*, tout en la modifiant sur plusieurs points).

22. L'opposition entre un état naturel universel et une fabrication humaine précaire se retrouve dans un fragment relatif à la matière et à la forme, qui oppose le bois et le lit (DK B, 15).

23. L'idée de ne pas léser qui ne vous a rien fait est bien une des définitions traditionnelles de la justice; mais elle ne fait que refléter l'emploi transitif du verbe *adikein* (« léser quelqu'un »); et Antiphon joue ici sur les deux valeurs de ce verbe : « léser quelqu'un » ou bien « commettre une injustice ».

24. Voir ci-dessous, p. 213-214.

25. Elle peut être une simple désignation de profession ou de notoriété; dans certains cas, elle peut même reposer sur une appréciation sommaire relative aux doctrines soutenues. La formule « Antiphon le sophiste » figure déjà dans *Les Mémorables* de Xénophon.

26. Cette remarque lui vaut même d'être traité par certains d'homme « de gauche » !

27. Sur le témoignage contraire de Xénophon, voir ci-dessus, p. 45-46.

V
LES DANGERS DE LA TABLE RASE : L'IMMORALISME

Le fait est qu'à Athènes, dans le dernier quart du Vᵉ siècle avant J.-C., on voit apparaître une crise grave, au cours de laquelle chacun s'autorise de la critique sophistique pour défendre des points de vue résolument immoralistes. Les divers auteurs contemporains, Euripide, Thucydide, Aristophane, et un peu plus tard Platon, en apportent le témoignage indiscutable.

De toute évidence, cette crise n'est pas due à la seule influence des sophistes, et bien d'autres circonstances peuvent être mises en cause.

Il y avait d'abord la guerre. Tous les ans, l'Attique était envahie; elle devait l'être ainsi jusqu'en 421; plus tard, après un répit de quelques années, elle devait se trouver en partie occupée. Tous les ans, il y avait des morts. On apprenait par là à douter de la justice divine et à observer, parmi les hommes, le triomphe du plus fort. Une guerre si longue et si générale n'est jamais favorable au maintien des valeurs. Thucydide l'a bien dit : « La guerre [...] est un maître aux façons violentes, et elle modèle sur la situation les passions de la majorité » (III, 82, 2).

Or la guerre en question se doublait de maux dont les effets étaient pires encore. Il y avait d'abord eu la peste avec son cortège de morts rapides et cruelles. Thucydide a signalé lui-même l'influence qu'elle eut sur la moralité des citoyens : « D'une façon générale, la maladie fut dans la cité à l'origine d'un désordre moral croissant. On était plus facilement audacieux pour ce à quoi, auparavant, on ne s'adonnait qu'en cachette : on voyait trop de retournements brusques, faisant que des hommes prospères mouraient tout à coup et que des hommes, hier sans ressources, héritaient aussitôt de leurs biens. Aussi fallait-il aux gens des satisfactions rapides, tendant à leur plaisir, car leurs personnes comme leurs biens étaient, à leurs yeux, sans lendemain. [...] L'agrément immédiat et tout ce qui, quelle qu'en fût l'origine, pouvait avantageusement y contribuer, voilà ce qui prit la place et du beau et de l'utile. Crainte des dieux et loi des hommes, rien ne les arrêtait » (II, 53). Il faudrait être de mauvaise foi pour sous-estimer une explication si bien mise en lumière par un contemporain.

Puis, après la peste, vinrent les horreurs des guerres civiles. D'abord elles eurent lieux hors d'Athènes, dans les cités dont Athènes et Sparte se disputaient l'alliance ou la suzeraineté, en soutenant, l'une les démocrates et l'autre les oligarques. Dès la première partie de la guerre, Thucydide a, ici encore, relevé l'influence morale de ce fléau, qui, plus tard, devait atteindre Athènes elle-même. Il lui a même consacré une longue et éclatante analyse, évoquant ces maux qui tiennent à la nature humaine, mais qu'aggravent la guerre et la guerre civile : alors on voit les valeurs rejetées et les qualités deviennent des défauts : « Une audace irréfléchie passa pour dévouement courageux à son parti, une prudence réservée pour lâcheté déguisée, la sagesse pour le masque de la couardise, l'intelligence en tout pour une inertie totale; les impulsions précipitées furent comptées comme qualité virile, et les délibérations circonspectes comme un beau prétexte de dérobade. » Rien, alors, ne peut refréner les passions : « Il n'y avait nul moyen d'apaisement, ni parole qui fût sûre ni serment qui fût terrible; toujours les plus forts, évaluant par calcul l'incertitude des garanties, cherchaient à se prémunir plutôt qu'ils n'arrivaient à avoir confiance » (III, 83,2).

Ces analyses confirment tout ensemble l'ampleur de la crise morale et le lien évident qui la rattachait à la guerre, avec tous ses plus cruels à-côtés.

Il faut encore ajouter que, dans cette guerre, Athènes défendait son empire, et que la propagande de ses adversaires ne cessait d'exploiter contre elle le caractère injuste et tyrannique de la domination qu'elle exerçait en Grèce. Cette propagande n'était pas sans rencontrer, à Athènes même, des sympathies. Beaucoup avaient été choqués de voir Athènes dépenser pour ses monuments l'argent de ses alliés; beaucoup étaient indignés de voir ces alliés humiliés; et, si nous en croyons Thucydide, même les défenseurs de l'empire, à Athènes, le défendaient au nom de la sécurité, sans nier qu'il fût, du point de vue de la justice, indéfendable. Son Périclès le reconnaissait en tout cas : « Or, cet empire, vous ne pouvez plus vous en démettre [...] : d'ores et déjà, il constitue entre vos mains une tyrannie, dont l'acquisition semble injuste mais l'abandon dangereux » (II, 63, 2). Les Athéniens du dialogue de Mélos, au livre V, ou du débat de Camarine, au livre VI, auront des formules plus dures encore pour décrire le pouvoir fondé sur la seule force. Or il n'est pas douteux qu'une cité qui en vient à avouer de tels principes devient pour chaque individu un terrible modèle.

Thucydide note d'ailleurs le progrès que connurent, au cours de la guerre, les ambitions individuelles. Un Alcibiade, avec les scandales qui marquèrent sa vie, et ses passages sans scrupule d'un camp dans un autre, justifiés par des déclarations cyniques, en fournit un bel exemple : l'ambition d'Athènes, apparemment, libérait les ambitions privées.

Ce lien est confirmé au passage par Platon : lorsqu'il incarne en la personne de l'ambitieux Calliclès tout l'immoralisme du temps, il le fait se reporter, en même temps qu'à ces êtres sans lois que sont les animaux, à la guerre et à la conquête : « La nature, lui fait-il dire, nous montre partout, chez les animaux et chez l'homme[1], dans les cités et dans les familles, qu'il en est bien ainsi, que la marque du juste, c'est la domination du puissant sur le faible et sa supériorité admise. De quel droit, en effet, Xerxès vint-il porter la guerre en Grèce, ou son père chez les Scythes ? Et combien de cas semblables on pourrait citer ! » (*Gorgias*, 483 d-e.) L'exemple d'Athènes était un de ces « cas semblables ».

L'explication de la crise morale par la guerre, la guerre civile et l'impérialisme apparaît même si évidente que l'on pourrait fort bien admettre qu'elle rend compte de la pensée sophistique elle-même. Arrivant au bon moment, alors que de tous côtés les vieilles valeurs cédaient progressivement sous la pression de l'évolution sociale et intellectuelle, les sophistes auraient de plus été portés par l'expérience commune, par les propos qui se répandaient, par l'orientation de l'opinion.

Cette idée ne doit pas être écartée : elle est sûrement en partie fondée ; car une révolution intellectuelle comme celle qu'ils lancèrent ne se fait pas sans un profond accord avec les circonstances extérieures et les tendances que celles-ci libèrent.

Pourtant, force est bien d'admettre que leur rôle a, en fait, été déterminant.

On s'en aperçoit à bien des signes.

Il y a d'abord le simple fait que les contemporains eux-mêmes en ont ainsi jugé et l'ont dit, avec insistance. On a pu constater dans *Les Nuées* que c'est à l'école des nouveaux maîtres à penser que le fils de Strepsiade apprend à justifier l'injustice. Ces hommes-là, évidemment, ne sont pas nos seuls sophistes, puisque Aristophane leur donne pour porte-parole Socrate ; mais c'est un Socrate maître de rhétorique, athée et retors : c'est un Socrate sophiste. Cela sans compter que les « deux discours », le fort et le faible, renvoient tout droit à Protagoras, et que Prodicos lui-même est nommé. Si le jeune homme est devenue impie, s'il méprise les lois et finit par battre son père, c'est la faute à ces penseurs. Au surplus, Aristophane laisse entendre que leur langage est fort obscur : ce sont donc bien, à ses yeux, des philosophes de profession – non pas, sans doute, des philosophes au sens platonicien ou aristotélicien du mot, mais des intellectuels spécialisés. La pièce montre même, précisément, comment l'idée peut venir à un homme tout simple d'aller se confier à ces adeptes d'une méditation en apparence plutôt ésotérique.

Platon, lui, est plus précis encore. Indéfiniment, il s'en prend aux dangers moraux liés à l'enseignement de la rhétorique ou d'une prétendue vertu politique. Il s'en prend à Protagoras, à Gorgias, à Thrasymaque... Discussions entre philosophes, dira-t-on? Mais Platon ne discute pas avec la même obstination les autres philosophes, Héraclite ou Démocrite, Empédocle ou Diogène d'Apollonie : il est clair qu'il réserve sa critique pour ceux qu'il juge responsables de la crise des valeurs morales et du rejet de toute transcendance.

Ce soudain élargissement, qui nous fait passer d'une poignée de spécialistes à un large public, ne doit pas surprendre; car ces spécialistes-là étaient aussi des conférenciers et des hommes adonnés aux débats publics. Thucydide, on l'a déjà dit, prête à son Cléon un reproche révélateur, puisqu'il reproche aux Athéniens de ressembler plus à des spectateurs venus écouter des sophistes qu'à des citoyens en train de délibérer sur la chose publique (III, 38, 7)[2].

En tout cas, les témoignages convergent : ils mettent tous en cause, quand ils sont vagues, les philosophes, et, quand ils sont précis, les sophistes.

Mais, indépendamment même de ces témoignages, il est un signe qui ne saurait tromper : c'est le ton même qu'adoptent tous les auteurs non philosophes – historiens ou hommes de théâtre – pour décrire le monde en crise dans lequel ils vivent. En effet, ce ton est le même chez tous : chez tous, il est abstrait, théorique, trop théorique; par le vocabulaire employé, les distinctions faites, les allusions mêmes, il se situe dans la ligne directe des recherches philosophiques et des formules célèbres des penseurs à la mode. Cette parenté entre les textes et cette abstraction même ne sauraient s'expliquer s'il s'agissait de traduire une simple expérience concrète; entre cette expérience et la leçon qui en est dégagée, il faut donc rétablir un maillon : ce maillon est la brusque révélation qu'apporte une pensée articulée et autorisée.

C'est au reste ce que suggère toujours l'histoire des idées : les sentiments existent, latents, prêts à s'affirmer; mais la création d'un mot ou l'apparition d'une doctrine leur donne une forme et, du même coup, une plus grande force. Sans une certaine situation matérielle et politique, les penseurs, peut-être, ne sauraient exercer une influence vraiment étendue; mais, à l'inverse, sans les penseurs, la situation n'évoluerait pas de façon si nette ou si radicale. L'histoire passe par eux, par leurs réflexions, par leurs formules, par le sens ou le relief nouveau qu'ils donnent aux mots.

Cela ne veut pas dire, bien entendu, que la société du temps, en se réclamant de leurs idées, leur fut fidèle. Elle ne fit qu'utiliser leur pensée selon les commodités du moment. On s'empara de formules entendues ici ou là et de thèses connues pour leur audace. On en tira des excuses, des règles d'action, des conséquences pratiques. Les « philosophes » offrirent dès lors un alibi.

On peut donc dire que la crise morale d'alors a dû beaucoup aux sophistes et à l'utilisation qui a été faite de leurs thèses. Parce que, dans leur souci de l'action pratique, ils pouvaient offrir des moyens et des arguments aux ambitieux, ils semblèrent les avoir délibérément servis; et le sens même de leurs analyses fut alors aggravé et faussé[3]. Ce n'est certes pas le seul cas dans l'histoire où l'on a vu des penseurs dépassés par ceux qui leur emboîtaient le pas, et leur pensée déformée par une opinion à la fois hâtivement informée et profondément occupée du quotidien. Mais l'exemple des sophistes est un des plus remarquables de tous.

Il vaut donc la peine de chercher à saisir sur le vif la façon dont les diverses critiques émises par les sophistes par rapport aux idées admises furent, tout ensemble, reprises et amplifiées hors du cercle des philosophes. Les témoignages des auteurs athéniens sont, à cet égard, éloquents et indiscutables. Non seulement ils montrent l'existence d'une crise dans les divers domaines où s'était exercée cette critique des sophistes : ils montrent aussi, par le choix même de leurs mots et des arguments, tout ce que cette crise devait à l'influence directe des sophistes et tout ce en quoi leur pensée fut, au cours de l'aventure, infléchie et simplifiée.

On peut le constater en interrrogeant les trois grands auteurs du temps : Aristophane, Euripide, et Thucydide. Mais on devra aussi faire comparaître, à côté de ces auteurs connus, un personnage inconnu et qui n'a rien écrit, mais dont le ton hardi et l'existence même forment un témoignage à sensation. On l'a déjà rencontré à plusieurs reprises. C'est ce personnage auquel Platon a donné un si grand rôle dans le *Gorgias*, alors qu'il n'est ni un sophiste, ni un philosophe, ni un homme politique connu : c'est Calliclès. Il a en effet toutes les chances d'incarner la forme extrême et redoutable de cet immoralisme où se jetaient les jeunes Athéniens, grisés par la partie négative de la pensée des sophistes.

Dans le public, dans l'opinion courante, chez les auteurs non philosophes, on ne peut guère s'attendre à trouver l'écho des critiques relatives à l'ontologie ou à la vérité. En revanche, tout ce qui concernait les dieux et la justice devait déchaîner la tempête.

Elle apparaît même dans les faits, cette tempête. Car, au cours des dernières décennies du Ve siècle, on voit se multiplier soudain les marques d'impiété ou même d'athéisme avoué.

On a déjà indiqué l'existence des procès d'impiété : ils visèrent Anaxagore, et les amis de Périclès, et d'autres, parmi lesquels des philosophes. Il est difficile d'en établir la liste, car les témoignages sont parfois suspects et toujours imprécis; mais un ouvrage récent relève dix-huit noms de personnes visées, dont neuf pour notre époque[4]. On se souviendra en tout cas que la définition de l'impiété, donnée au début de la guerre, visait nettement les penseurs, « qui enseignaient des doctrines relatives aux choses célestes[5] ». Encore au seuil du IVe siècle, si le procès de Socrate n'était pas un procès d'impiété, c'est un fait que le refus d'accepter les dieux de la cité figurait, de façon très injuste mais très révélatrice, au nombre des griefs.

L'inquiétude régnait donc de façon manifeste; et elle se tournait volontiers vers les doctrines des penseurs : « philosophe » se met alors à se colorer, comme dans notre XVIIIe siècle, d'une nuance de libre pensée. Et c'est un fait que Platon, dans l'*Apologie*, parlant des reproches adressés à « ceux qui font de la philosophie », y fait aussitôt figurer l'accusation de ne pas croire aux dieux (23 d).

Mais cette inquiétude et ces procès n'étaient que la réponse aveugle et irrégulière par laquelle Athènes réagissait à des signes certains, qui allaient se multipliant.

Il y eut à l'époque quelques scandales graves. Le plus célèbre fut constitué par la mutilation des Hermès et la parodie des Mystères, deux marques d'impiété retentissantes, dont l'une fit découvrir l'autre, et qui eurent lieu juste au moment où se préparait l'expédition de Sicile, en 415. Des bustes religieux mutilés à travers la ville, des mystères contrefaits dans une maison privée, c'était beaucoup! Du fait qu'Alcibiade se trouva compromis, cette double profanation eut de lourdes conséquences politiques; on la connaît pour cette raison, et aussi parce que le plaidoyer d'un des hommes mêlés à l'affaire, Andocide, nous a été conservé; mais il reste que l'impiété était ici affichée, presque combative. Une autre affaire du même genre, qui fit moins de bruit mais qui apparaît pourtant dans certains textes littéraires (entre autres chez Aristophane, dans *Les Grenouilles* et *L'Assemblée des femmes*), fut celle où l'on s'en prit aux statues d'Hécate : un dénommé Cinésias en était responsable. Dans ce dernier cas, il s'agit nettement de provocation plus que d'athéisme.

Il y eut aussi, probablement à la même époque, un homme dont on ne sait pas grand-chose, mais qui resta célèbre pour son impiété : Diagoras de Mélos, dit « l'athée »[6]. On lui prête divers actes d'impiété, en particulier contre les Mystères d'Eleusis; et il fut solennellement condamné. Il aurait, dit-on, justifié son refus de croire aux dieux en s'appuyant sur les silences de la justice divine (ce qui fait penser à Thrasymaque). Or son impiété était apparemment si connue que l'on pouvait jouer à dire « Socrate le Mélien », pour signifier « Socrate l'athée » : c'est ce que fait Aristophane dans *Les Nuées*, et c'est l'explication que donnent les scholiastes.

De fait, la tradition a recueilli, à côté des procès d'impiété, des listes d'athées; et l'ouvrage évoqué plus haut à propos de ces procès relève quatorze noms, dont huit pour notre époque – parmi lesquels Protagoras, Prodicas et Critias. Donc nos sophistes ont pu sembler mêlés à ce surgissement de l'athéisme et se voir confondus avec les athées. Mais Cicéron précise très justement que l'agnosticisme de Protagoras doit être distingué de l'athéisme; et il oppose notre sophiste à deux athées reconnus, dont l'un est ce Diagoras, dont il vient d'être question, et l'autre Théodore de Cyrène[7] : l'indication figure à trois reprises dans le *De natura deorum*. Aussi bien, le tumulte provocateur qu'évoque le nom de Diagoras rend-il un son très différent des analyses lucides et rigoureuses rencontrées chez les sophistes. Par-delà leurs analyses, avec plus de force et de brutalité, l'incendie dont ils ont peut-être allumé la première flamme gagne de toutes parts. Rien d'étonnant, par conséquent, à ce que, au IVe siècle, le phénomène de l'athéisme ait pris assez d'importance pour que Platon, dans *Les Lois* (à 908 b-e), en distingue plusieurs formes, d'inégale gravité. A l'époque de Périclès, nul n'aurait songé à le faire.

Ces faits suffisent à montrer la brusque montée de

l'irréligion au cours de la guerre du Péloponnèse, c'est-à-dire à l'époque de nos sophistes. Mais ils ne suffiraient pas pour affirmer qu'elle était due à leur influence; et les quelques suggestions invitant à lier les deux données ne sauraient être décisives. En revanche, tout change, si nous consultons non pas ces données matérielles, qui balisent les phases du phénomène, mais les textes dans lesquels il revit, et dont le témoignage permet d'aller plus loin dans l'analyse.

Les textes littéraires, qui ne sont, eux, ni suspects ni ambigus, illustrent en effet de façon bien plus claire ce progrès de l'athéisme et son lien direct avec les philosophies nouvelles.

Dans *Les Nuées* d'Aristophane, le mépris des dieux vient en premier. Les Nuées, dit Socrate, sont les seules divinités. Et Zeus? demande Strepsiade. Quel Zeus? Il n'existe même pas, Zeus! (366-367). Et aussitôt Strepsiade transmet l'enseignement à son fils qui vient de nommer Zeus : « Ah! là! là! " Zeus Olympien "! quelle folie, croire à Zeus, à ton âge! » (818-819). Ce sont là, selon Strepsiade, des sentiments « archaïques »; et il explique longuement que tout cela est périmé... En fait, en invoquant le Tourbillon comme une divinité qui aurait remplacé Zeus, Strepsiade (comme Socrate avant lui) est plus proche de philosophes tels qu'Empédocle ou Diogène d'Apollonie que des sophistes. De même le remplacement de Zeus par les Nuées correspond à un acquis de la fameuse science des choses célestes. Mais, de toute façon, il s'agit de penseurs, de savants; et il reste que l'irréligion est présentée comme d'origine philosophique. Qui plus est, Aristophane insiste; il répète et reprend ses dénonciations contre cette irréligion. Par un joli retournement, lorsque le jeune homme aura été initié à ces idées nouvelles et se mettra à battre son père, il lui renverra, à titre d'excuse, les principes du début : « Ah! là! là! le Zeus de mes pères? Comme tu es archaïque! Zeus n'existe pas » (1469-1470). Ce Zeus qui était le garant des vertus (et auquel Strepsiade, fâché d'être ainsi battu, recommence à croire!) n'est plus pour les penseurs, tels que les peint Aristophane, qu'un exemple et un précédent à citer pour sa défense, quand on est pris en flagrant délit d'adultère (1079 et suiv.)[8].

L'irréligion est donc dénoncée avec une insistance brillante; et elle est, à tous égards, mise en relation avec des théories de philosophes et des habitudes de rhétoriciens, c'est-à-dire de sophistes. En outre, le ton péremptoire de chacun, rendu plus évident par la répétition, prend un petit air professoral très caractéristique. Les gens simples, spontanément, croient en Zeus : il faut des philosophes pour leur apprendre que c'est là une mode périmée.

Mais cet athéisme militant, appliqué à la vie pratique et supposant que l'on change de croyances aussi aisément que l'on changerait de mode ou de monnaie, ressemble à une caricature très déformée des analyses épistémologiques ou anthropologiques des vrais sophistes. On nie Zeus; on ne sait même plus qui il est; et l'on en profite pour agir à sa guise, sans plus rien respecter. Les réflexions des savants, si elles planent à l'arrière-plan, se profilent donc ici sous une forme entièrement travestie.

Est-ce parce qu'il s'agit d'une comédie? Non pas! Euripide et Thucydide, tous les deux, montrent le même progrès de l'irréligion; ils lui prêtent la même tonalité intellectuelle; et ils trahissent le même changement de ton et de registre.

Euripide parle souvent des dieux; et ses personnages disent un peu tout à leur sujet. Mais l'orientation critique est révélatrice.

Souvent, son attitude consiste seulement à poursuivre le mouvement d'épuration de la religion qui s'était dessiné avant lui, et à donner aux croyances plus d'intériorité : cela n'exclut en rien, tout au contraire, une disposition d' « accueil » à l'égard du divin[9]. Et l'on ne peut, dans ce cas, parler ni d'athéisme ni même d'impiété.

Il n'empêche que ses réserves à l'égard de la mythologie, pour être légitimes, sont déjà celles d'un esprit éclairé, qui prend des libertés par rapport aux traditions religieuses. Ses personnages se refusent à croire les légendes qui les choquent (dans *Ion*, 435-451, *Héraclès*, 1341 et suiv., *Iphigénie en Tauride*, 391). Qui plus est, leur religion prend parfois un tour singulièrement philosophique. L'exemple le plus célèbre est celui de la prière des *Troyennes* (884 et suiv.) : « O toi qui supportes la terre et qui es supporté par elle, qui que tu sois, impénétrable essence, Zeus, inflexible loi des choses ou intelligence de l'homme, je te révère[10]. » Parfois, c'est un doute sur la nature des dieux. On parle des dieux « quoi que représentent ces dieux » (*Oreste*, 418). Et ce doute est déjà beaucoup. Dans une pièce perdue, un vers exprimait de graves réserves à propos de Zeus : « Zeus, quel qu'il soit, car je ne sais que ce que l'on dit. » La formule, qui est bien dans le ton de Protagoras, dut choquer; et l'on raconte que l'auteur, corrigeant le vers, le remplaça par une affirmation inattaquable : « Zeus, comme la vérité me le dit! » Un autre vers isolé est peut-être encore plus proche de Protagoras : c'est le fragment 795, qui, répétant trois fois le mot « savoir », s'élève contre la folle prétention de quiconque « se vante de savoir quelque chose sur les dieux ».

Ces poussées, ces audaces isolées, ces échos disent assez combien Euripide était pénétré de l'esprit nouveau. Mais surtout son théâtre ne croit plus à la justice des dieux. Et ceci est pour la foi la plus redoutable des difficultés. Aussi bien un autre texte, de ton, lui aussi, bien philosophique, le dit ouvertement (dans *Hélène*, 1137-1143) : « Quant à ce qui est dieu, ou n'est pas dieu, ou est intermédiaire, quel mortel prétendra le savoir à la fin de ses longues recherches, quand il voit les dieux se porter dans un sens, et puis dans un autre, et puis changer encore par des sursauts contradictoires et des coups du sort inattendus. »

Dans tout cela, le doute progresse, les réserves se multiplient, et sur un ton toujours doctrinal, qui renvoie aux philosophes. On trouve même, à l'occasion, une idée digne de Prodicos et du *Sisyphe*, puisqu'il est suggéré dans *Iphigénie en Tauride* que des hommes cruels prêtent aux dieux leurs propres tendances. Quant au *Sisyphe* lui-même, s'il est bien d'Euripide, quel témoignage! On l'a cité pour son caractère radical : et cette tirade aurait été prononcée au théâtre, en plein cœur d'Athènes! Il arrive même, par moments, que soudain tout bascule; et un personnage s'écrie, dans un fragment d'une tragédie perdue, le *Bellérophon* : « On dit qu'il y a des dieux dans le ciel : il n'y en a pas! il n'y en a pas! » De telles déclarations d'impiété, dans une œuvre représentée publiquement, aux frais de la cité, impliquent une diffusion croissante de la libre pensée.

Ces divers faits expliquent la réputation qu'eut bientôt Euripide de ne pas croire aux dieux et de semer, par ses œuvres, l'impiété. Dans *Les Thesmophories* d'Aristophane, une femme se plaint d'avoir été ruinée par Euripide, car elle vivait des couronnes qu'elle tressait et Euripide a « fait admettre aux gens qu'il n'y avait pas de dieux » (451). Dans *Les Grenouilles*, le même Aristophane prêtera à Euripide une prière à des dieux « différents des autres » (889); et il lui fera invoquer l'Ether[11], la volubilité de la langue, et l'intelligence, et les narines!... Cet Ether et cette Langue étaient de même des divinités adorées par le Socrate des *Nuées*. On se perd dans ces moqueries, où le comique compte plus que l'exactitude doctrinale : c'est pour mieux faire rire, sans doute... Mais une chose est sûre : c'est qu'aux yeux du public toutes ces nouveautés philosophiques étaient autant d'atteintes aux croyances traditionnelles[12].

Atteintes graves : on perçoit dans ces jeux comiques comme un avant-goût du procès de Socrate. Et le fait est que tous ces témoignages tirés d'Euripide montrent assez combien on sortait aisément du simple agnosticisme philosophique. Aussi bien dans certaines remarques isolées, comme celle du *Bellérophon*, ou bien dans des résumés hâtifs comme le jugement porté sur Euripide dans *Les Thesmophories* (« il a fait admettre aux gens qu'il n'y avait pas de dieux »), on perçoit une négation beaucoup plus hardie et plus engagée que n'étaient les analyses des sophistes. Si l'extrait du *Sisyphe* est d'Euripide, il confirme ce que les autres passages montrent clairement, à savoir qu'en se répandant dans le public le doute religieux s'affranchissait et prenait un tout autre ton, faisant très vite succéder à la réflexion critique ce qui devenait désormais révolte ouverte.

On ne trouve point une moisson si variée pour Thucydide; mais le peu que l'on trouve est au moins aussi révélateur. Et déjà c'est un signe que l'on trouve si peu; car l'histoire désormais se passe entre hommes, sans que jamais y interviennent les dieux. Point d'oracles comme chez Hérodote : on fait varier ceux-ci au gré des événements. Thucydide le dit bien à propos des oracles sur la peste et des variantes entre « la peste » et « la famine » (II, 54). Point de crainte des dieux, du moins chez la plupart : presque toujours, si Thucydide en parle, c'est pour signaler qu'elle disparaît. Mais surtout, la seule fois où ses personnages se lancent dans une analyse systématique relative à l'ordre de l'univers et à la justice divine, ils s'expriment d'une façon étonnamment proche de l'agnosticisme de certains sophistes, et aussi des idées sur le droit du plus fort, si répandues chez certains autres; dans le dialogue de Mélos, en effet, les représentants de la petite île espèrent être sauvés par les dieux parce qu'ils représentent un peuple pieux menacé par une agression injuste; or les Athéniens répondent que l'entreprise de conquête lancée par leur cité ne s'écarte en rien de ce que les hommes pensent à l'égard du divin ou veulent dans leurs rapports réciproques : « Nous estimons, en effet, que du côté divin comme aussi du côté humain (pour le premier, c'est une opinion, pour le second une certitude), une loi de la nature fait que toujours, si l'on est le plus fort, on commande » (V, 105,2). Tout est là, dans ce texte : l'incertitude relative aux dieux, que l'on ne connaît que par « l'opinion », l'idée que cette opinion sur les dieux s'inspire des habitudes humaines, et enfin le triomphe des forts, ratifié par la « nature ». Il est facile de voir qu'un tel langage ne convient aucunement à des délégués nationaux réglant un différend politique, qu'il est trop abstrait, trop précis, et trop conforme au langage des philosophes pour ne pas en être le reflet; et ce reflet est offert par l'historien en un passage où l'analyse est poussée plus loin que nulle part ailleurs.

Cette fois, pourtant, on ne peut pas relever dans les termes eux-mêmes cette aggravation qui semblait exister ailleurs entre le langage des philosophes et celui de la littérature. Mais la comparaison n'en est pas moins révélatrice; car la différence, si elle n'est pas dans les termes, existe pourtant : elle tient aux circonstances; elle tient au contexte; elle tient à l'intention. En effet, il ne s'agit plus ici de réflexions théoriques sur notre connaissance ou non-connaissance des dieux : il s'agit d'excuses brandies en pleine action par des conquérants sans scrupule. Le scepticisme à l'égard de la justice divine a ouvert la porte à la violence et à l'amoralisme. Par là ce texte si proche des sophistes illustre aussi mieux qu'aucun autre la façon dont une pensée philosophique peut, quand elle est traduite en termes d'action, changer de sens et de portée. Si l'on a ici mis en garde contre l'habitude de déclarer que les sophistes étaient « pour » ou « contre » tel ou tel principe, il est clair que les gens engagés dans l'action – les conquérants, les ambitieux, les cupides, mais aussi le commun des hommes, soucieux de survivre – sont, eux, menés par des désirs qui les obligent à être « pour » ou « contre ».

La juxtaposition des témoignages permet donc de discerner en toute clarté une aventure bien précise : les sophistes avaient semé les idées dans lesquelles chacun trouvait un alibi ou un argument au service de conduites pratiques. Ils avaient donné des mots, ouvert la brèche – pour être finalement laissés loin derrière par ceux qui s'y précipitaient. Le changement de registre entraînait un durcissement que rien n'arrêtait.

Cela était d'autant plus grave que les croyances religieuses étaient, *a priori*, le seul vrai garant de la justice.

On a vu toutefois que la critique de la justice, chez les sophistes, passait par le détour d'une distinction capitale entre la nature et la loi : par un trait frappant, et révélateur du rôle des philosophes, cette distinction tout abstraite se répand comme une traînée de poudre dans tous les textes du temps, même les moins philosophiques.

Ce n'est point ici le lieu d'en suivre la vogue : les exemples ont été groupés et commentés par d'autres; et un des signes de cette vogue est précisément le nombre des cas où les deux mots sont rapprochés sans grande raison, par une sorte de mode stylistique.

En fait, l'opposition entre la loi et la nature n'est pas toujours utilisée pour déprécier la loi[13]. Mais elle constitue un superbe instrument pour ceux qui veulent le faire; et, effectivement, elle surgit de façon constante dans nos textes, au service des révoltés.

Le fils de Strepsiade, dans *Les Nuées*, ne va pas tout à fait jusque-là; mais il prend grand soin de rappeler le caractère arbitraire des lois qui définissent le juste. Selon lui, c'est un homme qui a dit qu'il ne fallait pas battre son père : un autre homme pourra donc dire le contraire ! Et contre les lois qui sont de pure convention il évoque l'usage naturel des coqs et des autres bêtes. Le tour de l'argument provient tout droit des habitudes sophistiques, dont il est la caricature. Qui plus est, l'idée se retrouve sous une forme équivalente dans *Les Oiseaux*, où il est rappelé que battre son père est très bien chez les oiseaux, alors que, chez les hommes, ce serait « honteux aux yeux de la loi » (755-759; 1345-1348). Les variations de la loi, opposées à l'ordre naturel, sont l'alibi que les savants ont fourni aux mauvais sujets. Et l'on reconnaît dans ces excuses des thèmes à la mode, comme le serait aujourd'hui une explication toute faite au nom des « complexes ».

Dès lors, le conflit de la loi et de la nature fournit leurs mots d'ordre aux deux choix contraires en matière de morale : le discours injuste des *Nuées* est tout fier de s'opposer aux *lois* (1040) et conseille au jeune homme : « Suis la *nature* » (1078).

Un tel contraste est celui que l'on retrouve chez Thucydide et Euripide, et l'opposition entre les deux termes leur sert à tous deux pour décrire l'antagonisme entre les désirs et le bien. Chez l'un, ce contraste traduit une constatation désabusée; chez l'autre, ou chez ses personnages, il traduit souvent une justification plus ou moins impudente.

Dans le seul livre III de Thucydide, voici d'abord le discours de Diodote qui recommande l'indulgence envers les révoltés de Mytilène, pour la raison que l'on ne peut empêcher les fautes : « La *nature* veut que tous, particuliers et Etats, commettent des fautes, et il n'est pas de *loi* qui l'empêchera »; alors, autant ne pas se faire d'illusion : « Bref, il est impossible – et bien naïf qui se l'imagine – que la *nature* humaine, quand elle tend ardemment vers une action, en soit détournée par la force des *lois* ou par quelque autre menace » (III, 45, 3 et 7). Puis, voici l'analyse sur les désordres qui accompagnent les guerres civiles. Thucydide y parle de maux « qui se produiront toujours tant que la *nature* humaine restera la même »; ces maux se traduisent par le fait que l'on ne respecte plus les lois : les groupements politiques cessent de « respecter les *lois* existantes en visant à l'utilité, pour les violer au gré de l'ambition » (III, 82, 2 et 6). Enfin un dernier paragraphe de cette analyse, paragraphe dont l'authenticité a été contestée, mais qui ne fait que renchérir sur l'ensemble, précise que la cité fut bouleversée par cette crise : « Et la *nature* humaine, victorieuse des *lois*, au lieu de se contenter de leur désobéir, sembla prendre plaisir à faire connaître sa victoire » (III, 84, 2).

Et voici enfin Euripide, chez qui l'opposition se rencontre un peu partout, avec des valeurs diverses, mais chez qui elle fournit parfois d'impressionnantes revendications : « Pour ma part, dit l'un, je déclare qu'il n'y a pas à respecter la *loi* dans une situation critique, plutôt que la nécessité. » « J'ai du jugement, dit l'autre, mais la *nature* me fait violence »; ou enfin, groupant les deux mots : « La *nature* le voulait, elle qui ne se soucie en rien des *lois* » (il s'agit des fragments 433, 840 et 920).

De tels textes montrent assez le retentissement de ce qui – Platon le dit expressément – avait été la grande idée du sophiste Hippias, reprise par plusieurs sophistes. L'idée est entrée dans le langage courant, dans la morale courante.

Mais, du coup, elle a bien changé – et de sens et de registre.

L'opposition entre la loi et la nature, qui était un instrument intellectuel servant à l'analyse théorique, est devenue, dans les derniers textes cités, une arme de l'amoralisme.

Dire que les lois sont une convention[14], opposée à la nature, peut impliquer l'idée d'une convention utile, saine, profitable : dans nos textes littéraires, on ne voit que la révolte; et, s'il s'agit de conventions, on ne voit que la facilité de les rejeter.

D'autre part, à y regarder de plus près, on s'aperçoit bien vite que, si cette opposition a ainsi changé de fonction, c'est en changeant d'abord de nature.

De quelle nature, en effet, s'agit-il, dans tous ces textes non philosophiques ? Sauf dans l'argumentation caricaturale du jeune Pheidippidès, ce n'est plus de la nature visée par les sophistes : celle-ci était un ordre abstrait, universel, comportant tout ce qui existe; et les conflits qui l'opposaient à l'ordre humain étaient purement théoriques. Ici, de quoi parle-t-on ? Presque toujours de la nature humaine, de la nôtre; et les conflits auxquels elle prête sont des conflits psychologiques, entre des tendances, des désirs, des intérêts; ils se jouent en nous; ils décident de notre action. Nous obéissons ou non à cette « nature »; et elle nous sert, encore une fois, d'excuse.

Sous le couvert des mêmes notions et des mêmes mots, jamais le glissement n'a été aussi accentué, ni aussi perceptible.

Ce simple fait suggère déjà que la critique de la justice trouvera dans ces textes un écho particulièrement net : tout le reste, les dieux, la nature et la loi, la vérité elle-même, sont autant de chemins qui mènent au problème central – celui de la justice.

La justice était la règle d'or de la morale grecque. Or les textes cités jusqu'ici montrent assez qu'elle connaissait, dans les faits, une crise; non seulement on agissait de plus en plus au mépris de cette justice mais, dans les justifications que les intéressés donnaient de leur conduite, ils s'appuyaient sans scrupule sur les idées récemment mises en vogue.

Un détail suffit à le prouver, du reste : c'est qu'au début de *La République* Glaucon déclare avoir déjà entendu la critique de la justice, telle qu'on vient de l'avoir, « faite par Thrasymaque et par des milliers d'autres » (358 c).

On ne relèvera donc ici ni tous les témoignages de telles conduites, ni tous les arguments pouvant refléter l'influence des doctrines sophistiques : on ne citera que ceux qui, chez Thucydide ou Euripide, prêtent à des rapprochements révélateurs.

Thucydide, d'abord, part évidemment du principe que la force est déterminante et le droit rarement écouté. Il en convient sans doute lui-même, car les explications historiques qu'il donne sont, à peu près sans exception, fondées sur l'intérêt : sur la crainte, sur le désir de sécurité, sur le désir de puissance. Et comment en être surpris ? Il traite des relations entre cités et de la guerre – un domaine où la justice et la loi n'avaient point de place, sauf sous la forme assez imprécise d'un certain droit des gens. Les relations extérieures sont dominées par la force plus que par le droit. De fait, à propos des Etats, on trouve chez lui des formules très fortes et saisissantes. En général, elles servent d'excuse à l'impérialisme athénien.

C'est d'ailleurs un trait remarquable que de voir des ambassadeurs offrir des excuses si philosophiques ! Ils ne prétendent jamais que leurs intentions étaient pures, ou qu'ils ont été provoqués, ou toute autre justification comme on en rencontre en tous les temps. Non : ils se réfèrent à l'ordre du monde et au rapport normal existant entre la force et le droit ! Les voici par exemple qui s'expliquent à l'assemblée de Sparte au livre I : « C'est ainsi que, nous non plus, nous n'avons rien fait d'extraordinaire, ni qui s'écarte des façons d'agir humaines, soit en acceptant un empire quand on nous l'offrait, soit en ne le laissant pas aller quand les plus fortes raisons commandaient : honneur, crainte et intérêt ; avec cela, ce rôle, nous n'étions pas les premiers à le tenir, et il a toujours été chose établie que le plus faible soit tenu en respect par le plus puissant » (76, 2) ; ces délégués parlent même, dans la phrase suivante, des raisons de justice, « qui jamais, devant une occasion d'acquérir quelque chose par la force, n'ont prévalu pour empêcher quelqu'un de s'agrandir » ; et bientôt ils réclament des louanges parce que « tout en suivant la nature humaine qui vous fait dominer autrui », ils ont été plus justes que ne le comportait leur puissance ! La doctrine est absolue, péremptoire, cynique. Dans sa présentation, elle est abstraite et universelle. Elle prend l'allure d'une philosophie de l'action en général.

Le rapprochement avec Thrasymaque s'impose : il révèle aussi des différences caractéristiques.

Thrasymaque disait bien, comme une évidence, que

« les hommes ne pratiquent pas la justice » : l'idée d'un univers complètement régi par des rapports de forces est un renchérissement éclatant. Et le fait qu'elle justifie une action pratique lui donne une portée redoutable.

Il est vrai qu'à certains égards on reste assez en deçà des questions soulevées par Thrasymaque. Il s'occupait, lui, du juste dans les cités; il en cherchait l'origine; il la trouvait dans les règles édictées, à chaque fois, par le gouvernement au pouvoir, c'est-à-dire par les plus forts : les Athéniens de Thucydide se contentent des faits; ils s'inquiètent de savoir dans quels cas pratiques on tient compte de la justice. Et ils observent simplement que ces cas sont assez rares. « Vous le savez comme nous, disent-ils, si le droit intervient dans les appréciations humaines pour inspirer un jugement lorsque les pressions s'équivalent, le possible règle, en revanche, l'action des plus forts et l'acceptation des faibles » (V, 89).

Mais, si la description se limite à l'objectivité concrète, elle affecte en revanche un caractère universel, qui ne laisse rien en dehors. Et la preuve en est que les adversaires d'Athènes l'admettent à l'occasion; ainsi ce Syracusain qui déclare : « Au reste, chez les Athéniens, ces ambitions et ces calculs sont bien excusables; et je ne blâme point ceux qui désirent dominer, mais ceux qui sont trop disposés à obéir; car telle est la nature de l'homme que toujours il domine lorsqu'on cède et se garde lorsqu'on l'attaque » (IV, 61, 5). Les conduites humaines obéissent, par actions et réactions, à des forces dont aucune, semble-t-il, ne relève de la justice.

Il faut ajouter « semble-t-il », car il y a, dans l'œuvre de Thucydide, des cas où des hommes s'attachent très fort à la justice; et il y a même la suggestion qu'à la longue cette justice pourrait bien, en regroupant les sympathies, constituer l'attitude la plus avantageuse[15]. Mais les propos qu'il met dans la bouche de ses Athéniens montrent à l'évidence que la leçon des sophistes, appliquée au domaine de l'action pratique, y faisait de terribles ravages.

Que les individus aient appliqué les mêmes maximes va de soi; et la montée des ambitions privées en fournit la preuve. On a déjà cité Alcibiade et ses désordres : le défaut qui frappait en lui et qui suscita à son égard l'hostilité inquiète de beaucoup d'Athéniens fut, selon Thucydide, sa façon de rejeter les règles ou les lois : sa *paranomia*; l'historien le dit à VI, 15, 4 et le répète à VI, 28, 2, disant des adversaires d'Alcibiade (qui sont eux-mêmes ambitieux et jaloux) : « comme dernier argument, ils alléguaient le mépris de la loi qui marquait de façon peu démocratique toute sa conduite ».

Cette image de l'ambitieux sans scrupule, qui se dessine chez Thucydide, conduit tout droit à Euripide.

Si l'on ne trouve pas dans son théâtre des formules aussi systématiques que celles de Thucydide ou de ses ambassadeurs, il lui est arrivé, en revanche, de présenter des personnages tout prêts à se réclamer du mépris des lois – à commencer par son cyclope, qui, dans une pièce probablement ancienne, s'écriait déjà, entre autres blasphèmes : « Quant à ceux qui ont établi des lois pour enjoliver la vie humaine, qu'ils aillent se faire pendre ! » De façon plus sérieuse, il lui est arrivé aussi, au moins une fois, de faire lancer à un personnage une revendication passionnée en faveur de cette injustice. Par une rencontre caractéristique, c'est encore dans le cas de la conquête du pouvoir; mais il s'agit cette fois d'un prince : il s'agit d'Etéocle, un des deux fils d'Œdipe, qui n'hésite pas à combattre son frère et à déchirer sa patrie afin de garder seul l'héritage paternel. Il ferait tout, dit-il, pour avoir « la Souveraineté de toutes les divinités la plus grande » et ce « tout » comporte l'injustice, avouée et assumée : « Car, s'il faut violer la justice, c'est pour la souveraineté qu'il est beau de le faire; la piété doit s'appliquer au reste » (*Les Phéniciennes*, 524-525).

Peut-on aller plus loin ? Peut-on dire pire, ou avec plus de cynisme ?

Etéocle est un ambitieux, un homme sans scrupules. Il

se peut qu'il incarne ces autres ambitieux sans scrupules qui semaient alors la guerre civile dans Athènes. En tout cas, il ne fait pas de philosophie, ni de théorie! Ses déclarations ne se fondent même pas sur une pensée cohérente. Car il réclame une exception pour l'acquisition du pouvoir; mais, si une telle exception était possible, n'était-ce pas la porte ouverte à toutes les exceptions? Etéocle n'en a cure : il voit le but à atteindre et il a entendu des gens critiquer la justice, s'en libérer. D'où son audace!

En fait, Etéocle est un admirable témoin de la crise morale que traversait Athènes, et de l'habitude qu'avaient prise les Athéniens de ne rien faire sans mettre en cause la justice, la puissance, l'égalité et autres concepts généraux. Mais le lien avec les sophistes pourrait paraître lâche, et ce garnd ambitieux pourrait, à cet égard, paraître décevant, s'il n'avait un terrible jumeau, en la personne de cet inconnu, qui n'est connu que par Platon, Calliclès. Calliclès fait le lien entre les deux séries de témoignages : entre les analyses philosophiques transmises sous le nom des sophistes et les protestations d'amoralisme que l'on rencontre, éparses, dans les œuvres du temps. Le langage de Calliclès les fait se rejoindre en un tout.

Ce Calliclès, finalement, qui est-il?

Il ne nous est connu que par le *Gorgias* de Platon. Or Platon ne nous le présente pas, ne dit rien de lui, sinon que Gorgias est son hôte. Cependant, il a dans le dialogue un rôle très important. Cela se voit matériellement : Socrate discute avec Gorgias pendant douze pages de la numérotation traditionnelle; puis il discute avec Polos, jeune et fervent admirateur de Gorgias, cela pendant vingt pages; et brusquement Calliclès prend la suite et devient l'interlocuteur unique de toute la fin, pendant quarante-cinq pages. Mais l'ampleur matérielle n'est pas tout : le dialogue avec Gorgias avait juste posé le problème de la rhétorique, le débat avec Polos avait révélé ses implications morales; la grande contestation entre Calliclès et Socrate traite à fond la question de la justice et des fins mêmes de la vie humaine.

Cette gradation s'accorde mal, en apparence, avec le choix d'interlocuteurs de moins en moins qualifiés. On aimerait savoir. Or, si l'on cherche, les ténèbres s'épaississent. Platon ne dit rien ici, et ne mentionne plus Calliclès ailleurs. La tradition antique n'a rien révélé sur lui : c'est le silence. Beaucoup ont donc été amenés à penser que le personnage n'a été qu'une invention de Platon.

Naturellement, il pourrait avoir existé sans que nous le connaissions. Il pourrait avoir été n'importe qui d'obscur. Mais prêter un tel relief à un inconnu ou bien l'inventer de toutes pièces revient au même : de toute manière, il n'existe que par le rôle que Platon lui confie, et qui est d'être le plus ardent et le plus insolent de tous les défenseurs de l'amoralisme, sans pour autant être un sophiste.

Car tout est là, justement : Calliclès n'est pas un sophiste. C'est un homme riche, qui les fréquente, mais qui n'enseigne pas : il est bien trop ambitieux pour cela! Il a étudié auprès des maîtres, avec d'autres gens dont Platon évoque les noms (à 487 c); mais il n'a point voulu pousser trop loin la poursuite de ce savoir; et il affiche – on le sait – un mépris extrême pour ceux qui, passé l'âge de la jeunesse, continuent à philosopher. « Devant un homme âgé que je vois continuer à philosopher sans s'arrêter jamais, je me dis, Socrate, que celui-là mériterait d'être fouetté » (485 d). Aucun sophiste n'eût pu dire cela. Calliclès est donc l'image parfaite des utilisations pratiques et laïques d'un enseignement qu'il a jugé vain de poursuivre.

Cela même donne à penser. Car un personnage inconnu, pourvu d'un rôle retentissant, est un cas unique dans les dialogues de Platon. Et si ce qui a été dit jusqu'ici est exact, on comprend que Platon ait été obligé, pour une fois, de recourir à ce procédé d'exception. Car il lui fallait pouvoir critiquer en la personne de cet inconnu, tout ce que les thèses des sophistes avaient de dangereux pour ceux qui les déformaient au profit de leurs passions ou de leurs ambitions. Il voulait montrer que la rhétorique impliquait l'amoralisme; mais il ne le pouvait pas, sans fausser gravement les choses, faire défendre cet amoralisme par aucun des vrais sophistes. Il lui fallait un jeune ambitieux, rompu aux habitudes des débats sophistiques, mais soucieux uniquement de réussite pratique. Il lui fallait la quintessence des critiques sophistiques, et aussi l'extrême de la révolte contre les valeurs. Ainsi seulement pouvait-il dénoncer ce qui se cachait derrière la rhétorique et ce que signifiait l'enseignement nouveau, pour ceux qui y cherchaient des normes pratiques d'action.

Cela peut sembler une reconstruction *a priori*. Mais tous les détails du texte s'éclairent grâce à elle et en apportent la confirmation. C'est pourquoi, après en avoir, au cours des analyses qui précèdent, rencontré tel ou tel aspect, il faut ici retrouver leur éloquente combinaison.

Calliclès entre en scène avec arrogance et insolence, comme le sophiste Thrasymaque dans *La République*. Et la première idée qu'il lance est qu'il faut distinguer deux domaines, dans lesquels tout s'oppose, à savoir la nature et la loi : il parle là comme le sophiste Antiphon. « Le plus souvent, dit-il, la nature et la loi se contredisent »; et cela est vrai pour la justice : « selon la nature, en effet, ce qui est laid, c'est toujours le plus désavantageux, subir l'injustice; selon la loi, c'est de la commettre » (483 a).

Cette idée de laideur implique déjà l'admiration des forts. Calliclès célèbre celui qui serait assez fort pour fouler aux pieds toutes ces lois arbitraires, et affirmer sa domination : Thrasymaque, lui aussi, célébrait l'injustice de l'homme tout-puissant et déclarait l'injustice « plus belle, plus libre, plus dominatrice ».

Nous sommes là tout près de nos sophistes. Mais il faut se méfier : vite, nous les dépassons!

Cette loi arbitrairement définie, d'abord, ne l'est plus par les mêmes. Calliclès ne s'inquiète guère de faire varier la loi en fonction des gouvernements; car, pour lui, ce ne sont pas les forts qui font la loi : ce sont les faibles! Cet ambitieux, cet impatient, ne tolère pas de voir les gens supérieurs brimés par « le plus grand nombre ». Il les déteste, ces obscurs! Et son interprétation n'est différente que parce qu'elle a cessé d'être anthropologique pour devenir engagée et passionnée. Elle rejoint et dépasse l'amoralisme des textes littéraires.

Encore n'est-ce rien à côté d'un autre renchérissement par rapport aux vrais sophistes. Car, ayant ainsi défini deux ordres et deux principes d'action contraires, voici qu'il appelle « droit » et « justice » cet ordre de la nature qui impose le triomphe des forts sur les faibles : il lui donne valeur normative! « Mais la nature elle-même, selon moi, nous prouve qu'en bonne justice celui qui vaut plus doit l'emporter sur celui qui vaut moins »; et, citant les animaux, citant les hommes en guerre et les conquérants, il déclare que ceux-ci agissent « selon la vraie nature du droit, et, par Zeus, selon la loi de la nature »!

Ce droit du plus fort, ce droit selon la nature, aucun des sophistes connus ne l'avait revendiqué. Calliclès, lui, le revendique jusqu'à se griser du choc des mots. C'est ainsi que devient possible le triomphe du surhomme qui oserait fouler aux pieds toutes ces lois factices : celui-là « se révolterait, se dresserait en maître devant nous, lui qui était notre esclave; et alors brillerait de tout son éclat le droit de la nature » (484 a).

Ce « droit de la nature » est très exactement le moyen de transformer une analyse théorique en règle de vie. Là où Antiphon disait qu'il n'est pas avantageux d'obéir à la loi, à moins qu'un témoin ne soit là, Calliclès fait de cette désobéissance une règle nouvelle et un droit nouveau!... Tel était bien le danger des analyses sophistiques; tel était le pas que l'on pouvait ou non franchir : Calliclès le franchit, plus résolument que tous les amoralistes du temps.

Ces mêmes idées, ou ces mêmes implications reparaissent tout au long de la discussion dans laquelle Socrate entraîne un Calliclès plein de mauvaise volonté et d'irritation. Car Socrate multiplie les questions, rétablissant partout les valeurs. Quels sont ces « plus puissants » que célèbre Calliclès? La foule est plus puissante que les individus; or elle est pour l'égalité de la justice. Et quels sont ces « meilleurs »? pas les plus forts seulement : ils doivent être intelligents, courageux, habiles en politique? Non, dit Calliclès, il faut qu'ils aient beaucoup de désirs et soient en mesure de les satisfaire. Mais quels désirs? Ne faut-il pas distinguer? Peu à peu, de refus en affirmations, et de réfutations en abandons, Calliclès se tait, non sans que se soient dessinés deux modèles de vie opposés, centrés l'un sur le bien et l'autre sur le plaisir.

Cela suffirait à montrer le caractère essentiel des choix que supposent l'attitude de Calliclès et son ardeur à prendre les analyses des sophistes pour en tirer des règles d'action. Mais en même temps on s'aperçoit que ces deux genres de vie se retrouvent en politique.

Comment s'en étonner? Le droit du plus fort a un nom en politique : c'est la tyrannie. Et derrière toutes les déclarations des contempteurs du droit, on la voit qui s'annonce et se trahit. Thrasymaque lui-même, à la fin de l'exposé que lui prête *La République* de Platon, n'avait-il pas cité l'exemple de l'injustice accomplie, à savoir la tyrannie (344 a)? A ses yeux, cette injustice-là n'était plus blâmée ni punie : elle était enviée de tous. Or les textes littéraires se précipitent en ce sens. L'empire d'Athènes, fondé sur la force, est, selon le mot du temps cité par Thucydide, une tyrannie. Quand l'Etéocle d'Euripide déclare admettre l'injustice s'il s'agit d'obtenir « la Souveraineté », le texte grec dit : « la tyrannie ».

De même l'ambitieux Alcibiade fut accusé de convoiter la tyrannie et Calliclès, s'il n'est qu'un démagogue dans une démocratie, avoue tout net qu'il aimerait être plus et rejeter la loi.

Rien d'étonnant, par conséquent, à ce qu'il soit tant discuté du bonheur ou du malheur du tyran dans *La République* et dans le *Gorgias*. Rien d'étonnant non plus à ce que la démocratie athénienne – Aristophane en est témoin – ait constamment eu peur, à cette époque, de complots en ce sens. Derrière la rhétorique et son désir de succès se profilait le régime si redouté par la démocratie athénienne.

C'est bien pourquoi le débat entre Socrate et Calliclès, dans le *Gorgias*, s'achève par l'évocation de deux politiques contraires, puis par un mythe où l'on retrouve, aux enfers, le châtiment de ce tyran tant envié par certains.

On rejoint de la sorte le problème de la rhétorique dont on était parti; mais, grâce au personnage de Calliclès, ce problème s'est élargi pour devenir celui de deux genres de vie, de deux politiques, de deux morales.

Le rôle de Calliclès, dans le dialogue de Platon, est donc clair. Si les sophistes n'avaient rien eu à voir dans cet amoralisme, Platon n'aurait eu aucun besoin ni de partir de Gorgias, ni de prêter à son Calliclès des idées si apparentées à leurs doctrines. Le fait que l'on s'y soit trompé et que, sans aucune raison, Calliclès soit souvent décrit comme l'un des sophistes prouve à lui seul le rapport que, subtilement, Platon a su faire sentir. Mais, inversement, si les sophistes avaient été eux-mêmes des immoralistes, Platon n'aurait pas eu besoin d'aller chercher Calliclès. Son existence même atteste la puissance du courant qui, alors, entraîne les esprits.

Ce courant part des thèses sophistiques. Il est alimenté par le vocabulaire des maîtres et par leurs formules. Il s'en nourrit et s'en grossit. Mais, en même temps, il les fausse et les détourne de leur sens. Il dévie. Il vire. Il dévale dans un sens nouveau.

Des vieux maîtres prudents aux jeunes arrogants pleins d'impatience, une continuité existe; et le point de rupture n'est pas aisé à situer; mais le fait est que, quelque part sur ce trajet, la rupture intervient : les thèses des sophistes ont été aggravées, puis déformées par les Athéniens d'alors, que la guerre et ses épreuves invitaient à se saisir de ces idées nouvelles qui leur étaient offertes, pour y trouver des armes et des alibis.

Par suite de cette utilisation voyante et insolente, on a vite perdu de vue que les doctrines, à l'origine, pouvaient ouvrir sur d'autres perspectives. Les passions des ambitieux n'ont plus laissé voir que l'immoralisme; elles ont ainsi fait oublier l'aspect constructif qui, chez les premiers maîtres, accompagnait la critique.

Il faut donc – et c'était prévu – remonter ce courant si aisé à descendre; et il faut repartir des textes philosophiques, si l'on veut découvrir ce que l'on pouvait reconstruire à partir de cette table rase : ce n'était pas l'immoralisme, mais une morale nouvelle.

NOTES DU CHAPITRE V

1. L'exemple des animaux est, lui, invoqué par le fils de Strepsiade, dans *Les Nuées*, pour justifier que l'on batte son père : « Observe les coqs et les autres bêtes que tu sais, comme ils rendent les coups à leurs pères » (1427-1428).

2. La phrase est censée être prononcée en 427, l'année même de l'arrivée de Gorgias à Athènes.

3. On pense souvent que, parce que les sophistes donnèrent un enseignement orienté vers la réussite pratique, toutes leurs analyses allaient dans le même sens; mais c'est là négliger tout ensemble le caractère hautement théorique de ces analyses et les témoignages précis attestant chez eux une orientation beaucoup moins « immorale » que chez leurs utilisateurs.

4. W. FAHR, dans un ouvrage de 1969 intitulé *Theous nomizein*. Il étudie cette expression grecque : c'est à cette époque qu'elle passe du domaine du culte à celui des convictions.

5. Cf. ci-dessus, p. 129-131.

6. Certains le jugent plus ancien; mais le décret pris contre lui date vraisemblablement de 415 (s'il ne date pas de 433) : voir l'analyse précise de L. WOODBURY, dans *Phoenix*, 1965, p. 178-211.

7. Ce dernier est postérieur.

8. Ces excuses, qui rappellent l'*Hélène* de Gorgias, seront également présentes dans Euripide : voir, à propos d'Hélène, *Les Troyennes*, 987 et suiv., mais surtout la tirade de la nourrice dans *Hippolyte* 451-459. Les termes sont si semblables à ceux des *Nuées* qu'il faut à coup sûr supposer ou une source commune ou une allusion directe.

9. Sur ce mouvement d'épuration, cf. ci-dessus, p. 128-130. L'expression d' « accueil du divin » est empruntée à l'excellente étude de F. CHAPOUTHIER, dans le tome I des *Entretiens de la Fondation Hardt* (« La notion du divin depuis Homère jusqu'à Platon »), p. 205-237.

10. Là encore, le texte renvoie de façon vague à des systèmes de philosophes qui ne sont pas des sophistes. Mais la multiplicité des suggestions qui sont offertes implique de toute même des sophistes. Il y a aussi chez Euripide une sorte d'intériorisation et de moralisation de la religion, dont témoigne bien la Théonoé d'*Hélène*, avec le sanctuaire de la justice qu'elle possède en son cœur (1002).

11. *Les Nuées* (264 et suiv.) : « Ô maître souverain, Air infini, qui soutiens la terre suspendue dans l'espace, brillant Ether, et vous Nuées. » Voir de même la Langue à 424. On retrouve l'Ether, avec une citation d'Euripide, dans *Les Thesmophories* (272).

12. On rapproche parfois la formule des *Nuées* (248) disant que Zeus est « une monnaie qui n'a pas cours ici » : le mot grec est le même pour dire monnaie et usage; il s'apparente au mot *nomos*, la loi.

13. Cf. ci-dessous, p. 227, à propos d'un texte d'*Hécube*.
14. Qu'on les attaque ou les défende, on parle souvent, désormais, des lois « en vigueur » (*kathestôtes*) : le mot même suggère la relativité.
15. Cf. ci-dessous, p. 204.

VI

LA RECONSTRUCTION
A PARTIR DE LA TABLE RASE

Si l'on ne possède que de brefs fragments de Protagoras, et si leur interprétation pose souvent des problèmes, en revanche il se trouve que Platon lui a fait prononcer un long discours, dans le dialogue qui porte son nom, et que tous les détails suggèrent une imitation très fidèle du sophiste, imitation qui se traduit jusque dans le style et les procédés de raisonnement. Même si ces traits n'étaient pas visibles, d'ailleurs, il serait absurde d'imaginer que Platon prend toute cette peine pour mettre dans la bouche d'un personnage aussi connu des idées qui n'auraient pas été les siennes.

Or ce texte, avec le mythe qui en constitue l'essentiel, exprime une théorie très ferme pour la défense de la justice : il montre en effet que certaines valeurs morales permettent seules le salut de l'homme, en lui rendant possible la vie en société. Avec cette idée, toute la réflexion sophistique change de sens : ce qui ne se justifiait plus par la référence aux dieux ou à l'absolu retrouve soudain tout son prix en fonction, cette fois, de la vie humaine et de l'intérêt même des hommes.

Il faut pourtant l'avouer : dans le mythe, ces valeurs ont l'air d'être encore liées aux dieux et à leurs dons, puisque ce sont ces dons qui permettent aux hommes de vivre en association. Ce fait – sur lequel on reviendra [1] – confirme qu'aux yeux des contemporains Protagoras ne parlait pas et ne se comportait pas en athée. Mais il ne faut pas en surestimer le sens. Il ne s'agit en effet que d'un mythe, c'est-à-dire d'une forme d'expression figurée, se rattachant à un cadre traditionnel, sur lequel chacun brode librement pour faire apparaître certaines idées. Il avait en fait le choix entre l'emploi du mythe et celui du discours raisonné, ou *logos* : il choisit le premier, qui présente, dit-il, plus d'agrément (319 c); mais il est clair que cet agrément repose sur un peu d'invention. Ce qui compte n'est donc point cet habillement poétique, avec Zeus, Prométhée et Epiméthée, mais ce qui arrive aux hommes, et pourquoi.

Cela est d'autant plus vrai que le mythe des origines de l'humanité et de ses progrès était alors un thème à la mode, que l'on rencontre chez quantité d'auteurs. Le *Prométhée enchaîné* d'Eschyle raconte comment les hommes vivaient à l'origine « dans le désordre et la confusion », ne possédant ni techniques ni connaissances, jusqu'à ce que Prométhée leur fît don de tous les arts qui font la civilisation. L'*Antigone* de Sophocle évoque la même série d'inventions, en les attribuant à l'homme, mais en concluant qu'elles ne sont rien si elles ne sont pas employées pour le bien. Euripide, dans *Les Suppliantes*, y revient à son tour, évoquant la vie « confuse et bestiale » des débuts (201), puis décrivant les inventions successives, et louant, « celui d'entre les dieux » à qui l'homme les doit. On retrouve enfin des tableaux du même genre dans le traité *De l'ancienne médecine* (3), dans le fameux texte du *Sisyphe* qui a été cité plus haut pour l'invention des dieux, et dans un texte de Diodore de Sicile (I, 8), qui, d'après les hypothèses de bons savants – aujourd'hui quelque peu contestées –, remonterait à Démocrite[2]. On trouve enfin le thème chez Archélaos – le disciple d'Anaxagore et le maître de Socrate, qui analysait la façon dont, à l'origine, les hommes se distinguèrent des animaux. On dirait que toute cette époque ne cesse de s'émerveiller de ce qu'elle voit fleurir à la gloire de l'homme, au départ pourtant si démuni.

Ce genre d'évocation devait du reste se perpétuer

longtemps : on sait l'ampleur qu'elle prend, cinq siècles plus tard, au livre V du poème de Lucrèce.

Il s'agit donc là d'un cadre bien connu, dans lequel l'analyse pouvait aisément prendre la forme d'un récit plus ou moins fictif. Mais il s'agit aussi – le nombre des textes en est la preuve – d'une réflexion essentielle sur les débuts et l'évolution de l'humanité. Celle-ci devait au surplus être particulièrement importante aux yeux de Protagoras, si l'on peut interpréter en ce sens le titre d'un traité de lui que nous ne possédons plus, mais qui s'appelait : *Sur la condition première*.

Dans ces récits fictifs, il est, bien entendu, capital de relever la nature des inventions sur lesquelles chaque auteur insiste. Or, s'il y a entre chacun de petites différences, l'originalité de Protagoras, comparé aux autres, saute aux yeux : il est, dans toute la série, le seul qui ne fasse pas dépendre l'évolution de l'humanité des arts et des techniques, mais introduise dans son histoire des hommes deux temps successifs : d'abord viennent les arts et techniques, donnés par Prométhée, puis les vertus politiques, données par Zeus.

Cette double intervention est rendue nécessaire par le fait que les arts et techniques ne suffisent pas à corriger la confusion et la bestialité des origines : au contraire, ils laissent l'homme sous la menace d'un anéantissement complet, dû tout ensemble aux luttes contre les bêtes et aux luttes contre les autres hommes. Protagoras, toujours dans Platon, le dit avec éloquence : les hommes n'ont pas de villes; ils sont donc détruits par les animaux; « et leur industrie, suffisante pour les nourrir, demeurait impuissante pour la guerre contre les animaux; car ils ne possédaient pas encore l'art politique, dont l'art de la guerre est une partie. Ils cherchaient donc à se rassembler et à fonder des villes pour se défendre. Mais, une fois rassemblés, ils se lésaient réciproquement (le verbe est, en grec, *adikein*), faute de posséder l'art politique; de telle sorte qu'ils recommençaient à se disperser et à périr » (322 b).

S'unir et former des villes : oui, c'était bien là l'originalité des hommes et l'obligation où les mettait leur faiblesse. Mais, pour d'autres auteurs, le principe de ce groupement ne semblait pas poser de problèmes; Sophocle avait parlé des « aspirations d'où naissent les cités » (354); Isocrate devait évoquer les hommes se mettant, grâce à la persuasion, à s'unir; grâce à elle, écrit-il, « nous nous sommes réunis pour construire des villes, nous avons fixé des lois » (*Nicoclès*, 6 = *Echange*, 254); même Platon, dans *La République*, devait montrer les hommes se groupant en cités afin de satisfaire à leurs besoins, ce qu'ils ne pouvaient pas faire individuellement. Mais il y avait une condition première pour rendre possibles et durables de tels groupements; et seul Protagoras l'a dégagée. Seul il a distingué deux temps dans l'évolution, séparant les arts et techniques des vertus politiques, pour assurer ainsi à ces dernières un rôle privilégié et décisif.

L'originalité de Protagoras par rapport aux autres textes retraçant la naissance des sociétés est tout entière dans ce rôle donné aux vertus politiques.

On peut dire, bien entendu, que notre sophiste justifie par là son propre rôle dans la cité athénienne : tel est en effet le but avoué de son exposé. Mais cet accord entre son rôle pratique et sa doctrine ne saurait infirmer la portée de cette dernière, loin de là! Car l'analyse est neuve, cohérente et précise.

Protagoras indique clairement le rôle des vertus politiques : « Zeus alors, inquiet pour notre espèce menacée de disparaître, envoie Hermès porter aux hommes la pudeur et la justice (*aidôs*[3] et *dikè*), afin qu'il y eût dans les villes de l'harmonie et des liens créateurs d'amitié. »

Qui plus est, Zeus fait en sorte que ces sentiments soient donnés à tous : « Car les villes ne pourraient subsister, si quelques-uns seulement en étaient pourvus » (322 d); les hommes qui seraient incapables d'y participer devront donc être mis à mort : ce corollaire renforce le caractère de salut public qui s'attache à ces vertus.

La voilà donc, cette justice, que ne sanctionnent plus les dieux, arrimée de façon inébranlable dans la vie humaine, dont elle seule assure le maintien! La voilà garante de la vie en société, seule forme de vie possible pour les hommes! La voilà donc, indirectement, denrée de première nécessité pour l'individu, qui n'a que trop tendance à l'oublier!

Du coup l'on comprend que, pour Protagoras, ces lois, qui assuraient la cohésion de l'Etat, aient pu être si importantes, et que cet agnostique ait pu être désigné comme le législateur qui devait donner ses lois à la ville nouvelle de Thourioi, colonie panhellénique que Périclès fondait comme une ville modèle.

La justice, en effet, permettait la réussite du groupe, et par conséquent celle de chacun. Car – ne l'oublions jamais – les gens d'alors étaient convaincus que le bonheur de l'individu était fonction de celui de l'Etat : Thucydide met cette pensée dans la bouche de son Périclès, et Sophocle dans celle de son Créon. Mais, chez Protagoras, ce n'était pas là une simple affirmation de principe, lancée sans démonstration : son analyse même du développement de la vie humaine établissait clairement qu'en dehors de groupes organisés il n'y avait même pas de survie possible.

Chacun a besoin des autres. Chacun a besoin de former avec eux un groupe uni et cohérent[4]. Et de telles associations impliquent le respect d'autrui ainsi que la reconnaissance de droits réciproques. Notre intérêt passe par le sens de la justice.

On pourrait dire que ce principe implique une sorte de contrat par lequel chacun se lierait aux autres pour obtenir les avantages attachés à un tel pacte : bien que Protagoras ne formule pas l'idée sous cette forme, on reconnaît là le germe de ce qui devait, beaucoup plus tard, être appelé le « contrat social ».

Il ne s'agit encore que d'un germe; mais il semble bien

qu'au Vᵉ siècle cette idée ait commencé à poindre de toutes parts.

On a discuté pour savoir dans quelle mesure ce terme de « contrat social » pouvait s'appliquer aux doctrines qui se rencontrent alors. Des savants ont trouvé que (dans certains textes du moins) l'idée ne se présentait pas assez comme constituant une étape historique réelle. D'autres ont jugé que (dans certains textes du moins) l'obligation morale d'obéir à la loi n'était pas assez dégagée. Ce sont là d'assez minces querelles; et il ne s'agit pas de retrouver au Vᵉ siècle les formes rigoureuses des doctrines ultérieures. Mais, à certaines nuances près, l'idée existait; et c'est là l'important. On la voit s'affirmer avec force chez beaucoup, entre autres chez des sophistes : sous des formes diverses, elle fuse de tous les côtés.

Seulement elle apparaît dans des argumentations qui sont, en fait, très diverses; et son ambivalence doit être relevée si l'on veut éviter les malentendus et comprendre la pensée de Protagoras dans toute sa force.

Certains textes sophistiques, en effet, utilisent l'idée de contrat, ou d'accord, pour montrer que la loi n'a aucun fondement absolu. Et c'est bien là une des formes que l'idée peut prendre. On peut dire que la loi est essentielle, car elle est le fruit d'un accord auquel nous devons de survivre et qui reste valable : c'est ce que soutient Protagoras. Ou bien l'on peut dire que la loi est négligeable parce qu'elle n'est qu'une simple convention[5]. Et telle est l'argumentation de ceux qui voulaient mettre en lumière le caractère artificiel et arbitraire des textes de lois. Comment le mieux montrer qu'en insistant sur l'intervention humaine qui en avait délibérément posé les bases? Les auteurs parlaient alors d'accords et de conventions.

C'est le cas pour Hippias, qui, dans *Les Mémorables* de Xénophon (IV, 4, 13), définit la justice comme étant « ce que les citoyens ont décrété en convenant ensemble (*sunthemenoi*) de ce qu'il faut faire ou ne pas faire ».

C'est le cas aussi pour Antiphon, quand il oppose la loi à la nature et qu'il déclare : « Ce qui est de la loi est établi par convention (*homologethenta*) et ne se produit pas de soi-même : ce qui est de la nature ne résulte pas d'une convention, mais se produit de soi-même ». Et la suite du texte reprend le mot, faisant intervenir « ceux qui ont conclu la convention », comme s'il y avait là un acte déterminé, situé à un moment du temps et répété pour chaque génération.

C'est enfin le cas d'un sophiste un peu plus tardif, qui semble avoir été un disciple de Gorgias et se nommait Lycophron. Nous ne savons rien de lui que ce qu'en rapporte brièvement Aristote; mais le témoignage est formel, puisque Lycophron, selon Aristote, appelait la loi un accord, un traité (*sunthèkè*) et disait qu'elle se justifiait comme « garant des droits réciproques » (fragment 3). Il ajoutait, au reste, qu'elle ne pouvait rendre les hommes bons et justes, distinguant ainsi de manière radicale entre le contrat social et l'éthique.

Ces auteurs, ou plutôt ces textes (on verra plus loin les raisons de cette rectification), ne vont pas dans le même sens que Protagoras. Du moins prouvent-ils bien que, sous la forme de « convention », d'« accord », ou de « contrat », l'idée était bien connue de nos sophistes et constituait un des thèmes en vogue à l'époque.

En était-il ainsi de la justification de la justice qu'entendait y trouver Protagoras ? Ou bien restait-elle isolée ? Cela est plus important encore à savoir.

Cette justification n'était certes pas isolée. Et il est temps de découvrir enfin cette autre face de la pensée du temps : on voit alors que la justification offerte par Protagoras rencontre un écho remarquable et que, par des arguments nouveaux fondés sur l'intérêt, une défense de la justice s'annonce un peu partout – chez les sophistes eux-mêmes et chez les moralistes étrangers au mouvement, ou bien tentant de répondre aux critiques que l'on a vues.

Chez tous, en effet, on trouve la marque d'un effort obstiné pour défendre la loi comme une invention humaine salutaire entre toutes. Certains insistent sur l'existence du contrat, et d'autres non; certains parlent d'utilité, et d'autres d'engagement; mais tous ceux qui entendaient défendre la justice et répondre ainsi aux tendances critiques du temps, ont trouvé dans ces nouvelles perspectives un argument merveilleux : la loi, qui n'avait plus les dieux pour garants, en trouvait de nouveaux dans l'intérêt bien entendu des hommes. La justice, ainsi, se reconstruisait.

C'est la thèse que l'on trouve dans un texte probablement dû à un sophiste et cité sous le nom d'Anonyme de Jamblique, parce qu'il nous est parvenu sous la forme d'une longue citation dans le *Protreptique* de Jamblique. Qui était-il, cet anonyme? Tout le monde s'accorde à penser qu'il écrivait pendant la guerre du Péloponnèse et la plupart admetttent qu'il était un sophiste – encore que l'on ait aussi pensé à Démocrite. Mais quel sophiste? Les noms suggérés sont multiples, avec une petite préférence donnée à Hippias ou à Protagoras[6]. Ne retenons que ces hésitations : elles témoignent de la vogue qui était alors celle de ces idées et de la facilité avec laquelle elles étaient reprises et nuancées par les uns et les autres en une sorte de subtil dialogue.

Or le texte, qui est tout pénétré des débats sur la loi et la nature, ou des allusions faites par certains à la lâcheté que constitue l'obéissance aux lois, entreprend, en fait, une défense résolue de la loi; et il la fonde sur la nécessité où est l'homme de vivre en société. « En effet, s'il est vrai que les hommes sont nés incapables de vivre isolés et se sont réunis sous la pression de la nécessité, si toute leur vie a été inventée par eux, ainsi que les techniques qui l'assurent, et s'ils ne peuvent coexister et partager leur existence dans l'absence de lois (car ce serait alors pire que dans la vie isolée), toutes ces raisons imposent nécessairement que la loi et le juste règnent parmi les hommes et ne puissent être abolis : il s'agit là d'un lien puissant, qui tient à la nature[7]. »

Sans la mythologie du *Protagoras*, on reconnaît les deux temps qu'avait distingués Protagoras chez Platon, puisque, entre l'isolement et la civilisation surgit, au moins en pensée, le désastre qui atteindrait une association qui ne serait point régie par la loi; avec plus d'audace encore que le texte du *Protagoras*, l'auteur fait même se rejoindre la loi et la nature, puisque le lien social, qui nécessite la loi, se fonde lui-même sur la nature. D'autre part, comme chez Protagoras, cette justification ne vise pas seulement la loi et le légal, mais aussi le juste; l'auteur répète à plusieurs reprises les deux mots ensemble : c'est d'un esprit d'union et d'équité qu'a besoin le groupe humain.

Uni, ce groupe est souverain; et voilà notre auteur qui répond au rêve du surhomme, tel que l'évoque Calliclès dans le *Gorgias* : cet homme ne saurait s'imposer contre la force de la justice. « Supposons un homme qui serait par nature, et à l'origine, physiquement invulnérable, inaccessible aux maladies et à la souffrance, exceptionnel et d'acier, dans son corps et dans son âme, peut-être aurait-on pu penser que sa supériorité serait suffisante à servir son ambition (cet homme-là pourrait en effet, sans se soumettre aux lois, rester d'hors d'atteinte); mais c'est là mal juger. Car, si un tel homme existait, ce qui ne se peut pas, il ne pourrait trouver de salut qu'en se faisant l'allié des lois et du juste et en utilisant sa force pour eux et pour ce qui les corrobore : autrement, il ne résisterait pas; l'ensemble des hommes, en effet, se feraient, semble-t-il, ses ennemis et, grâce à leur usage des lois et à leur nombre, ils l'emporteraient sur lui et le domineraient par ruse ou par force. Tant il est manifeste que la supériorité, en tant que telle, n'est assurée que par la loi et la justice. »

Le texte, ici, est remarquable dans la mesure où il répond à l'individualisme de l'homme fort; mais il l'est aussi dans la mesure où, précisément pour cette raison, il insiste plus que le mythe de Protagoras sur l'intérêt de chacun, et non plus seulement sur celui des hommes en général : le lien collectif est une nécessité naturelle; et il ne laisse aucune voie ouverte aux rebelles, quels que soient leurs moyens. Le Zeus du *Protagoras* disait qu'il fallait tuer ceux qui n'avaient pas le sens de la justice : l'Anonyme de Jamblique dit qu'automatiquement ceux-là sont voués à disparaître.

Il continue d'ailleurs en évoquant de façon directe, les avantages de la justice dans la vie quotidienne : ici, il ne s'agit plus de l'origine des lois, mais de leur respect et de leur maintien dans le présent; or tous les biens sont présentés comme résultant de ce respect et de ce maintien : la confiance réciproque, le bon usage du sort et du temps, l'absence de soucis, le sommeil tranquille, la rareté des guerres, et bien d'autres avantages; le mépris des lois, au contraire, entraîne les maux inverses et en plus la tyrannie, qui naît lorsque la loi n'est plus respectée et n'assure plus la sauvegarde de la masse : tant qu'elle l'est, nul ne saurait s'établir tyran.

Cette défense, qui ne met pas en avant la notion de contrat, mais se contente (comme Protagoras) de suggérer la nécessité d'un accord, est claire et résolue. Elle marque même un progrès par rapport à Protagoras, du fait qu'elle considère les cités réelles et qu'elle présente le rôle des lois et de la justice comme y étant tout aussi indispensable qu'à l'origine : il est impératif pour la survie de chaque jour et pour la joie de vivre de chacun.

Si l'on a pu suggérer pour l'Anonyme le nom de Démocrite, c'est en partie parce que Démocrite semble avoir soutenu des idées comparables. Et voilà le compatriote de Protagoras sur la liste de nos défenseurs, à côté de l'Anonyme.

On a cependant quelque hésitation; car il existe un témoignage (A 166) selon lequel Démocrite aurait blâmé l'invention que constitue la loi, en disant que le sage devait s'en affranchir. Mais ce témoignage n'est qu'un résumé, sans doute aussi suspect que les résumés actuels qui diraient qu'un auteur est « contre la loi », parce qu'il l'oppose à la nature. De plus, Démocrite peut très bien avoir attendu de la liberté du sage qu'il se réglât sur un modèle intérieur plus exigeant que la loi. Nous l'ignorons[8]. En revanche, une chose est sûre : c'est qu'ailleurs il loue, lui aussi, l'utilité du pacte que constitue la loi. Ainsi : « Les lois n'empêcheraient pas chacun de vivre selon son gré à lui, si l'un ne lésait pas l'autre; en fait, l'envie forme le point de départ de la guerre civile » (fragment 245); on reconnaît là le reflet d'une définition du droit qui figure dans Antiphon (« ne léser personne si l'on n'est pas soi-même lésé »); en même temps, on reconnaît cette réprobation de la guerre civile, présentée comme un mal désastreux : le *Protagoras* la dénonçait de même. Dans un autre fragment, Démocrite dit aussi que la loi veut le bien des hommes, mais ne peut l'assurer que s'ils soutiennent son action; car, dit-il, « elle révèle sa vertu propre à ceux qui lui obéissent » (248) : cette fois, on reconnaît l'évocation de l'Anonyme sur les bienfaits attachés au respect des lois. Ailleurs encore, d'autres fragments disent à quel point le sort de l'individu dépend de celui de l'Etat (252) et combien les dissensions sont néfastes pour tous, ou la concorde nécessaire aux réalisations communes (249, 250)... On peut donc admettre que Démocrite, pénétré des discussions sophistiques du temps, prenait la défense de la loi sur la base d'une convention humaine éminemment bénéfique. Les deux penseurs d'Abdère n'étaient probablement pas, sur ce point, fort éloignés l'un de l'autre.

Mais la même pensée s'étendait plus loin et se rencontrait dans des cercles assez différents. Dans *La République* de Platon, Glaucon résume la doctrine (qui n'est pas la sienne) en vertu de laquelle, « selon la nature », subir l'injustice est un mal; et il montre comment ceux qui veulent éviter de la subir « jugent qu'il est utile de s'entendre les uns avec les autres (*sunthesthai*) pour ne plus ni commettre ni subir l'injustice. De là prirent naissance les lois et les conventions des hommes entre eux (*sunthèkas*); et les prescriptions de la loi furent appelées légalité et justice [...] Celle-ci tient le milieu entre le plus grand bien, c'est-à-dire l'impunité dans l'injustice, et le plus grand mal, c'est-à-dire l'impuissance à se venger de l'injustice » (359 a). Le texte est inspiré par les théories des sophistes, et il réclame de Socrate une réfutation. Mais, s'il est méprisant envers cette loi de pure protection, il en reconnaît cependant l'utilité et presque la nécessité.

Mais Socrate lui-même? Faut-il penser que, soucieux d'une justice en soi, qui serait un bien en tant que telle, il n'a rien retenu de ces perspectives? Faut-il penser que ce contrat lui paraissait méprisable? Il s'en faut! Il changeait seulement la signification morale de ce contrat. Car, en fin de compte, dans le *Criton*, s'il refuse de quitter Athènes par fidélité à ses lois, il s'en explique en évoquant le contrat qui le lie à elles et qu'il doit respecter. Il le dit expressément : « Lorsqu'on est convenu avec quelqu'un (*homologèsêi*) d'une chose juste, faut-il la faire ou lui manquer de parole? » (49 e). Et, plus nettement encore, les lois prennent la parole pour le proclamer. Ne pas obéir aux lois revient à les détruire : « Est-ce là ce qui était convenu entre nous et toi? » Et de rappeler comment elles ont présidé à toute la vie de Socrate, avec son consentement tacite. Car, si quelqu'un reste dans la cité, « alors nous prétendons que celui-là a pris en fait l'engagement d'obéir à nos commandements » (51 e). L'insistance est grande; les mots se répètent, s'accumulent; on trouve, dans la seule page qui suit, quatre formes du verbe « convenir » (*homologein*), trois fois le mot « convention » (*homologia*), et même une formule renforcée : « les accords et les engagements » (52 d).

C'est merveille que de voir comment chacun utilise le thème à sa guise et dose à sa manière la part de l'intérêt et celle de la morale, l'aspect politique ou bien matériel, et les diverses valeurs de l'idée de convention. Mais c'est merveille aussi que de voir à quel point l'idée même s'était désormais répandue chez tous, et à quel point la table rase des sophistes contraignait chaque auteur, sophiste ou non, à reconstruire sur l'idée de contrat une défense de la justice, que l'esprit nouveau avait soudain rendue nécessaire.

L'ampleur du mouvement de pensée explique que, dorénavant, cette idée de contrat semble presque une évidence et reparaisse, au IVe siècle, chez les penseurs les plus divers. On trouve alors comme une gerbe de textes concordants. Si le premier discours *Contre Aristogiton*, faussement attribué à Démosthène, est bien du IVe siècle (certains en doutent), c'est le texte le plus développé que l'on possède. Le discours défend longuement la loi, en expliquant que tout, dans la nature, est irrégulier et individuel, tandis que la loi, semblable pour tous, veut le juste, le beau, l'utile (15). Dans des formules de ce genre, l'opposition entre la loi et la nature subsiste donc bien; et la loi reste bien une « convention » (*sunthèkè*, aux paragraphes 16 et 70); mais cette convention est bonne, saine, et infiniment supérieure à l'anarchie qui règne selon la nature. Et pourquoi pas? Isocrate, lui aussi, célèbre bien, comme un titre de fierté pour les hommes, le fait qu'ils se soient réunis, en se persuadant les uns les autres, et se soient alors fixé des lois; c'est même une idée à laquelle il était attaché, puisque le texte est répété dans deux discours (*Nicoclès*, 6 = *Sur l'échange*, 254). Encore une fois, il s'agit de convention, mais d'une convention belle et profitable. Quant à Aristote, il ne corrige qu'un point : il garde l'idée d'une association utilitaire, mais en précisant que la vertu doit en être le but. L'idée a fait son chemin et le poursuivra encore longtemps. On la retrouve, beaucoup plus tard, dans le poème de Lucrèce, quand il écrit : « Alors aussi les hommes commencèrent à former amitié entre voisins, pour éviter de se léser et de se maltraiter entre eux. [...] La meilleure partie des hommes observait pieusement le pacte conclu (*fœdera*) : autrement, le genre humain tout entier, exterminé dès cette époque, n'aurait pu se propager jusqu'à nos jours » (V, 1016-1024). La ressemblance avec les débuts est même frappante : par-delà les élans civiques ou moralisants, le poète épicurien rejoint très exactement la tradition de Protagoras et de l'Anonyme de Jamblique – en prenant sans doute dans sa foulée l'atomiste Démocrite.

Cela fait bien des textes où se retrouvent des traits communs et des idées apparentées. Si on les regarde de près, on constate qu'il y a autant d'orientations que d'auteurs; et les érudits s'attachent avec passion à déceler les filiations, les ressemblances ou les différences. Mais l'unité de tendance reste l'impression dominante; et les parentés révèlent bien, dans cet énorme foisonnement, la présence, chez tous, d'un effort obstiné pour trouver dans l'union sociale une justification du droit.

On pourrait encore y joindre l'appoint de tous les textes qui, de façon plus générale, s'appuient sur l'idée que l'union fait la force et que, par conséquent, l'individu trouve son intérêt dans l'existence de règles collectives assurant la cohésion du groupe. Cette idée est apparue au passage dans l'Anonyme de Jamblique. Mais Thucydide, lui aussi, la place dans la bouche de ceux qui mettent en garde le conquérant impérialiste (les faibles, en se groupant, auront raison de lui). Et Isocrate le suivra en expliquant par là la nécessité de respecter l'opinion des peuples, si l'on veut préserver sa puissance et sa force. L'opinion, en effet, sert d'intermédiaire entre la justice (qui attire les sympathies) et la force (qui résulte de ces sympathies, quand elles se traduisent dans les faits). La même idée d'union est encore utilisée par le Socrate du *Gorgias*, quand il montre, contre Calliclès, que la majorité est, en tant que telle, plus forte que l'homme fort. Et elle est précisée dans *La République*, quand le même Socrate explique que l'injustice empêche les hommes d'agir de concert et efficacement : « Crois-tu qu'un Etat, une armée, une troupe de brigands, de voleurs, ou tout autre bande de malfaiteurs, associés pour quelque mauvais coup, pourraient tant soit peu réussir, s'ils violaient, à l'égard les uns des autres, les règles de la justice ? » (351 c). Enfin, la même idée est reprise avec force par Démosthène, qui explique, dans la *Midienne*, que, si les citoyens se sont réunis, c'est afin d'être, unis, plus forts que les gens comme Midias... Tous ces textes, une fois de plus, varient d'un auteur à l'autre; mais ils concordent du moins en ce que tous sont des variations sur une seule et même argumentation, consistant à défendre, au nom de l'intérêt, une justice désormais privée d'étais et de garants. Et les deux séries d'arguments qui ont été distingués visent à la même démonstration, désormais devenue nécessaire.

Ainsi se trouve préservée la légalité contre les tentations de l'anarchie et de la tyrannie[9]. Ainsi se trouve préservé l'ordre de la cité.

Eschyle, dans *Les Euménides*, avait fait reposer cet ordre sur Athèna, qui, en transformant les anciennes Erinyes en divinités protectrices, les Euménides, avait instauré dans la ville une crainte salutaire. Le rôle d'Athèna est passé désormais à la raison humaine; et, de toutes part, chacun s'ingénie maintenant à démontrer que les lois constituent le salut des citoyens.

Ce grand effort de démonstration constitue une belle confirmation de l'importance qu'avaient prise les critiques des sophistes et l'esprit nouveau dont ils s'étaient faits les promoteurs. Mais cela même pose un problème, et un problème de taille.

Ces argumentations, en effet, ont été ici cueillies pêle-mêle chez des adversaires des sophistes – comme Socrate – et chez certains d'entre eux – puisque aussi bien pour tout est parti de Protagoras. Alors, qui donc attaque la justice ? Qui la défend ? Ces fameuses attaques des sophistes n'étaient-elles pas unanimes ? Ou bien ne représentaient-elles pas leur dernier mot ?

Les réponses à ces questions sont de toute évidence essentielles si l'on souhaite comprendre ce que fut ce mouvement de pensée. C'est là que tout se joue.

Une première explication, parfaitement valable et vraisemblable, consiste à admettre qu'il y a eu deux sortes de sophistes : on pourrait dire, pour simplifier, les bons et les mauvais – ceux qui reconstruisaient une justice nouvelle à la mesure de l'homme, et ceux qui, uniquement critiques, se plaisaient à mettre en lumière ses faiblesses.

En tête des « bons » sophistes viendrait Protagoras, le plus ancien, le plus modéré, le plus proche de Socrate. Et puis l'évolution amènerait, très vite, des attitudes de plus en plus critiques. Sans doute ne faut-il pas durcir les lignes; car on rencontre, à des dates d'ailleurs incertaines, mais certainement postérieures à Protagoras, des attitudes tout aussi morales que la sienne : c'est le cas pour Prodicos, dont nous ne connaissons, en matière morale, que l'apologue d'Héraclès pris entre le Vice et la Vertu, et choisissant la vie d'héroïsme qui le mènera au vrai bonheur; et c'est le cas, on vient de le voir, pour l'Anonyme. Mais enfin on pourrait admettre l'existence de deux orientations différentes et, en gros, successives.

De toute façon, peut-être y avait-il simplement des écoles diverses; et il n'y a aucune raison au monde d'imaginer que ces maîtres itinérants, originaires de cités diverses et ayant subi des formations diverses, ont tous soutenu les mêmes doctrines, que ce soit en politique ou, comme ici, dans le domaine de la réflexion morale. Ils avaient des activités semblables et des attitudes éclairées, correspondant à l'esprit du temps : ils ne soutenaient pas pour autant les mêmes thèses. On peut même imaginer très bien, en revanche, qu'ils s'affrontaient résolument, comme philosophes et professeurs l'ont toujours fait et ont le devoir de le faire!

Dans ce cas, les rapports pourraient être très proches entre Protagoras, l'Anonyme, Démocrite et Socrate, et beaucoup moins proches entre Protagoras et, par exemple, Antiphon.

Nous l'admettrons et tenterons de le garder en mémoire. Pourtant, si l'on regarde au-delà des arguments rangés en bataille, et au-delà de ces fragments sans contexte que le hasard des polémiques nous a conservés, on découvre bientôt que les choses sont moins confuses qu'il n'y paraît et que les parentés entre les divers sophistes pourraient bien avoir été beaucoup plus profondes que ces fragments ne le suggèrent.

Il se trouve en effet – et ce ne saurait en aucun cas être un hasard – que tous les sophistes que nous connaissons nous sont présentés comme ayant eu, en dehors des analyses critiques qui ont été évoquées, une pensée souvent constructive, dans laquelle le sens collectif jouait un rôle très important. Ils ont sapé les fondements traditionnels de la morale; mais ils ont eu une morale, lucide et exigeante. Pas un seul ne fait exception.

Il faut donc bien qu'il y ait eu, chez tous, une orientation de pensée comparable à celle de Protagoras, et leur permettant de restituer d'une main ce qu'ils avaient confisqué de l'autre. De même que ce contrat qui joue pour déprécier la loi peut aussi servir à la défendre, de même le propre de la réflexion sophistique pourrait bien être d'avoir tout détruit pour tout reconstruire sur d'autres bases.

On peut s'en assurer en considérant ceux-là mêmes qui, *a priori*, sembleraient le plus suspects et le moins susceptibles de se rallier à la justice.

Si l'on met à part les trois sophistes dont la conviction morale n'a jamais été mise en doute et sur lesquels on reviendra – Protagoras, Prodicos et l'Anonyme –, et si l'on met à part aussi l'obscur Lycophron, dont on ne peut rien dire, il reste trois sophistes, qui furent les plus engagés contre la loi : ce sont Thrasymaque, Hippias et Antiphon. Or leur pensée présentait sans l'ombre d'un doute une face positive, non moins importante que l'autre. Les témoignages et les fragments sont là pour le prouver.

Thrasymaque attaque vigoureusement la loi dans *La République* de Platon; et cette intervention même prouve que ses idées en la matière étaient bien connues. C'est lui qui, dans Platon, définit la loi comme l'intérêt des plus forts, et qui juge que la justice est une sottise, comparée à l'injustice. Le voilà donc perdu du point de vue moral. On va le tenir pour un propagandiste de l'individualisme sans scrupule!

On aurait tort de le faire! Thrasymaque, on l'a vu[10], n'est pas Calliclès. Et, dès que l'on sort de *La République* de Platon, on est décontenancé! On trouve dans ses fragments, à côté de témoignages sur son enseignement rhétorique, deux textes sur lesquels on aurait tort de glisser. C'est d'abord la phrase qui se plaint que les dieux ne voient pas les affaires humaines : « autrement, ils ne négligeraient pas le plus grand des biens humains, la justice; car nous voyons que les hommes ne l'appliquent pas. » Oui : « le plus grand des biens humains »! Alors, que croire? Comment relier cette justice, qui était une sotte naïveté dans *La République*, et celle-ci, qui devient à ce point bénéfique? On fait appel au ton, à l'amertume : il n'empêche qu'il y a là deux aspects différents, qu'il vaudrait mieux concilier qu'estomper. Et la seule façon de les concilier est d'admettre, entre ces deux appréciations portées par le même homme, le pont et le passage que constitue l'intérêt collectif. Pour chaque homme, individuellement, la justice est une mauvaise affaire; mais elle peut être pour les hommes, collectivement, la voie du salut et le plus grand bien. C'est là ce que disaient Protagoras et l'Anonyme, ainsi que beaucoup d'autres en ce temps-là. Peut-être Thrasymaque développait-il l'idée quelque part. Peut-être la tenait-il pour une des évidences récemment mises en lumière par d'autres. Mais, sous une forme ou sous une autre, il suffit de rétablir ce sens de l'intérêt commun pour qu'aussitôt tout ce qui semblait contradiction se rejoigne en un système cohérent.

Or nous savons par un autre fragment que Thrasymaque se souciait de cet intérêt commun et qu'il y attachait un grand prix. Ce fragment est en effet le seul que nous ayons de lui et qui compte plus d'une page; c'est un extrait de discours, cité pour son style, où l'auteur défend la constitution des ancêtres. Les idées qu'il exprime comptent pour nous beaucoup plus que le style qui leur a valu d'être préservées. Car Thrasymaque loue le bon ordre (les jeunes respectant les vieux) et il déplore les fautes commises : celles-ci ont introduit la guerre au lieu de la paix, et les troubles au lieu de la bonne entente; ne dirait-on pas là ces maux que l'Anonyme décrit comme résultant de l'absence de loi ou du mépris des lois? L'entente, qui permet de les éviter, est appelée *homonoia*; c'est là le terme qui restera consacré; or, si, comme on a toutes raisons de le croire, le texte date des troubles civils de 411, cette appellation pourrait être une des toutes premières attestations authentiques du mot[11]. Enfin, le texte de Thrasymaque cherche à établir que l'argument des uns contient finalement celui des autres[12] et que la constitution des ancêtres est la plus « commune » à tous les citoyens; il veut sans doute dire par là qu'étant modérée elle concilie les intérêts de tous. L'idée de communauté et d'unité sociale se trouve donc très fortement dégagée dans ce petit texte : l'entente au sein du groupe en commande toute l'argumentation.

Ce pouvait être, à coup sûr, un texte de circonstance. Mais enfin c'est le seul texte authentique que nous possédions de Thrasymaque; et aucun discours politique n'insiste à ce point sur le rôle de l'organisation collective pour le bonheur des hommes. Celui qui a décrit cela pouvait juger que, pour l'individu, le respect des lois était *a priori* une mauvaise affaire; mais, de toute évidence, il pensait aussi que c'était une bonne affaire pour la cité, dont dépend le sort de l'individu. La conciliation par le contrat social est non seulement suggérée, mais exigée par l'ensemble des témoignages autres que celui de Platon.

Au reste, si le Thrasymaque de *La République* semble

si ulcéré des avantages pratiques qui sont réservés à l'injustice, qui sait s'il n'y a pas là la même irritation qu'exprime le début du fragment sur le régime, et le même désir d'améliorer les choses grâce à la politique? Replacée dans cet éclairage, la pensée est d'une cohérence parfaite; et l'on mesure la place que devait y tenir, précisément, la gestion de la cité.

L'interprétation s'impose; et elle s'impose d'autant plus que, dans ce cas, une remarquable convergence s'établit avec les autres sophistes.

La même démonstration peut, en effet, être faite pour tous; et Hippias, sur ce point, ne diffère pas de Thrasymaque.

Hippias, on l'a vu, donne, au moins dans Xénophon, une définition très relativiste de la loi, tenue pour une convention. Dans le *Protagoras* de Platon, il a appelé la loi non pas « reine des hommes », selon les termes exacts de la citation, mais « tyran » des hommes – ce qui est infiniment plus critique. Cependant, était-il, pour autant, hostile à la loi? Il s'en faut!

D'abord, dans le texte même des *Mémorables*, Hippias admet l'existence des lois non écrites, qui sont les mêmes pour tous et qu'il rattachait, semble-t-il, à la nature. D'autre part, si son œuvre nous apparaît comme une œuvre savante, traduisant des curiosités historiques, ethnologiques ou scientifiques, on connaît aussi l'existence d'un traité de lui, intitulé *Dialogue troyen*, ou *Trôikos*, qui constituait un encouragement à la vertu : le vieux Nestor y exposait au jeune Néoptolème ce qu'un homme doit faire pour se montrer un homme de bien. Nous ne savons pas quels conseils pratiques formaient le corps de cet enseignement; mais, sans contestation possible, la pratique des vertus y aboutissait à la gloire, exactement comme dans l'ouvrage de Prodicos, où Héraclès, jeune homme, se rangeait du côté de la Vertu. Selon cet ouvrage, l'effort se prolonge dans l'estime d'autrui et dans l'honneur – autrement dit dans la reconnaissance par la collectivité. Si Hippias soutenait un idéal comparable, c'était encore la même façon de justifier les vertus par l'appartenance à un groupe. Cette suggestion est naturellement du domaine des hypothèses. Mais parler de gloire au fils d'Achille était bien aller dans ce sens. Et, de toute manière, quel que fût son contenu, il reste que le *Trôikos* était un enseignement moral, et que cette orientation était incompatible avec le scepticisme et l'esprit de révolte si aisément prêtés aux sophistes.

Il reste aussi qu'un fragment d'une œuvre qui n'est pas précisée, mais que cite Plutarque, se dressait (de façon assez frappante pour être citée des siècles plus tard) contre la calomnie. Ce fragment pourrait être considéré comme une critique à l'égard de la loi-convention, dans la mesure où Hippias regrette le silence de la loi contre les calomniateurs; mais ce qu'il voudrait serait une loi plus exigeante, une répression plus forte. Il voudrait un respect accru de ce que l'on doit aux autres; et sa sévérité se tourne contre les attitudes susceptibles de ruiner l'amitié, qui est le lien le plus haut (B 17) : l'amitié était de même dans le *Protagoras* le trésor qui résultait des dons moraux accordés par Zeus et qui permettait aux hommes de subsister (322 c). Hippias s'élevait aussi contre l'envie : c'est encore Plutarque qui le rapporte. Autrement dit, il s'élevait volontiers contre ce qui risquait de briser l'unité de la collectivité; inversement, il prônait les vertus qui pouvaient contribuer à la maintenir.

Si l'on ajoute à cela qu'Hippias tenait des discours à Olympie, s'adressant à tous les Grecs et leur prêchant probablement l'union, on mesure l'importance que semble avoir eue sa pensée en ce domaine.

Du coup, l'on comprend aussi mieux comment des savants ont pu attribuer à Hippias le texte de l'Anonyme de Jamblique : le respect des valeurs communes avait chez lui la même place que dans ce petit texte; et celles-ci se justifiaient chez Hippias, comme chez l'Anonyme, par leur effet heureux au sein du groupe constitué par la cité.

Tout converge donc. Tout indique que le même mouvement de reconstruction qui animait la pensée de Protagoras devait animer aussi celle d'Hippias : seul ce mouvement peut expliquer la présence des aspects positifs dont la trace surgit ici ou là de façon, au total, indéniable.

A vrai dire, cette conclusion n'est pas très surprenante à propos d'un homme qui (dans son intervention du *Protagoras*) utilisait dans un sens si optimiste et si amical l'opposition fameuse entre la loi et la nature; il serait *a priori* plus surprenant de la voir s'appliquer à Antiphon.

Et pourtant elle est parfaitement fondée pour Antiphon lui aussi. On pouvait un peu s'en douter, dès lors qu'a été mentionné ici, à côté du traité *Sur la vérité*, un autre ouvrage, intitulé, précisément, *Sur la concorde*. On a même signalé déjà[13] que, devant cette apparente contradiction, certains attribuaient vaillamment le *Sur la concorde* à un autre Antiphon! Mais voici que, dans la perspective qui s'est ouverte à nous, tout prend son sens et s'organise.

Et d'abord ce titre : la concorde, que l'on retrouve, comme chez Thrasymaque. Derrière ce titre s'annonce déjà une analyse que nous devinons.

La trouvons-nous? A vrai dire le traité est perdu; mais les fragments qui nous en restent confirment et dépassent notre attente.

Ce sont des réflexions de moraliste, assez pessimistes et assez austères, mais manifestement inspirées par le souci du bien; or on constate vite que ces courtes phrases ne réclament pas l'obéissance aux lois : elles réclament, en fait, beaucoup plus.

Même le mot de « concorde », qui fournit le titre, paraît prendre ici un sens élargi.

De toute évidence, il s'agit avant tout de l'union dans la cité : c'est le sens dans lequel le mot est apparu et devait se répandre; et certains fragments confirment bien que notre auteur était en effet attaché à tout ce qui peut assurer une communauté entre les hommes. Ainsi le fragment 61 déclare sans ambages : « Il n'est pas pour les hommes de pire mal que l'anarchie »; l'auteur explique ainsi l'obligation d'obéissance que l'on impose aux enfants, afin de les habituer à leur vie d'hommes faits. Le contraire de cette anarchie est évidemment l'entente entre citoyens, fondée sur le respect de l'ordre.

De même, Antiphon insiste sur l'amitié. Il parle du lien que constituent les nouvelles amitiés et du lien plus étroit encore que représentent les anciennes (64); il dénonce aussi ceux qui confondent les vraies amitiés avec les amabilités des flatteurs (65). Il a donc conscience de ce qu'est la participation à un groupe vivant. Il dit d'ailleurs que, nécessairement, entre ceux qui passent la plupart du temps ensemble, il se fait une assimilation (62)[14].

Cela suffirait pour établir que l'on trouve chez Antiphon la même partie positive que chez les autres sophistes, et centrée sur les mêmes notions. Il est donc presque certain aussi que, même chez lui, la coupure absolue entre la nature et la loi n'impliquait pas le moins du monde le choix de la nature. Le *Sur la vérité* disait fort justement que ce n'était pas l'intérêt de l'individu d'obéir à la justice; mais qui sait s'il en était de même pour l'intérêt de la collectivité ? Qui sait si une saine convention ne constituait pas, ici encore, la base d'une reconstruction ? Les fragments du *Sur la concorde* le suggèrent avec force.

Mais, par un trait remarquable, Antiphon ne semble pas s'être satisfait de cette première « concorde »; et beaucoup des fragments conservés visent une sagesse tout intérieure : c'est probablement cet aspect qui a retenu l'attention des citateurs, parmi les philosophes épris de sagesse; de fait, le même Jamblique, qui nous a préservé l'Anonyme, a commenté cette orientation, en disant que la « concorde » avait commencé par unir les villes, les maisons et les hommes, mais qu'elle englobait aussi l'entente de chaque individu avec lui-même, entente qui se fait quand l'âme obéit à la seule raison au lieu de se laisser entraîner en tous sens (B 44 a).

Admirable retournement! Les vertus avaient perdu leurs garants : elles rentrent en scène par le biais du politique; mais bientôt le politique, à son tour, fournit un modèle pour l'éthique; et, de la cité, on passe alors à l'âme. Ce parallélisme, qui n'est ici qu'esquissé, avait sans doute de quoi réjouir Platon, même si les vertus dont il s'agit ne sont pas tout à fait les siennes.

Antiphon, en effet, suit la logique même qui pousse les sophistes à tout centrer sur l'homme et sur ce qui est conforme à son véritable intérêt : il recommande une discipline capable d'assurer la paix intérieure; et l'absence de chagrin, ou *alupia*[15]. Pour cela, il faut éviter les craintes et les espérances, les passions et les engagements affectifs : c'est déjà l'idéal du sage épicurien. Pourtant une telle sagesse n'a rien de froid : elle se gagne à coups de tentations dominées (B 59).

Cet entraînement moral concerne bien le bonheur de l'individu; mais il est clair qu'il se situe aux antipodes de l'injustice et des actions violentes, qu'accompagne toujours la crainte de quelque vengeance ou châtiment. En recommandant cette forme de paix intérieure, Antiphon est donc, en définitive, le plus moralisant de nos sophistes et peut-être, dans le domaine de l'éthique, le plus proche de Socrate.

Est-ce pour cela que Platon, qui parle tant des autres sophistes, n'a rien dit de lui? Ou bien serait-ce parce que cet homme brillant et divers composa des tragédies en collaboration avec Denys de Syracuse? En tout cas, lui qui a écrit qu'il n'était pas de l'intérêt de l'individu de respecter la justice quand il n'y avait pas de témoins pour le voir, il n'a jamais été nommé dans les dialogues comme un de ceux qui sapaient la justice[16].

Quoi qu'il en soit, quand on rapproche les restes épars de ces deux œuvres, le *Sur la vérité* et le *Sur la concorde*, on comprend bien un peu que certains savants aient été tentés d'y voir l'œuvre de deux personnages différents; mais le rapprochement suggère aussi une autre interprétation. Et combien il est plus beau de penser que ces deux aspects qui, à première vue, semblaient se contredire, trouvaient en fait, dans le mouvement intérieur de la pensée sophistique, une éclatante unité, mise au service d'une vertu lucide, entièrement reconstruite par l'homme et pour lui!

A ce moment-là, c'est toute la pensée sophistique qui aurait eu pour principe de lier entre eux ces deux aspects – négatif et positif – afin de fonder une morale qui puisse être justifiée en termes humains et rationnels.

En un sens, on retrouve donc bien, au terme de ce mouvement de pensée, la morale même que l'on avait cru rejeter. Mais l'affirmer sous cette forme serait doublement inexact.

D'abord, ce n'est que par un artifice de présentation que l'on a ici dissocié ces deux mouvements inverses. Car les mêmes auteurs, dans le même temps, recréaient d'une main ce qu'ils abattaient de l'autre. Seuls des utilisateurs pressés et des ambitieux pouvaient ne garder qu'un des deux aspects de la pensée des sophistes, sans tenir compte de la contrepartie, qui allait avec.

Alors, à quoi bon? demandera-t-on. Mais c'est que l'on rencontre là le second risque d'erreur. Car, en changeant les bases et les fondements de cette morale, les sophistes changeaient tout. C'était bien la même morale; mais, au lieu de tirer son existence des dieux, ou bien de valeurs absolues, elle est désormais construite sur l'analyse positive des problèmes posés par la vie en société; et sa signification se trouve, de ce fait, renouvelée. Ce n'est donc pas à un retour que l'on assiste : c'est bel et bien à une création, dont la force même réside dans l'accolade qui unit entre elles la critique et la reconstruction.

Pour cette raison, on comprendra que nous ne jugions pas équitable d'expliquer, comme on le fait parfois, les différentes thèses des sophistes par des soucis opportunistes et divergents. Si l'on adopte ce point de vue, leurs analyses critiques n'auraient eu d'autre portée que de fournir des instruments aux jeunes ambitieux qui attendaient d'eux ce service; inversement, leurs réflexions en faveur de la légalité n'auraient eu d'autre sens que de se concilier la démocratie athénienne, qui les accueillait, et de la rassurer. Mais cette double suspicion est fort peu justifiée. Et l'on mesure ici, dans le cas des sophistes, ce qu'il en coûte de s'occuper de choses pratiques, et quel peut être aussi le danger des disciples et des déviations : tout prête, du coup, aux interprétations défavorables! Peut-être – qui sait? – une telle explication a-t-elle pu jouer, pour une part, dans le cas de certains sophistes... Mais, dans l'ensemble, elle ne s'accorde en rien avec la teneur de leurs analyses, ni avec la rigoureuse cohérence qui lie entre elles leurs deux formes d'argumentation.

Dans la combinaison de l'une et de l'autre, en effet, on voit s'affirmer au travers de chaque mot un humanisme lucide. Dans un monde qui n'admet résolument ni transcendance, ni vérité absolue, ni divinités justicières, une morale s'élabore pourtant, fondée sur la raison et soucieuse de ce qui sert l'homme : les deux faces de la pensée des sophistes se complètent et forment un tout.

Le bien des hommes vient, avec preuves à l'appui, remplacer le bien tout court.

Peut-il y suffire? Peut-être pas. Et l'admirable série de textes que l'on a vue ne doit pas tromper; elle ne doit pas dissimuler la limite que ne pouvait guère franchir la morale des sophistes : Antiphon avait posé le problème en parlant de l'individu qui pratiquerait l'injustice sans témoin. On pourrait dire : sans témoin ni crainte de témoin, sans risque de sanction, sans contrôle quel qu'il soit. Glaucon, dans *La République*, devait préciser en évoquant le cas d'un homme qui serait invisible, et qui posséderait l'anneau de Gygès, permettant de le devenir à volonté.

Dans ce cas, l'argument d'intérêt ne pouvait jouer. Et c'est de là que part *La République* de Platon pour chercher une autre réponse, mettant en cause non plus seulement l'harmonie entre les divers éléments de la cité, ou bien entre les divers éléments de l'âme (qui est pourtant au principe de sa description), mais une justice absolue et un bien également absolu. Que l'acte injuste fasse du mal à celui qui le commet, qu'il porte tort à son âme, et que ce soit là le plus grave, telle est la pierre angulaire de la pensée socratique, opposée à celle des sophistes. Et il est intéressant de constater qu'acculée au problème fondamental la pensée grecque allait en effet s'engager dans cette voie – aidée en cela par le progrès accompli dans le domaine de l'analyse psychologique et dans la description des conflits de l'âme.

Mais cette orientation, qui s'annonce plus ou moins dans le *Sur la concorde* sous la forme d'un idéal de sérénité intérieure, se situe pourtant, dans son ensemble, hors de la pensée sophistique et au-delà. Pour nos raisonneurs exigeants, la vie pratique au sein de la cité fut presque toujours ce qui comptait le plus et qui les intéressait en priorité. Et c'est par là qu'ils entendaient, après avoir fait table rase de toutes les valeurs reçues et, dans leur principe, suspectes, reconstruire une morale avec la seule raison humaine.

C'était déjà énorme. Et c'est là un des aspects de leur pensée qui n'a pas, en général, été suffisamment reconnu. On le comprend, et pour bien des raisons. La principale tient à la façon dont nous sommes renseignés sur les sophistes. Ces fragments d'une ou deux lignes, cités par les uns comme des arguments pour la critique des valeurs et par les autres pour leur défense, ne donnent jamais, par définition, qu'un des aspects de leur pensée. Et la tentation est, dès lors, encore plus grande de valoriser ou l'un ou l'autre. Heureusement, le mythe du *Protagoras*, qui est un « à la manière de », mais qui constitue du moins un texte suivi, nous fournit une clef pour interpréter ces témoignages, que seule leur apparition isolée fait paraître contradictoires. Grâce à cette clef, on perçoit enfin toute une série d'échos, de rencontres, de suggestions; et l'on parvient enfin à concilier les deux aspects – positif et négatif – qui se dégagent sans exception, et sans ambiguïté possible, pour chacun des sophistes connus.

On peut enfin ajouter une dernière confirmation : c'est que cet effort de reconstruction accompli par les sophistes, et que l'on a jusqu'ici examiné à propos de la justice, peut être également observé pour tout ce que ces mêmes sophistes avaient d'abord écarté quand il s'agissait de croyances *a priori*.

Ce mouvement de reconstruction est trop constant pour ne pas être révélateur. Et il permet, une fois lancé, de récupérer au compte de l'homme toutes les valeurs et les vertus.

NOTES DU CHAPITRE VI

1. Cf. ci-dessous, p. 224-225.
2. Cette attribution, longtemps admise, est aujourd'hui tenue pour douteuse. Parmi les noms proposés comme désignant la source du texte, on a offert ceux de Leucippe, de Posidonios, parfois même celui de notre Protagoras.
3. Le mot de « pudeur » est naturellement impropre : le terme grec, qui n'a pas d'équivalent exact en français, désigne toutes les formes d'égards que l'on peut avoir pour autrui, en tenant compte de ce qui lui est dû.
4. Sur le fait que tout groupe d'hommes a besoin que ses membres respectent la justice entre eux, voir p. 204-205.
5. Il faut cependant reconnaître que ceux qui veulent décrier la loi insistent moins sur son caractère de convention que sur l'arbitraire du pouvoir qui l'a imposée. Cet arbitraire attire alors des réponses comme celle du jeune homme des *Nuées* (aux vers 1421-1424) ce qu'un homme a fait, un autre peut le défaire.
6. Protagoras : K. Töpfer (1907); un disciple de Protagoras et de Démocrite : A. T. Cole (1961); Hippias : Untersteiner (1943; 1944) et déjà, hypothétiquement, H. Gomperz (1912); Démocrite : Cataudella (1932; 1950). Mais on a aussi suggéré Prodicos, Critias, Antiphon, Antisthène, Théramène et d'autres.
7. 6,2 : *phusei*.
8. C'est cependant ce que suggère le fragment cité ci-dessous. Autre incertitude due à l'absence de contexte : Démocrite reconnaît que le commandement va, selon la nature, au plus fort (267); mais on ne sait pas, faute de contexte, s'il approuvait le fait ou s'en plaignait.
9. Cf. ci-dessous, p. 251.
10. Ci-dessus, p. 143-146.
11. Voir notre étude sur « Le mot *homonoia* : vocabulaire et propagande » dans les *Mélanges Chantraine* (Klincksieck, *Etudes et Commentaires*, 79).
12. Cette idée semble s'opposer à l'habitude des controverses; mais ce n'est là qu'une apparence, car l'accord (qui est l'essentiel) repose sur la reprise par chacun d'un des aspects de la pensée de l'autre.
13. Cf. p. 153-155.
14. Cette assimilation est importante, car elle permet aux valeurs de façonner peu à peu une nouvelle nature. Le *Sur la vérité* dit que rien ne sépare, de par la nature, un Grec d'un barbare; mais on peut admettre (surtout Antiphon, si on lui accorde le *Sur la concorde*, avec le rôle que ce traité donne à l'éducation) qu'il se forme des groupes homogènes, distincts les uns des autres : la nature n'a pas le dernier mot dans l'histoire de l'humanité.

15. Cf. ci-dessous, p. 241-242.
16. Xénophon, en revanche, le donne comme interlocuteur à Socrate, dans *Les Mémorables*, I, 6. Mais il le fait seulement s'étonner de ce que Socrate vit mal, ne se fait pas payer, et ne participe pas à la vie politique : ces étonnements pourraient convenir à n'importe quel sophiste.

VII

LA RÉCUPÉRATION DES VERTUS

La reconstruction s'observe partout où était passé le souffle des analyses de destruction : sauf en ce qui concerne l'ontologie, qui touche peu à la vie des hommes, tous les thèmes examinés par ces analyses trouvent donc ici comme une compensation.

La vérité et l'utile

Protagoras avait sapé les fondements de la vérité en disant que l'homme est la mesure de toutes choses et en ne retenant plus rien que des apparences subjectives, se valant les unes les autres. Mais on a déjà signalé que ce relativisme comportait certaines limites et réclamait des correctifs : ils sont formulés par Socrate dans le *Théétète*, lorsqu'il y présente une défense de Protagoras[1].

Le principe de ces correctifs est simple : ils se ramènent, très exactement, au fait de substituer à l'idée de vérité, l'idée, toute pratique, d'utilité. C'est la première des récupérations effectuées par nos sophistes, et elle est de taille ! En effet, s'il n'y a pas de vérité, il y a en revanche des jugements et des goûts plus utiles que d'autres : ainsi se trouve restituée la place de la sagesse et du discernement (166 d : « La sagesse, le sage, beaucoup s'en faut que je les nie. »)

En quoi consiste donc cette sagesse ? Une définition

théorique peut dérouter, mais l'exemple concret est clair : c'est celui du médecin. Le malade trouve certains mets amers; cette appréciation est vraie pour lui, et irréfutable; mais le médecin peut, par ses remèdes, inverser l'impression du patient, de façon que ces mêmes mets lui apparaissent bons, et le soient. Or il en est de même dans le domaine des jugements de valeur. Là aussi, il y a des jugements que l'on peut corriger pour les rendre plus satisfaisants. La différence de qualité se réintroduit donc sous forme d'une différence d'utilité; l'utilité vient remplacer la vérité.

Sur cette utilité, aucun doute n'est possible. Le texte parle, dans le cas du malade, de dispositions « meilleures ». Mais bientôt il emploie le mot *chrèstos*, qui signifie « bon, utile »; et plus loin, à la page 172, c'est le mot *sumpheron* qui est employé : il signifie « avantageux »[2]. Les jugements que chacun porte peuvent donc être aussi vrais les uns que les autres : ils ne produisent pas tous des résultats de même valeur.

On peut déjà admirer un tel redressement, qui fonde dans la pratique et au service de l'homme ce qu'il avait écarté métaphysiquement, à savoir la supériorité d'une opinion sur une autre. Et l'on peut aussi admirer que cette doctrine d'un maître de rhétorique repose sur la possibilité de convaincre autrui et de le faire changer d'avis : la pensée du sophiste s'accorde avec son programme professionnel. Mieux encore : le cas concret que le texte rapproche de celui de médecin est celui du professeur, qui prépare chez son disciple des dispositions meilleures. Ce maître est évidemment le sophiste; et le texte le dit : « Le médecin produit cette inversion par ses remèdes, le sophiste par ses discours. »

Mais ces discours ne s'adressent pas seulement au disciple; et le fait est que, très rapidement, on passe de l'individu à la cité, qui est sans aucun doute l'essentiel. Ce sont en effet les opinions de la cité qu'il s'agit avant tout de modifier ou de redresser; et c'est l'utilité pour la cité qui est le but : on se situe donc dans le prolongement exact du mythe de *Protagoras*, et la cité reste primordiale dans la reconstruction morale.

En effet, après l'exemple du médecin et celui du maître, on en vient aussitôt à la collectivité : « De même, ceux des orateurs qui sont sages et bons font que les cités trouvent justes des choses non plus pernicieuses, mais bienfaisantes. En effet, tout ce qui semble juste et beau à une cité l'est effectivement pour elle tant qu'elle le décrète; mais le sage, au lieu qu'elles soient pernicieuses, les fait être et paraître bienfaisantes[3]. » Toutes les incertitudes où l'analyse avait jeté l'homme sont donc corrigées par le souci éclairé de l'intérêt commun. On trouve là – soit dit en passant – de quoi expliquer et justifier le rôle de Protagoras comme législateur.

Enfin, la conclusion de tout le développement reprend l'exemple de la politique, rappelant que, pour chaque cité, le beau et le laid, le juste et l'injuste, le pie et l'impie ne sont que ce que la cité juge tel; en ce domaine, aucune n'est plus autorisée qu'une autre; mais, « sur l'effet utile et nuisible qu'auront, pour elle-même, ses décrets », il y a différence et possibilité d'erreur. Il s'agit de la cité, du groupe, de ce que l'on juge « en commun » : en ce domaine, l'utilité a un sens, le plaidoyer un rôle à jouer, le conseil est opportun et l'expérience politique efficace.

On comprend par là beaucoup mieux que Protagoras ait pu, selon Platon, définir son art comme art politique. Certes, il enseignait à réussir en politique mais il enseignait aussi à donner des avis utiles. Et l'on se souvient de sa déclaration : « L'objet de mon enseignement, c'est la prudence pour chacun dans l'administration de sa maison et, quant aux choses de la cité, la capacité d'y intervenir mieux que personne par la parole et par l'action[4]. »

On comprend également l'ardeur avec laquelle les sophistes et leurs contemporains se sont attachés à cette science politique, qu'ils fondaient sur l'expérience et sur la clairvoyance : cette nouvelle conquête qui fut la leur se reconnaît, sous son jour le plus pur, dans les analyses de Thucydide, lorsqu'il confronte les différents calculs des hommes d'Etat pour dégager une politique utile, qui ait chance de réussir.

On aimerait s'attarder pour voir l'application de cet art : on en retiendra ici seulement le principe. Il illustre la possibilité de faire, sur le plan métaphysique, table rase de la Vérité, et de pouvoir pourtant, dans la vie collective et dans la cité, chercher à convaincre autrui en lui inspirant des jugements meilleurs – c'est-à-dire plus capables de concourir à l'avantage commun. Les cités avaient été inventées en vue de ce bien commun : il devient maintenant une fin à poursuivre dans les activités humaines, et une fin qui vient prendre la place de la Vérité détrônée.

Les dieux et l'utilité

Les choses sont un peu moins claires pour la piété et pour les dieux. Pourtant, on peut grouper à ce sujet quelques indications convergentes. Elles sont aussi menues que la cendre de cigarette dont s'enchante le détective d'un roman policier, mais, comme celle-ci, elles acquièrent un sens par le rapprochement avec d'autres faits.

Protagoras avait hautement affirmé qu'il ne pouvait rien savoir des dieux, ni s'ils existaient ou non, ni quelle forme était la leur. Sans parler de Thrasymaque, qui observait que les dieux, manifestement, ne s'occupaient ni des hommes ni de la justice, on trouvait des théories explicatives sur la religion, qui ne manquaient pas d'être inquiétantes : Prodicos expliquait que le soleil, la lune, les fleuves et les sources avaient été considérés comme des dieux à cause de leur utilité; et le *Sisyphe* déclarait qu'un esprit avisé avait inventé les dieux pour contraindre les hommes au bon ordre. Toutes ces idées, qui ont été exposées dans un chapitre précédent, ne laissaient pas grande place à la foi, et correspondaient bien à la crise religieuse du temps.

Pourtant, ici encore, on a vu que des réserves et des correctifs devaient être apportés à ces vues, et que la plupart des sophistes mentionnés ne pouvaient nullement être considérés comme athées. Qui plus est, ils vont souvent jusqu'à parler des dieux! Même sans faire entrer en ligne de compte des sophistes non suspects, comme Hippias, on doit constater que Protagoras introduit les dieux dans son mythe, et que Prodicos parle, lui aussi, des dieux dans l'apologue moral d'Héraclès entre le Vice et la Vertu. Xénophon lui fait même proposer comme un des buts de la vertu la bienveillance des dieux. Faut-il admettre que ces hommes bien connus, dont tout le monde colportait les idées, pratiquaient là une hypocrisie, avec laquelle ils croyaient tromper les gens? Qu'ils la pratiquaient tous?... Cela est bien diffiile à croire. En revanche, il est fort raisonnable de penser que la contradiction ainsi relevée entre leurs analyses destructives et ces propos sagement orthodoxes n'était qu'une contradiction apparente, s'expliquant par la pauvreté de nos sources.

Car enfin Protagoras pouvait très bien dire que l'on ne sait rien des dieux, tout comme il disait qu'il n'y avait pas de Vérité; mais il pouvait aussi respecter les dieux de la cité où il se trouvait, comme il en respectait les lois; et il pouvait juger que ceux-ci incarnaient le lien entre les citoyens, qui lui semblait si essentiel. Il ne serait certes pas le seul à employer les mots de « dieux » et de « divin » de cette façon floue, pour désigner ce qu'il y a de meilleur et de plus respectable dans la vie humaine. Un mélange d'agnosticisme et de sens du bien des hommes pouvait aisément le conduire à un tel usage. C'est ainsi, sans doute, qu'on le voit présenter ces liens comme un don des dieux et dire que les hommes « participaient au lot divin », parce qu'ils se distinguaient des bêtes par la piété, le langage et toutes les inventions de la civilisation. « Divin » serait encore une façon d'exalter l'homme... Si l'on admet une explication de ce genre, son humanisme peut donc de façon très légitime s'accorder avec un respect réel pour ce que représentent les dieux, entendus au sens le plus large et sans doute aussi le plus épuré; et l'on n'est pas très loin, encore une fois, de cette religion assez libre, mais vivace, de son contemporain Euripide.

De même Prodicos : il donnait bien une explication anthropologique des cultes; mais celle-ci, on l'aura remarqué, était fondée sur l'utilité : les résumés de sa doctrine emploient avec insistance les mots *ôphelein* et *ôpheleian*; car les hommes, selon lui, adoraient ce qui les aidait à vivre. Par un trait remarquable, et qui rappelle Hésiode, c'est à l'agriculture qu'il pensait, et non à la cité; et son idée d'une religion, en quelque sorte, agraire devait faire fortune chez les savants modernes. Certains ont même supposé que cet aspect était essentiel dans sa pensée et devait remplir tout son traité des *Saisons* ou *Heures* (ainsi Nestle). En tout cas l'idée d'utilité était dominante, ce qui est un lien entre lui et Protagoras. Mais rien ne suggère que Prodicos ait répudié ce culte, simplement parce qu'il l'expliquait. De plus, son souci de l'agriculture n'empêchait pas le souci du groupe humain; et ce n'est sans doute pas un hasard s'il a choisi comme héros de son apologue Héraclès, celui qu'Euripide appelle le « bienfaiteur de la Grèce ».

L'utilité, la vie humaine, les sociétés humaines, tout cela semble avoir commandé sa pensée : c'est dans ce contexte aussi qu'il faut replacer ses déclarations relatives aux dieux. Par conséquent, on peut dire qu'il n'accueille plus la croyance aux dieux sur les mêmes bases qu'avant, qu'il apporte aux considérations religieuses un esprit nouveau, plus scientifique, plus relativiste, plus critique; mais on a bien le sentiment qu'en dépit de cela, et dans une perspective humaniste, il devait lui aussi leur faire une place[5].

A la limite, même le *Sisyphe*, avec tout son positivisme, et avec toutes ses théories sur l'opportune croyance à la justice divine, ne fait peut-être que dire, à sa façon : « Si les dieux n'existaient pas, il faudrait les inventer ! » Et, dans la mesure où l'ordre de l'Etat et la paix des hommes sont des biens précieux, la piété trouvait là un encouragement.

Naturellement, pour en revenir à Protagoras et à Prodicos, on serait plus rassuré d'avoir un texte qui expose clairement ce lien que nous tentons de rétablir entre les deux faces de leur pensée. Et l'on aimerait ne pas avoir à se contenter de ces deux morceaux séparés entre lesquels c'est à nous, modernes, de jeter un pont... On a bien, dans les textes du temps, un passage où semble être suggéré un tel lien; mais il n'est pas d'un sophiste, et il demeure fort obscur. C'est un groupe de vers de l'*Hécube* d'Euripide, qui a longuement retenu les critiques. La vieille reine, cherchant à obtenir justice d'Agamemnon, s'y réclame des dieux et de la loi; elle dit (aux vers 799 et suivants) : « Pour moi, je suis esclave et sans force peut-être. Mais les dieux sont forts, et aussi la Loi qui les domine. Car c'est la loi qui nous fait croire aux dieux et vivre en distinguant le juste de l'injuste. Si, remise en tes mains, cette loi est détruite, s'ils échappent au châtiment, ceux qui tuent leurs hôtes ou qui osent des dieux piller les sanctuaires, il n'est plus d'équité dans la vie des humains. » C'est là une pensée pieuse et, pour cette raison du moins, traditionaliste : par la loi, il faut en effet entendre, probablement, les fameuses lois non écrites, et l'idée même de justice, acceptée par tous. Il n'empêche que l'ordre est ici curieux et que le rapport entre la loi et les dieux n'est pas ce que l'on attendrait. L'orthodoxie ancienne aurait dit que les dieux nous ordonnent de croire en la justice, la religion d'Hécube dit que la justice nous amène à croire aux dieux. L'orthodoxie ancienne aurait dit que les dieux ratifient la justice de leur volonté souveraine; la religion d'Hécube dit que les dieux sont soumis à la loi, qui les domine de sa supériorité (*kratôn*). Quel que soit le sens exact du texte, on voit donc qu'à cette époque on pouvait exprimer une piété convaincue et pleine d'espoir, mais que le mouvement pouvait aussi, désormais, aller des hommes aux dieux, et non plus l'inverse. Les façons d'agir des hommes fondent la croyance aux dieux.

Cette orientation nouvelle est susceptible d'aider à mieux comprendre, peut-être, comment, de façon variable pour chacun, les sophistes ont pu tirer de l'ordre humain de nouvelles raisons de piété, plus pragmatistes et plus centrées sur l'homme, mais cependant réelles.

A plus forte raison en est-il ainsi quand il s'agit de divinités tutélaires et de cultes nationaux, qui se confondent plus ou moins avec le groupe humain correspondant.

Il faut en effet se rappeler que les dieux de le Grèce antique avaient avec les cités, ou les provinces, voire avec les groupes locaux, des liens forts étroits. Ils étaient l'objet d'un culte défini, propre à tel sanctuaire ou à telle ville. Ils en portaient le nom. Ils protégeaient leurs fidèles et leur aire culturelle, comme si une sorte de pacte les avait engagés envers eux. Aussi s'agissait-il moins d'une religion intérieure ou d'une foi en un dogme que d'une relation collective avec un protecteur. Certaines fêtes de saints, dans nos provinces, peuvent en donner une idée; et bien des gens, aujourd'hui encore, participent à de telles fêtes, en toute honnêteté, sans croire pour autant aux miracles passés qu'elles sont censées célébrer. La piété des Athéniens d'alors n'était donc pas le reflet d'une foi, au sens où nous entendrions ce terme aujourd'hui; et les dieux, chez eux, se confondaient un peu avec la cité. On a moins de peine à imaginer, dans ces conditions, la possibilité que nos sophistes leur aient, sans cette foi, reconnu cependant un rôle. Et l'on se risque plus aisément à supposer qu'ils devaient les accepter comme une de ces décisions de la cité, contestable et variable comme toutes les autres, mais, comme elles, légitime et bienfaisante.

L'éducation par la cité

En tout cas, si, en matière religieuse, nous pressentons des possibilités de conciliation dont le détail reste hypothétique, en revanche, dès que l'on en revient aux conduites humaines, le rôle de la cité dans la restauration des valeurs redevient clair et s'avère prépondérant.

De plusieurs façons, elle contribue à la formation même des individus, ainsi qu'à la diffusion ou à la défense des valeurs. Malgré la rareté des témoignages, on peut ainsi distinguer deux aspects de son rôle, aspects sur lesquels Protagoras, indiscutablement, avait insisté.

La première forme de son action est cachée, mais positive : dans le *Protagoras*, notre sophiste explique en effet comment les individus se pénètrent des idées sans lesquelles une cité ne peut pas exister. Rien n'est plus indispensable que ces idées. Ce dont on ne peut se passer n'est pas, en effet, « l'art du charpentier, ou du fondeur, ou du potier : c'est la justice, la tempérance, la conformité à la loi divine, et tout ce que j'appelle d'un seul mot la vertu propre de l'homme » (324 e-325 a). Or qui nous enseigne cette vertu? Nous l'apprenons, sans nous en rendre compte, dès l'enfance, puis tout au long de notre vie. Suit alors un long exposé, qui prend l'enfant au moment où il commence à parler et où « la nourrice », la mère, le pédagogue, le père lui-même font effort sans relâche pour le rendre aussi parfait que possible; à propos de tout ce qu'il fait ou dit, ils lui prodiguent les leçons et les explications : ceci est juste et ceci est injuste, ceci est beau et ceci est laid, ceci est pieux et ceci impie, fais ceci et ne fais pas cela... » (325 d). Puis vient le temps de l'école, les conseils du maître, la lecture des textes et de ces œuvres « remplies de bons conseils, et aussi de digressions, d'éloges, où sont exaltés les antiques héros, afin que l'enfant, pris d'émulation, les imite et cherche à se rendre pareil à eux ». Viennent ensuite les leçons de cithare et les belles œuvres lyriques, où l'on apprend l'harmonie et le rythme, tous deux essentiels dans la vie humaine. Puis vient l'entraînement physique. Et enfin la cité elle-même entre en jeu; elle force les jeunes à apprendre les lois. Comme on donne un modèle d'écriture, elle leur offre le tracé des conduites à copier; elle réclame que l'on s'y conforme; elle sanctionne les actes qui s'en écartent. Elle met donc la dernière main à cet immense effort « privé et public en faveur de la vertu ». L'acquisition des vertus se fait donc à la fois pour elle et par elle.

Ce texte remarquable exprime des idées neuves et profondes. Leur nouveauté n'est pas liée à l'originalité ni d'une observation ni d'un programme (encore que l'on puisse admirer au passage la présence d'idées aujourd'hui trop méconnues – comme le rôle des textes littéraires pour la formation morale et civique) : cette nouveauté tient à une prise de conscience claire des moyens par lesquels se fait cette éducation silencieuse et anonyme. Et l'on retiendra surtout ce sens aigu, que montre Protagoras, de l'action morale qu'exerce un milieu donné, et la façon dont peu à peu il modèle l'esprit et le cœur de chacun.

La comparaison éclaire l'importance de cette idée et la force particulière qui est la sienne chez Protagoras.

Car on la rencontre ailleurs, cette idée. On la rencontre un peu chez Platon dans la mesure où il admet – avec des retouches – l'éducation traditionnelle; mais il la limite aux leçons proprement dites et ne leur donne pas pour effet de répandre la justice[6]. On la rencontre aussi (et le fait confirme l'authenticité du témoignage apporté par Platon) dans le petit traité des *Discours doubles*, si pénétré, à tous égards, par la pensée du grand sophiste (mais si sec et si pauvre, comparé à ce que l'on sait de Protagoras!). Ce traité a précisément repris l'idée du maître sur l'éducation qui se fait sans que l'on s'en rende compte, par le père et la mère, puis par le simple contact de la réalité quotidienne. Mais, alors que Protagoras parle de l'enseignement des valeurs et de la justice, l'auteur des *Discours doubles*, lui, ne parle que de la langue : un enfant grec, élevé dès l'enfance en Perse, parlerait perse, sans que l'on puisse dire qui lui a enseigné les mots... Sous cette forme, l'idée est juste, mais simplette et peu frappante; sous celle que lui donnait Protagoras, elle était profonde.

On retrouve également des échos de l'idée hors des débats des spécialistes[7], et plus particulièrement chez Thucydide. A deux reprises, pour Sparte et pour Athènes, dont il oppose si bien entre elles les deux personnalités morales, il emploie des expressions qui suggèrent cette intégration progressive décrite par Protagoras. Il montre dans l'*Oraison funèbre* prononcée par Périclès comment la grandeur de la cité impose l'amour de certains mérites qui la distinguent et l'ont menée si haut. Et il montre dans le discours du roi de Sparte, Archidamos, au livre I (84), comment Sparte a élaboré une forme de sagesse et de vertu, qui, de même, lui est propre, et que, de génération en génération, elle inculque à ses citoyens. C'est une affaire, dit-il, de formation; et le verbe désignant cette formation, ou cette éducation, est répété à deux reprises. Tant dans cette variété des vertus, différentes selon les lieux, que dans ce rôle de l'éducation par la cité, on reconnaît la parenté avec Protagoras : on retrouve d'un texte à l'autre le même relativisme et le même sens profond du bien commun. Mais ce sont là, chez Thucydide, de brèves indications; l'exposé de Protagoras est, au contraire, complet et systématique : il s'affirme dans toute sa force.

Or on constate qu'il implique de sa part un attachement réel à ces valeurs, dont la forme peut varier, mais dont l'utilité pour le groupe social est absolument hors de doute. Il les appelle « la justice, la tempérance, la conformité à la loi divine ». Qui plus est, il va jusqu'à reconnaître et célébrer d'autres vertus, toutes les vertus, puisqu'il rappelle celles « des antiques héros ». Sans doute leurs sacrifices assurent-ils bien souvent, de façon directe ou indirecte, le salut de la cité et son rayonnement. Mais elles font plus : de même que l'harmonie et le rythme permettent un heureux équilibre et une bonne entente avec autrui, de même on peut, par ces modèles, entretenir un dévouement total à l'intérêt commun. Pour la cité, par la cité, toutes les vertus renaissent sur des bases nouvelles.

Par là Protagoras justifie, en quelque sorte, les exhortations morales qu'écrivirent Prodicos ou Hippias. Il rétablit ce pont, que nous cherchions, et qui permet de concilier la critique des valeurs sur le plan métaphysique avec leur réapparition sur le plan de l'utilité humaine. Il rend tout cohérent. Il fait saisir ce qu'avait de neuf cet humanisme qui est aussi fécond qu'il est systématique.

Cependant, cette « formation continue », si elle se fait à coups de leçons et d'exemples, comporte aussi, on l'a vu, des sanctions. Or l'idée d'une éducation pour et par la cité s'accompagnait précisément, chez Protagoras, d'une théorie relative au châtiment et à son rôle éducatif : cette théorie est d'une originalité et d'une force qui demeurent, aujourd'hui encore, saisissantes.

Elle figure, elle aussi, dans le début du *Protagoras*, quand notre sophiste s'emploie à prouver que, dans l'esprit des gens, la vertu s'apprend. L'existence des châtiments est, à cet égard, un signe, car manifestement on les emploie afin de donner par là un avertissement pour l'avenir : « Personne, en effet, en punissant un coupable, n'a en vue ni ne prend pour mobile le fait même de la faute commise, à moins de s'abandonner comme une bête féroce à une vengeance dénuée de raison : celui qui a souci de punir intelligemment ne frappe pas à cause du passé – car ce qui est fait est fait – mais en prévision de l'avenir, afin que ni les coupables ni les témoins de la punition ne commettent de nouvelles fautes » (324 b).

Cette théorie du châtiment comme leçon pour l'avenir n'est pas absolument nouvelle. Dans le théâtre d'Eschyle, elle apparaît en liaison avec la justice divine :

celle-ci, qui est « violence bienfaisante », invite les coupables à réfléchir et permet que la sagesse pénètre leurs cœurs malgré eux. De même, la crainte du châtiment s'exerce pour le bien de la cité, grâce à la saine menace que fait peser le tribunal de l'Aréopage; car, comme dit Athèna dans *Les Euménides* (699), « s'il n'a rien à redouter, quel mortel fait ce qu'il doit »? Donc, dès le moment où la justice est venue remplacer la vengeance, la pensée grecque s'est orientée en ce sens, et a voulu voir dans les châtiments un encouragement à mieux faire. Mais, un quart de siècle après l'*Orestie*, cette idée prend un relief beaucoup plus grand; et elle s'applique, avec précision, aux peines humaines, infligées par la justice humaine.

Et ici une surprise nous est réservée. Car la même théorie, exactement, est alors mise par Platon dans la bouche de Protagoras et dans celle de Socrate! Lui qui prend d'habitude tant de peine pour les opposer l'un à l'autre!...

Sur ce point, c'est la rencontre. Car, dans le *Gorgias*, et même tout à la fin du *Gorgias*, quand le ton se hausse et que sont envisagés les mythes de l'au-delà, Socrate reprend à son compte l'idée que l'on vient de voir formulée par Protagoras; et il la reprend à loisir, avec insistance : « Or la destinée de tout être qu'on châtie, si le châtiment est correctement infligé, consiste ou bien à devenir meilleur et à tirer profit de sa peine, ou bien à servir d'exemple aux autres, pour que ceux-ci, par crainte de la peine qu'ils lui voient subir, s'améliorent eux-mêmes » (525 b). Le texte continue en distinguant ceux dont le mal est guérissable et ceux qui sont incurables : le châtiment de ces derniers ne vaut que comme exemple pour les autres; il constitue comme un épouvantail, dressé en avertissement dans les prisons de l'Hadès...

Le rapprochement de ces deux textes est, il faut l'avouer, fascinant.

Par la ressemblance qu'ils font apparaître, ils prouvent

à l'évidence qu'il n'y a pas, entre le sophiste et le philosophe, l'abîme dont le contraste si appuyé entre certaines de leurs doctrines pourrait suggérer l'existence. Ces deux hommes qui respectaient tous deux les lois d'Athènes et étaient tous deux soucieux d'enseignement, ainsi que de vertu, pouvaient se rencontrer sur ce point. Platon n'aurait pas attribué cette doctrine à Protagoras, si celui-ci ne l'avait effectivement soutenue; il faut donc croire qu'il la soutenait et que Socrate, puis Platon après lui, dès qu'ils ont voulu se pencher sur des faits de la vie pratique au sein de la cité, ont tout naturellement rejoint la pensée d'un maître, qui n'était pas – cela est clair – aussi immoraliste que d'aucuns l'auraient supposé. Même si l'on supposait un ordre inverse, ou encore une source commune, l'accord n'en demeurerait pas moins significatif.

Cet accord, au reste, n'est pas un cas isolé; ainsi Platon, lui aussi, décrit la naissance des cités de façon réaliste et il présente la justice comme une condition de leur stabilité. De telles rencontres correspondent bien au ton déférent qu'emploie toujours Platon envers Protagoras. Elles se concilient également avec un témoignage qui a laissé pantois la plupart des critiques, habitués à tracer une séparation radicale entre les « bons » et les « mauvais ». C'est celui d'Aristoxène, qui nous est transmis par deux sources, et qui affirme que *La République* de Platon se trouvait presque en entier dans les *Antilogies* de Protagoras! En tant que témoignage de fait, on a là, manifestement, une erreur ou bien un mensonge. Mais, s'il s'agissait de parentés, de points de contact, d'accords de principe, reconnaissant la priorité du sophiste pour beaucoup d'analyses politiques, il y aurait dans ce témoignage beaucoup de vrai. Dans toute sa partie positive, la pensée de Protagoras pouvait très bien être suivie par Platon; et, inversement, dans toute sa partie pratique, la pensée de Platon ne pouvait guère ne pas emprunter à Protagoras.

Mais, si la similitude éclaire ainsi des parentés qu'il

convient de garder à l'esprit, on s'enchante également de mesurer les différences. Car, entre les deux textes sur le châtiment, qui semblent si proches l'un de l'autre, tout n'est pas identique.

Première différence : Socrate parle du châtiment en pensant avant tout aux châtiments de l'au-delà, et son analyse accompagne un mythe des enfers. Protagoras, lui, ne pense qu'à la cité et aux châtiments humains.

De même, Socrate utilise beaucoup l'image de la maladie. Il veut que le châtiment rende les gens meilleurs, et qu'il les guérisse s'ils sont guérissables : ce qui le préoccupe est donc l'état de l'âme du coupable. Protagoras, lui, se soucie seulement d'éviter les fautes à l'avenir : ce qui le préoccupe est donc l'état de la cité, que les fautes risqueraient d'empoisonner et de diviser. D'ailleurs, il précise qu'il décrit l'usage qui prévaut, en particulier à Athènes; il ne pense ni aux dieux ni aux individus : il n'a à l'esprit que cette justice civile qui s'exerce pour la défense des lois de la cité.

Enfin Socrate – et certains lui en font un mérite, car cela suppose une analyse plus fouillée – distingue entre les diverses fautes et les divers cas. Il partage ce trait avec le Platon des *Lois*. Au livre IX de ce traité, en effet, Platon esquisse tout un projet de justice pénale, distinguant entre le dommage et l'injustice, mettant à part les crimes involontaires, les meurtres dus à la colère, avec ou sans préméditation, etc. C'est là une recherche précieuse et une étape intéressante dans l'histoire des idées morales et juridiques. Mais Protagoras, lui, en ce passage du moins, ne cherche pas à distinguer; il ne retient qu'une idée, qui paraît bien avoir été essentielle dans sa pensée et dans sa vie : celle d'une éducation qui se poursuit à tous les âges de l'homme. Il la retrouve dans la justice pénale comme dans la vie politique ou la vie quotidienne; et elle demeure apparemment l'affaire essentielle pour les hommes. A ses yeux, le rôle éducateur que remplit ainsi la cité est également ce qui la maintient, et qui justifie toutes les mesures qu'elle prend pour assurer sa cohésion – qu'elles soient de répression ou bien de simple incitation. Partant de l'idée éminemment grecque de l'homme-citoyen, Protagoras a donc tiré d'une réflexion sur la cité une justification des vertus, fondée sur l'intérêt commun; et, au moment où leurs autres fondements s'avéraient soudain si fragiles, il a trouvé pour ces vertus de nouvelles raisons d'être honorées et pratiquées, au sein du groupe civil.

Plaidoyers pour des vertus

On voit donc, à propos de Protagoras, comment une pensée humaniste et raisonnée peut trouver dans la vie collective une justification nouvelle à beaucoup de valeurs. Or, effectivement, on rencontre chez plusieurs autres sophistes des encouragements non moins raisonnés à toutes sortes de vertus[8].

Le principe est important. Il explique que, même dans le public, les sophistes aient parfois passé pour des maîtres de morale. Dans le dialogue qui porte son nom, lorsque Ménon cherche où acquérir « ce talent et cette vertu qui font qu'on gouverne bien sa maison et sa cité, qu'on honore ses parents, qu'on sait recevoir des concitoyens ou des étrangers et prendre congé d'eux comme il convient à un honnête homme », Socrate envisage aussitôt, pour répondre à ce vœu, les sophistes! La suggestion est fort mal accueillie par Anytos et elle n'était sans doute guère sérieuse. Mais il reste que le début de la phrase fait beaucoup penser à la définition que Protagoras donne de son art dans le *Protagoras*; en revanche, la suite énumère les plus traditionnelles et les plus conformistes des vertus : pense-t-on aux sophistes pour elles? Bien plus, on achève avec les bonnes manières... Ce mélange suggère, de façon plaisante, que, même pour les sophistes en général, on ne considérait pas qu'il y eût coupure absolue : on pouvait fort bien enseigner le nouvel art et être un respectable maître de morale.

Et nous le savons. Nous connaissons plusieurs sophistes qui ont rempli ce rôle. Si l'on se tourne vers eux, on constate que, pour des raisons parallèles à celles de Protagoras, ils ont même défendu, dans leurs écrits, non plus seulement la justice, mais des valeurs et des vertus diverses, dont ils se sont faits les avocats de façon avouée. C'est le cas pour Prodicos et pour l'Anonyme de Jamblique : on a d'eux des plaidoyers qui ne laissent aucun doute, et qui rejoignent même la morale dont le chapitre précédent avait révélé la présence dans l'œuvre d'Antiphon, en liaison avec le thème de la concorde.

Ces deux plaidoyers semblent plus traditionnels, mais ils montrent à quel point nos sophistes étaient peu amoralistes. Ils l'étaient si peu que l'on trouve dans les deux textes, en belle place, le sens de l'effort.

Dans l'apologue de Prodicos sur Héraclès à la croisée des chemins, une des deux femmes qui s'adressent à lui loue la vie « la plus agréable et la plus facile » (*Les Mémorables*, II, 1, 23); mais l'autre, qui est la Vertu, ouvre son plaidoyer par l'idée qu'il faut au contraire prendre de la peine : « De tout ce qui est bon et beau, les dieux ne donnent rien à l'homme sans effort et sans application » (28). Pour tout, il faut s'entraîner, avec peine et dans la sueur. Ce dernier mot rappelle directement l'éloge du travail par Hésiode : « Devant le mérite, les dieux ont mis la sueur. » Et ce seul fait montre assez que les nouveaux maîtres rejoignent souvent de façon délibérée les traditions morales du passé. Prodicos n'était certainement pas le seul à le faire : l'Anonyme, de même, commence en disant que, pour réussir en n'importe quel domaine, il faut être « ami de l'effort ». De même, on ne saurait oublier Antiphon, rappelant que les joies ne vont pas toutes seules; parlant des victoires aux jeux, des succès intellectuels, des plaisirs de toute sorte, il constate : « Honneurs et récompenses, appâts que la divinité présente à l'homme, obligeant à de grandes peines et à de grandes fatigues » (49). On ne saurait oublier non plus que les deux écrivains disciples des sophistes, Thucydide et Euripide, ont tous deux présenté avec insistance la réussite athénienne (ou bien la réussite en général) comme acquise à coups d'épreuves et d'efforts. Par opposition à une vie de tranquille mollesse, ils ont exalté l'action; et Thucydide a mis cette pensée dans la bouche de Périclès, cet autre ami des sophistes.

Ces efforts s'emploieront à une action pratique et à l'acquisition d'une forme d'excellence – c'est-à-dire d'*arétè*. Laquelle? Ni Prodicos ni l'Anonyme ne le disent; ils laissent le choix libre; mais la généralité des formules, chez tous les deux, montre qu'ils étaient prêts à les accueillir toutes. Prodicos parle des choses « bonnes et belles »; puis il parle d'aider ses amis, ou bien la ville, ou bien la Grèce, de se distinguer à la guerre, de fortifier son corps. Le genre de l'action semble importer beaucoup moins que le principe, qui est de tendre à la qualité et au plus grand bonheur de l'homme. Le spectacle de tous le plus agréable est ainsi, selon la Vertu, de contempler une belle œuvre (ou une belle action) dont on soit l'auteur... Le caractère positif de l'idéal est indiscutable; l'imprécision de sa nature ne l'est pas moins. De même l'Anonyme parle de la sagesse, du courage, ou de la vertu (*arétè* au sens large) soit dans son ensemble, soit dans une de ses parties. Il est plus précis dans la suite, puisqu'il développe assez longuement le cas de deux vertus qui consistent à n'être ni esclave de l'argent, ni avare de sa propre vie. La première de ces vertus est mot pour mot celle que Thucydide loue en Périclès; la seconde est celle que Périclès loue dans les Athéniens qui sont morts pour la patrie. L'idéal est donc à la fois plus haut et plus précis que celui de Prodicos. Pourtant, il définit seulement des conditions d'ensemble et n'offre aucun classement des formes d'excellence ou des vertus.

On dirait donc, à cette réserve près, que nos auteurs

laissent le choix des mérites à chacun, comme s'ils voulaient reconnaître en ce domaine la légitimité des options individuelles, à la manière de Protagoras, reconnaissant la légitimité et l'équivalence des diverses opinions. En revanche, le but poursuivi par ces efforts vers l'excellence est bien net chez l'un et l'autre. On peut même dire que, chez tous les deux, il est double.

Essentiellement, surtout chez Prodicos, ce but consiste dans l'estime et la bonne volonté d'autrui, fondée sur des services rendus. Autrement dit, le groupe humain redevient, ici encore, la justification finale; et cette idée permet au sophiste de proposer une récompense aux bonnes actions. L'insistance du texte des *Mémorables* est même d'une naïveté touchante. Car enfin les diverses excellences mentionnées ne le sont qu'en fonction des sympathies qu'elles peuvent susciter : « Si tu veux que les dieux te soient bienveillants, il te faut servir les dieux; si tu veux que tes amis t'apprécient, il te faut leur rendre service; si tu veux être honoré par une cité, il te faut lui être utile; si tu prétends être admiré par la Grèce entière pour ton mérite, il te faut tenter d'agir pour son bien. » Les exemples qui suivent, avec le travail de la terre et la guerre, relèvent toujours de cette idée de légitime rétribution; mais ils ne visent plus le groupe humain. En revanche, on ne tarde pas à le retrouver. La Vertu, en effet, montre que sa rivale est rejetée et méprisée : elle, au contraire, est en relation avec les dieux, avec les hommes de bien, et aucune belle réalisation, humaine ou divine, ne se fait sans elle : « Je suis honorée, dit-elle, par les dieux et par les hommes qui conviennent. » Et d'évoquer ses bons rapports avec les artisans, les maîtres, les serviteurs, dans les travaux de la paix et dans ceux de la guerre; elle est enfin, selon une formule qui fait penser à Protagoras, « la meilleure associée en amitié ». Eloges, honneurs, appréciation, honneurs encore, les mots s'accumulent et se répètent, pour finir par le mot de mémoire, qui prolonge au-delà de la mort cette estime des autres hommes.

Par ce dernier trait, on rejoint à nouveau le Périclès de Thucydide. Car, si l'empire d'Athènes était acquis dans les peines et les épreuves, il était aussi prolongé en une gloire impérissable; et c'était là, aux yeux de Périclès, la suprême récompense (« Pour les générations à venir, même si à présent il nous arrive jamais de fléchir, car tout comporte aussi un déclin, la mémoire en sera préservée éternellement »). Les mêmes efforts trouvent dans cette mémoire la même récompense.

Il peut donc y avoir quelque chose d'assez grandiose dans les aspirations que propose ici la Vertu; et l'on n'oubliera pas que celui à qui elle s'adresse est précisément Héraclès, le héros glorieux entre tous. Mais, depuis les temps héroïques, la morale s'est orientée vers des horizons plus modestes; et, dans la vie courante, la gloire a cédé la place à des sentiments d'estime, d'affection, et d'union. On aide; on est apprécié; on est à son tour aidé. Telle est la nouvelle forme sous laquelle se manifeste l'opinion d'autrui; c'est aussi là, semble-t-il, un témoignage nouveau de l'importance donnée depuis peu aux relations humaines, au sein de la cité : Protagoras n'est pas très loin !

En fait, chez Prodicos, l'entente entre les hommes rend leur place à toutes les générosités, à toutes les disponibilités, à tous les courages...

L'Anonyme, lui, insiste plutôt sur d'autres justifications; pourtant, le même mouvement se dessine très nettement chez lui. Lui aussi pense aux autres, et à l'union. C'est ainsi qu'ayant déclaré qu'il faut employer ses mérites pour ce qui est « beau et conforme aux lois », il précise que la plus haute vertu est de se rendre « utile aux gens les plus nombreux ». Or on ne le fait que si l'on suit les lois et la justice : « C'est là ce qui fonde et maintient les cités des hommes. » L'idéal consistant à servir et aider les autres (toujours l'utilité !) s'inscrit donc, comme la justice de Protagoras, dans le cadre de l'union entre les citoyens. Et cette présence du lien entre les gens se prolonge, comme pour Prodicos, par l'idée d'une mémoire durable : le paragraphe 5,6 parle de poursuivre la gloire (ou la bonne réputation) par la vertu.

Pour ce qui est de ce premier objectif fixé aux efforts humains, nos deux textes sont donc rigoureusement concordants.

Cependant, il est temps de reconnaître qu'à cet objectif, en quelque sorte, extérieur s'en joint un autre plus intérieur, et qu'à l'utilité réciproque au sein du groupe ou de la cité se joint un avantage pour l'individu lui-même.

Dans l'apologue de Prodicos, ce second aspect est très peu développé. Il apparaît pourtant, brièvement suggéré, dans le passage qui donne comme la plus grande joie de l'homme celle de contempler une belle œuvre ou une bonne action dont il est l'auteur (31). Etre loué par les autres était un mobile d'ordre extérieur; mais cette contemplation du bien que l'on a accompli vire déjà à la bonne conscience. Et l'on découvre alors ce que l'on a entrevu pour Antiphon : l'idée d'un bonheur et d'un accord intérieurs, qui sont des avantages par eux-mêmes, et méritent à ce titre un effort.

Or, c'est ce que l'on trouve de façon nette chez l'Anonyme, dans toute la fin du texte.

Il décrit en effet les avantages du respect des lois; et ce sont d'abord des avantages liés à l'entente et à l'accord entre les hommes. Mais bientôt on passe à l'état de paix intérieure qui correspond à cet accord : les hommes sont alors débarrassés des soucis pénibles que donnent les « affaires », et libres pour l'action. Ils s'endorment sans crainte et sans chagrin, se réveillant sans angoisse, confiants dans le succès de leurs efforts...

Tableau euphorique, assurément, mais qui tout à coup suscite, en nous lecteurs, un sentiment de déjà vu. Le mot qui signifie « sans chagrin » (*alupos*) nous rappelle qu'Antiphon (selon la *Vie des Dix Orateurs* transmise sous le nom de Plutarque) avait développé un « art d'écarter le chagrin » (une *technè alupias*). Il aurait même eu, selon ce témoignage, une sorte de clinique où il soignait le chagrin comme un médecin soigne les maladies du corps. Et, si le même Antiphon condamne des sentiments ou des liens personnels, c'est à cause du chagrin qu'ils risquent d'entraîner; ainsi du mariage, qui double nos tourments. Le souci d'être « sans chagrin » renvoie donc assez directement à Antiphon. Quant à ce sommeil sans crainte, ne rappelle-t-il pas aussi quelque chose? On le rencontre plus ou moins dans l'apologue de Prodicos, où le travail donne, dit-il, un sommeil plus agréable : quand on l'a pratiqué, les réveils ne sont pas pénibles...

La rencontre est amusante[9] : le bon sommeil est manifestement la forme la plus concrète de la bonne conscience, et la plus facile à invoquer comme argument. On sait, au reste, que Platon, au livre IX de *La République*, aborde la description de l'homme tyrannique en montrant comment ses désirs se libèrent dans le sommeil. On aimerait citer en regard la belle évocation qu'il trace du sommeil du sage : « Mais, à mon avis, lorsqu'un homme possède par-devers lui la santé et la tempérance, et ne se livre au sommeil qu'après avoir éveillé sa raison et l'avoir nourrie de belles pensées et de belles spéculations, en s'adonnant à la méditation intérieure [...] » : il devra suffire de rappeler que cet homme « s'endort dans la paix du cœur » et que, dans un tel repos, il échappe à ce qui hante les autres, à savoir « les visions monstrueuses des songes » (572 b). Comme si souvent, Platon a approfondi les analyses de ses prédécesseurs en leur ajoutant la richesse de l'analyse psychologique, la vision d'une âme divisée, et l'ampleur d'une pensée entièrement organisée en système. Mais, comme si souvent aussi, c'est à partir des analyses de ces mêmes prédécesseurs qu'il écrit – et, en l'occurrence, dans le prolongement de certains sophistes.

Quoi qu'il en soit, on ne peut qu'être frappé par la convergence de ces divers textes, dans lesquels on retrouve de façon si constante, une défense positive des vertus et des valeurs. Quelques-uns mentionnent bien les dieux, en liaison avec ces valeurs morales. Chez Protagoras, l'existence de la justice et celle du respect d'autrui leur sont rapportées, peut-être par une complaisance aux formes du mythe. Prodicos va un peu plus loin, si l'on en juge d'après l'apologue que nous a transmis Xénophon; car là, en plus de la personnification qui nous vaut le Vice et la Vertu, la bienveillance des dieux est mentionnée comme un des buts que peut se proposer un homme – de façon, il est vrai, hypothétique et à titre d'exemple. Ces mentions prouvent qu'il n'y avait pas, chez ces auteurs, d'athéisme systématique et provocant; mais elles ne fournissent pas le fondement de la morale. Et celle-ci doit bel et bien se reconstruire à partir de l'intérêt bien calculé de l'homme. On relèvera d'ailleurs que, chez le plus moralisant de tous, à savoir l'Anonyme de Jamblique, il n'y a aucune mention des dieux, ni aucun recours à la transcendance. Il n'y a au surplus chez aucun (à la différence de Platon) l'idée d'une récompense dans l'autre monde.

Ce souci de donner à la morale des bases nouvelles pour compenser celles que l'on était en train de lui ôter est donc une tendance commune à l'époque.

On connaît une exception notable parmi les sophistes. Gorgias, d'après le jeune Ménon qui l'avait connu en Thessalie, se moquait des sophistes qui se donnaient pour des maîtres de vertu : « La seule chose qu'on doive chercher, selon lui, est de former des orateurs » (*Ménon*, 95 c). On peut également penser que certains sophistes ont sans doute été des indifférents, voire des amoralistes. Mais, en gros, ce souci de défendre rationnellement la vertu est partagé, plus ou moins efficacement, par tous : il sort, en fait, de la critique même offerte par les sophistes. Et, finalement, on constate que le mouvement englobe jusqu'à Socrate et Platon. S'ils sont plus exigeants que nos sophistes, si l'on voit – contrairement à eux – le premier insister sur le sort des âmes après la mort et le second soutenir comme essentielle l'existence absolue des Idées, ils doivent, eux aussi, pour défendre la morale, découvrir des argumentations reposant sur l'idée d'utilité.

La démarche des sophistes est donc claire. On peut même dire qu'elle forme avec le reste de leurs doctrines un ensemble cohérent. L'utile était, en effet, la notion même sur laquelle se fondaient leurs vraisemblances (« Je n'ai pas agi ainsi, car cela n'eût pas été mon intérêt » ou « Si vous m'écoutez, voyez les avantages qui en découleront »); le résultat était une psychologie réaliste, et même pessimiste, dont on a l'exemple dans l'œuvre de Thucydide, où chacun, sous des dehors plus ou moins flatteurs, poursuit toujours son intérêt. Or c'est aussi sur cet intérêt que repose, en fin de compte, directement ou indirectement, la nouvelle morale : celle-ci, que chacun prône à sa façon, consiste en somme à bien agir envers les hommes parce que l'on est, avec eux, solidaire.

On trouve du reste une confirmation de ce mode de pensée si l'on regarde, une fois de plus, son aboutissement. Car, quelles qu'aient pu être les variations individuelles, et peut-être l'écart entre les esprits, dont les uns étaient plus traditionalistes et les autres plus révolutionnaires, c'est sous cette forme que l'héritage est passé dans le classicisme athénien, représenté, ici encore, par Isocrate.

Isocrate pense que l'opinion des hommes fait autorité en matière morale. Il est fier d'enseigner à bien parler, car la parole est ce qui permet aux hommes de se réunir, de s'entendre et de coexister. Il pense que la plus belle activité consiste à donner de bons conseils en politique. Et le conseil qui fait le lien entre tous les traités qu'il a écrits est celui de se bien conduire pour obtenir l'estime et la sympathie des gens, celle-ci représentant pour finir, grâce à l'union, la véritable force. Il explique ainsi la grandeur et la chute des deux hégémonies d'Athènes puis de Sparte, ainsi que le renversement de l'oligarchie. Il recommande aux cités et aux princes, à tour de rôle, de veiller à se ménager cette forme durable de puissance, fondée sur les belles actions. Cela ne fait ni une morale très haute ni peut-être une politique très subtile; mais cela fait une morale et une politique, qui se situent toutes deux dans le prolongement de ce qui avait servi de base à celles des sophistes.

On a vu que cette base leur avait permis une défense rationnelle et ferme des vertus. Comme celles-ci étaient, pour eux, liées à la vie de la cité, on ne sera pas surpris de voir qu'à côté de cette reconstruction des valeurs et des vertus les sophistes ont souvent tenté d'élaborer des doctrines proprement politiques – c'est-à-dire tendant de façon directe au bien des cités et des peuples.

NOTES DU CHAPITRE VII

1, *Théétète*, 166 a; cf. ci-dessus, p. 124.
2. Pour le malade, le texte parle de sensations « utiles et saines » (167 c); cette notion n'est pas sans s'appliquer aussi à l'Etat : pour un Etat, la santé repose sur *dikè* et sur *aidôs*; et elle se définit par la concorde.
3. 167 d (traduction légèrement modifiée). Platon a dû s'amuser à ajouter l'idée que cela justifie les grosses sommes touchées par les sophistes.
4. *Protagoras*, 319 a, traduction légèrement modifiée, comme les deux du *Théétète* qui précèdent.
5. Cf. d'ailleurs *Les Mémorables*, II, 1, 28.
6. Protagoras, en accord avec la démocratie athénienne, trouve un élément de justice dans chaque citoyen : Platon, partisan de l'ordre, voit la justice dans une saine ordonnance des diverses classes, remplissant chacune son rôle.
7. Dans l'*Apologie* (24 d-25 a), Mélètos, l'accusateur de Socrate, est présenté comme soutenant que les lois, et les juges, et bientôt tous les Athéniens, agissent auprès des jeunes comme maîtres de vertu.
8. On a cité et discuté, vers la fin du chapitre I, le texte où Xénophon semble le nier. Il est évident que ce texte, si l'on voulait l'entendre des premiers grands maîtres, serait d'une injustice criante.
9. On trouve chez Critias (B 6, vers 15-22) l'idée d'un degré modéré de boisson, adapté tout ensemble à l'amour et au sommeil; mais la pensée est beaucoup plus modeste et matérielle.

VIII

LA POLITIQUE

La politique a occupé une place très importante dans l'activité des sophistes, et cela sous deux formes – celle de la politique intérieure et celle des relations entre les peuples.

La politique dans les cités

Les sophistes, qui entendaient enseigner « l'art politique », s'intéressaient de toute évidene aux débats dans les cités et aux problèmes constitutionnels.

Cela ne veut pas dire que l'on puisse leur attribuer, de façon collective, des opinions ou des sympathies qui, dans le domaine, du moins, de la politique intérieure, les rangeraient dans un parti déterminé.

A priori, il est bien vrai que l'essor de leur enseignement est lié à celui de la démocratie : la formation rhétorique et politique qu'ils dispensaient n'avait de sens que si, par la parole, les gens pouvaient effectivement jouer un rôle. En revanche, cet enseignement était coûteux et ne s'adressait qu'aux riches, capables de payer; les aristocrates, dont les familles avaient été longtemps prépondérantes, devaient aussi désirer plus que d'autres garder ou retrouver cette influence : le fait est que, dans les réunions représentées par Platon, ils remplissent toute la scène. Le *Protagoras* se passe chez le riche Callias; on y voit intervenir, parmi les sophistes, le grand aristocrate qu'était Alcibiade, sans compter Critias, qui est presque un sophiste et, au demeurant, un aristocrate reconnu, destiné à se signaler plus tard comme membre de l'oligarchie.

On ne peut cependant pas, pour cette seule raison, prêter aux sophistes des idées ou des sympathies qui seraient les mêmes pour tous. Et force est bien de distinguer.

Ici encore, d'ailleurs, Protagoras est un peu à part des plus jeunes.

Protagoras était l'ami de Périclès; or le régime que fit régner Périclès représente l'esprit de la démocratie, mais d'une démocratie qui devait bientôt, par contraste avec la suite, paraître modérée. Et la personne même de l'homme d'Etat introduisait dans la pratique politique le règne d'une autorité personnelle, qui a fait dire à Thucydide : « Sous le nom de démocratie, c'était en fait le premier citoyen qui gouvernait. » Périclès, en effet, alliait une grande fermeté à un grand prestige; et il ne pratiquait pas encore cette démagogie dont les textes, après lui, ne cessent plus de se plaindre.

Protagoras fut aussi, nous le savons, le législateur de la colonie panhellénique de Thourioi, fondée sous l'impulsion de Périclès. On s'est beaucoup demandé quel régime il avait entendu instituer.

A priori, il ne pouvait s'agir que d'une démocratie. D'abord ce devait être un régime inspiré par celui d'Athènes, même si d'autres cités étaient associées à l'entreprise. Le fondateur en nom était athénien, et l'on ne peut guère imaginer Périclès, ou la cité elle-même, encourageant une constitution trop différente de celle qu'ils pratiquaient. Or tout suggère que Protagoras représentait bien cette tendance. Le mythe que lui prête Platon, et selon lequel tout homme a part à la justice, s'accorde avec le principe qui veut que tout homme puisse juger et décider. De plus, dans la pratique, on sait que Protagoras fut poursuivi en justice par un certain

Pythodoros, qui devait faire partie plus tard du gouvernement oligarchique des Quatre Cents.

Mais le régime de Thourioi devait aussi être une démocratie modérée. Non seulement Périclès, qui animait l'entreprise, n'était pas un extrémiste comme Athènes devait en connaître après lui; mais le fait même que l'on établisse une législation conçue de façon théorique, pour une cité que l'on voulait rendre accueillante pour des hommes d'origines diverses, imposait un certain équilibre.

Tous les indices concordent donc pour suggérer que Protagoras devait être un homme attaché à la démocratie modérée.

Les autres grands sophistes, en revanche, semblent s'être orientés vers des idées plus oligarchiques – au moins certains d'entre eux.

De Gorgias, à cet égard, on ne peut rien dire – sinon que son disciple Isocrate devait être, lui aussi, un défenseur de la démocratie modérée. Mais qui oserait juger des idées politiques d'un maître d'après celles d'un de ses élèves? Le problème est d'autant plus vexant que, arrivé à Athènes comme ambassadeur d'une ville alliée, Gorgias n'était sûrement pas étranger à la politique. On ne sait rien non plus de Prodicos. Et Hippias? On croit savoir (par Tertullien, et sans que l'on soit sûr s'il s'agit bien de notre Hippias!) qu'il périt dans des luttes politiques, alors qu'il complotait contre sa patrie, Elis, dans le Péloponnèse : ce pourrait être dans une action démocratique entreprise contre l'oligarchie qui régnait alors à Elis. Mais il serait bien imprudent de rien fonder sur ce témoignage.

En revanche, les choses sont un peu plus claires pour quelques autres.

Tel est le cas pour l'auteur inconnu des *Discours doubles*, qui s'élève contre la désignation des magistrats par le tirage au sort : c'était là une des critiques bien connues que mettaient en avant les opposants à la démocratie; et certains projets des modérés s'efforçaient, précisément, de limiter la part du tirage au sort. Le texte, qui est fort bref, utilise certains arguments traditionnels de cette controverse, comme la comparaison avec les métiers et les compétences pratiques (qui a une résonance socratique) ou bien l'idée que l'on peut, avec le tirage au sort, tomber sur des ennemis du régime (Isocrate le redira dans son *Aréopagitique*).

A côté de cette brève remarque, on a aussi des renseignements sur quelques-uns des grands sophistes. On pourrait, si l'on osait, ranger parmi eux Antiphon, si l'on tenait pour admis que le sophiste se confond avec l'orateur; celui-ci joua un rôle déterminant dans la révolution oligarchique de 411 et y perdit la vie. Malheureusement cette identification est fort contestée. En revanche, nul ne saurait contester ni le cas de Thrasymaque ni celui de Critias.

De Thrasymaque nous possédons en effet une page, qui est le premier plaidoyer connu en faveur de la « constitution des ancêtres », c'est-à-dire d'un régime modéré, tendant vers l'oligarchie. D'autre part, dans *La République* (340 a), on voit intervenir en faveur de notre homme, et non sans vivacité, un certain Clitophon, connu pour le rôle qu'il joua en 411 en proposant un amendement qui ouvrait la voie à la réforme oligarchique; on peut penser que cette association entre les deux hommes n'est point due au hasard; et c'est là un témoignage qui confirme celui du fragment sur la « constitution des ancêtres ».

Quant à Critias, ce n'était peut-être pas un sophiste, mais c'était incontestablement un homme fort actif en matière de politique et un des partisans les plus engagés de l'oligarchie. Son rôle apparut, non pas dans la première révolution oligarchique (où son père joua un rôle), mais dans la seconde, celle de 404[1]. Il fut au nombre des « trente tyrans » et contribua directement à faire condamner, puis exécuter, Théramène, l'homme de la « constitution modérée » : il le jugeait trop mou et trop indulgent envers les idées démocratiques. Théramène, buvant la ciguë, devait s'écrier : « A la santé du beau Critias !... » On attribue au même Critias le régime de terreur qui régna un temps dans Athènes. Il fut tué peu après dans des luttes qui opposèrent l'oligarchie aux démocrates exilés, et où ces derniers triomphèrent, libérant Athènes de ce bref régime oligarchique.

Si une personne à Athènes fut vraiment pour l'oligarchie, et sans réserve, cette personne est Critias.

De la démocratie modérée à l'oligarchie extrême, en passant par l'oligarchie modérée, les quelques sophistes que nous connaissons et les maigres renseignements que nous avons sur eux ouvrent donc tout un éventail d'attitudes et de prises de parti diverses. On peut seulement, à très grands traits, esquisser l'image de caractéristiques communes. On peut ainsi dire que, contrairement à leurs prétendus disciples et aux hommes comme Calliclès, ils pensaient en fonction du groupe. Ils n'étaient ni pour l'anarchie (aussi bien Antiphon la condamne-t-il avec force) ni pour la tyrannie d'un seul. Ils étaient pour des régimes dignes du nom de *politeia*.

On pourrait même être tenté de penser que, parmi eux, il existait une certaine homogénéité en faveur de la « constitution des ancêtres », ce qui s'accorderait bien avec le principe d'un ordre fondé sur la concorde. Cela serait même tout à fait vraisemblable, s'il n'y avait deux cas limites, qui font exception ou semblent faire exception : Antiphon, s'il se confond avec l'orateur, et, à coup sûr, Critias... Par un hasard remarquable, ces deux exceptions sont les deux Athéniens du groupe. Peut-être peut-on imaginer que, n'étant pas des étrangers, ils se trouvaient à la fois plus en mesure de se mêler à l'action et mieux placés pour s'exprimer sans crainte. A partir de là, leurs ambitions, ou leurs relations, ou l'évolution des événements, les auraient entraînés... A vrai dire, ce sont là pures spéculations. Et l'on constate surtout que la réflexion critique la mieux raisonnée et la plus construite peut mener, selon les moments et les individus, à des choix pratiques différents.

Il faut donc, en ce domaine au moins autant qu'en matière d'analyse philosophique, cesser de se demander si ces hommes étaient « pour » ou « contre » telle mesure ou tel régime. A la différence de ce qui se passait pour la philosophie, ils étaient sûrement l'un ou l'autre; ils étaient engagés, prêts à agir et à prendre des risques. Mais ils ne l'étaient pas tous de la même façon et nos connaissances ne permettent pas de préciser davantage.

En revanche, presque tous partageaient un certain intérêt pour la réflexion politique; et ils tendaient par là à instaurer une science nouvelle (encore une!) fondée tout ensemble sur la mise en lumière des principes et sur la comparaison concrète : sur ce point, les témoignages ne laissent pas de doute.

Nous n'avons presque aucun renseignement sur le contenu de ces réflexions politiques auxquelles s'adonnaient les sophistes; mais nous savons déjà qu'elles ont existé, des titres d'œuvres ou des indications isolées laissent deviner toute une activité aujourd'hui perdue; et nous savons qu'elle fut essentielle, au moins pour certains d'entre eux.

Après tout, quand Protagoras, dans le dialogue de Platon qui porte son nom, définit lui-même le sens de son enseignement, il dit : « L'objet de mon enseignement, c'est la prudence pour chacun dans l'administration de sa maison et, quant aux choses de la cité, le talent de les conduire au mieux par les actes et la parole »; Socrate lui fait même préciser : « Si je comprends bien, c'est de la politique (*politikè technè*) que tu veux parler et tu t'engages à former de bons citoyens? »; alors, Protagoras le confirme : « C'est cela, Socrate, et tel est bien l'engagement que je prends » (319 a).

N'est-ce pas une injustice de plus que d'avoir plus ou

moins transposé ces mots et de leur avoir fait dire que Protagoras enseignait à pratiquer une brillante carrière, comme celles que souhaitait la jeunesse dorée? Ce n'est pas cela qu'il dit : il parle de bonne gestion, de capacité pour l'action politique et de bons citoyens. En outre, il parle d'une *technè*, avec ses connaissances et ses règles. La rhétorique, sans doute, en fait partie; mais elle est loin d'en épuiser la portée. Il fallait encore, pour ces bons citoyens, être capables de donner de bons conseils et, pour cela, connaître, dans leur généralité, les problèmes de la politique.

Cela pouvait mener très loin. Et il n'est pas déraisonnable d'imaginer que tel fut le point de départ de l'extraordinaire éclosion de maximes ou d'analyses que l'on trouve dans la littérature du temps, et plus particulièrement chez Thucydide et Euripide.

Les mouvements qui agitent une assemblée et la façon de les utiliser figurent chez l'un et l'autre, ainsi que la psychologie des masses et celle des armées, mais aussi les raisons qui font la force d'une alliance, et les dangers que constituent les gens trop pauvres ou trop riches, le rôle de l'intelligence et de la prévision chez les chefs d'Etat ou d'armée, les dangers de la démagogie, le pouvoir de l'opinion, les parts respectivement allouées à l'argent ou à la gloire, la différence entre Grecs et barbares ainsi que ses limites, la nécessité du civisme et les avantages de la générosité... tous ces thèmes, cités ici en désordre et presque au hasard, impliquent une réflexion active, menée dans tous les domaines de la politique et tendant à faire de chacun une sorte d'expert, capable d'y voir clair. L'existence des discours insérés dans leurs œuvres par nos deux auteurs en donne quelque idée; et celle des discours fictifs confirme l'importance de la formation que donnaient en ce sens les sophistes.

Mais avant tout la compétence politique supposait une connaissance lucide des différents aspects des institutions et de ce que l'on pouvait appeler, pour une cité donnée, sa constitution : plusieurs sophistes, nous le savons, s'en occupèrent. Que Protagoras ait ouvert la voie à cet égard ne surprendra personne.

Au reste, pourquoi aurait-il été le législateur de Thourioi ? De toute évidence, il avait réfléchi sur les lois; de toute évidence, aussi, sa compétence en ce domaine était ouvertement reconnue. Et le fait est que Diogène Laërce, dans la liste de ses œuvres, cite un traité *Sur la constitution*. C'est le premier ouvrage portant ce titre dont l'existence nous soit connue. Mais il s'inscrit dans un double mouvement qui nous est bien attesté.

L'intérêt pour les régimes apparaît, à la même époque, dans la discussion sur les divers régimes que reproduit, de façon assez anachronique, le livre III d'Hérodote, et dans un traité de date inconnue, qui pourrait être antérieur à la guerre du Péloponnèse ou bien écrit dans la première moitié de cette guerre : ce traité s'appelle *Sur la constitution des Athéniens*; il a été transmis par erreur avec les œuvres de Xénophon (parce que Xénophon, un demi-siècle plus tard, avait écrit un traité *Sur la constitution des Lacédémoniens*).

Ce genre de réflexion était sans doute aussi nouveau que le mot abstrait lui-même – ce mot que nous traduisons par « constitution », mais qui désignait alors un ensemble de lois, de règles constitutionnelles, d'habitudes et de mœurs[2]. Et sa brusque diffusion correspond, de toute évidence, à une prise de conscience récente.

Celle-ci était liée à un souci d'amélioration et d'assainissement de la vie politique, on discutait dans les assemblées des mesures à prendre en ce sens; et il est normal que les sophistes, préparant leurs disciples à ces débats, aient voulu établir les bases d'idées générales, susceptibles de les aider. De toute façon, c'était un sujet de méditation important. Et il était, ici encore, dans l'air. Les philosophes, en particulier pythagoriciens, avaient pensé et écrit sur la vie politique et sur ses principes. Des contemporains s'en préoccupaient aussi. Hippodamos, qui participa à la fondation de Thourioi, était un grand urbaniste. Il a peut-être dessiné le plan de la nouvelle ville. On sait en tout cas qu'il a réorganisé le Pirée. Or Aristote écrit de lui, dans sa *Politique* (II, 8) : « Il est le premier qui, tout en demeurant étranger aux affaires publiques, entreprit de tracer un plan de constitution idéale. » Il aurait donc écrit lui aussi un traité « Sur la constitution »... Aristote résume ses idées, qui englobaient la division de la population et du territoire (en trois), ainsi que la description du mode de gouvernement. Il est vraisemblable qu'Hippodamos est largement postérieur à Protagoras; mais, en l'occurrence, un souci analogue les animait tous deux.

De même Phaléas de Chalcédoine, dont Aristote parle juste avant, avait rédigé un projet de constitution, comportant l'égalité des fortunes ou leur égalisation. On ignore la date exacte de ce personnage, qui fut le compatriote de notre Thrasymaque et un des prédécesseurs de Platon. Mais il illustre, lui aussi, la vogue de cette recherche.

En tout cas, avec Protagoras, tout un mouvement de pensée se fonde; et les traités sur ce sujet semblent avoir pullulé.

Que devaient-ils au sien ? Il est impossible de le dire, car nous ne savons rien de son contenu, et nous devons, une fois de plus, nous contenter de pures hypothèses.

On peut aussi imaginer qu'avec son habitude des antilogies et des controverses Protagoras y examinait le pour et le contre des divers régimes. Certains ont même supposé que le débat sur ces divers régimes, au livre III d'Hérodote, reflétait les analyses de Protagoras. On s'est étonné, en effet, de voir les chefs perses, au moment où Darius va prendre le pouvoir, discuter posément des avantages et des inconvénients des trois régimes principaux – monarchie, oligarchie et démocratie –, et l'on a vite reconnu là l'influence des débats athéniens et des recherches des sophistes. Hérodote et Protagoras sont tous deux associés à la fondation de Thourioi, ce qui renforce la portée de ces convergences. Si elles signifiaient une relation directe entre les idées des deux hommes – ce qui n'est qu'une hypothèse –, elles rendraient plus sensible encore le rôle d'initiateur de Protagoras et l'illustreraient de façon concrète. Même sans cela, elles sont éloquentes.

Du reste, le genre même de ces traités « Sur la constitution » allait connaître un éclatant succès. Et, finalement, ce que Protagoras avait inauguré là devait mener tout droit jusqu'à Platon, dont le grand traité, que nous avons pris l'habitude (latine) d'appeler *La République*, s'appelait en fait *Politeia*, c'est-à-dire *Sur la constitution*. C'est là encore un trait par où la dette de Platon envers Protagoras pourrait bien être plus grande que l'on ne croit. Le fait qu'à ce titre ait été ajouté un sous-titre, signifiant *ou du Juste*, montre alors le souci éthique et l'exigence d'absolu qui distinguaient l'œuvre de Platon de celle de ses prédécesseurs en général et de Protagoras en particulier.

Le genre des traités « Sur la constitution » pouvait, au reste, prendre d'autres formes; et c'est ce que révèle l'œuvre de certains sophistes, comme Critias et Thrasymaque.

Critias le pratiqua de diverses manières. On possède en effet de lui des fragments d'une *Constitution des Lacédémoniens*, composée en vers, ainsi que divers petits fragments d'une *Constitution des Thessaliens* et d'une *Constitution des Lacédémoniens*, en prose. Certains éléments sont rattachés, de façon hypothétique, à une *Constitution des Athéniens*. De toute façon, la multiplicité des traités de ce type dus à Critias est un fait. Un témoignage antique parle, au pluriel, des « Constitutions » de Critias (A 38).

Cette série de textes est révélatrice d'un intérêt très vif; elle est aussi révélatrice d'un goût marqué pour la comparaison. Critias ne semble pas avoir composé d'écrits théoriques et généraux, comme ceux que l'on vient d'évoquer : conformément aux nouvelles curiosités ethnologiques et anthropologiques, il regarde et décrit, il collectionne, il suggère partout la confrontation.

En fait, à cause du sens très large qu'avait alors le mot *politeia*, Critias décrivait sûrement dans ses traités plus d'usages concrets que d'institutions : rien de ce qui est parvenu jusqu'à nous ne concerne des institutions politiques. Il s'intéressait du moins à la morale, et aux conditions de vie, toutes choses qui, pour un Grec de cette époque, faisaient partie d'un système et étaient liées au régime, dans son sens large.

Mais, quel qu'ait été le contenu exact de ces textes, on voit qu'ils jetaient les bases d'une sorte de vaste enquête socio-politique, riche d'un bel avenir! Pour ne parler que des textes littéraires connus, on peut rappeler qu'à son tour Xénophon rédigea une *Constitution des Lacédémoniens*, et surtout qu'Aristote multiplia, en vue de sa *Politique* et autour d'elle, les études de ce type. Il nous en reste la *Constitution des Athéniens*; mais les catalogues anciens attribuent à Aristote de cent cinquante-huit à cent soixante et onze « Constitutions »; certains témoignages parlent même de deux cent cinquante. A cela il faut encore ajouter les « Règles de vie barbares » (*Nomina barbarika*), les *Tableaux des lois de Solon*, etc. Cette énorme collection, aujourd'hui perdue, se situe dans le prolongement des efforts de Critias; et elle rend bien compte du caractère plus concret et plus nuancé que prend *La Politique* d'Aristote par rapport à *La République* de Platon. Les deux plus grands penseurs politiques de la Grèce sont donc l'aboutissement des deux orientations de pensée qu'avaient lancées, à la fin du siècle précédent, nos deux sophistes : Protagoras, avec sa réflexion de législateur, et Critias, avec ses enquêtes de comparatiste.

Cela semblerait laisser assez peu pour les autres sophistes. Et pourtant il se trouve que Thrasymaque est le seul dont nous possédions un texte – celui qui a déjà été mentionné à plusieurs reprises – et que ce texte ouvre des perspectives non moins étonnantes que les précédentes.

Il s'agit, là aussi, d'une réflexion sur la constitution; cependant, il n'est pas sûr qu'il faille, comme on le fait d'ordinaire, attribuer le passage à un traité « Sur la constitution », dont rien ne garantit qu'il ait existé : le texte pourrait fort bien appartenir aux *Discours délibératifs* qui sont, eux, attestés par le témoignage de la Souda[3]. On serait alors en présence d'un genre proche de celui que pratiqua si souvent Isocrate, et qui consiste, sous couleur d'un plaidoyer fictif, à répandre les idées auxquelles on tient, combinant ainsi le modèle rhétorique avec la propagande politique. Ce fragment nous a été conservé comme un exemple de style; mais le *Plataïque* d'Isocrate montre bien ce que ces discours fictifs pouvaient avoir de personnel et d'engagé.

Thrasymaque commence par justifier son intervention – ce qui est un lieu commun banal en rhétorique; mais il en profite pour évoquer les heureux temps du passé – ce qui donne tout de suite à ce début son orientation politique. Puis cette orientation se précise, mais en une argumentation où l'esprit de conciliation est très remarquable et qui semble lier entre elles morale et politique. Thrasymaque se plaint des fautes accumulées et, en des termes qui se rapprochent beaucoup de ceux de l'Anonyme, il montre la guerre succédant à la paix, ainsi que la haine et les désordres intérieurs succédant à la concorde. Il déplore que les ambitions privées empêchent les hommes politiques de reconnaître ce qu'il y a de commun dans des thèses en apparence adverses; et il loue la « constitution des ancêtres » comme étant la mieux adaptée à tous les citoyens ou, si l'on préfère, la plus apte à mettre en commun leurs intérêts (elle est *koinôtatè* : nos hommes politiques d'aujourd'hui diraient que c'est une constitution pour tous les Athéniens!).

On ne sait pas par quels arguments Thrasymaque défendait les diverses réformes pratiques dont nous connaissons la teneur par d'autres écrits du temps. Mais il demeure assez étonnant que, sur un extrait d'une seule page, on puisse aussi bien juger des tendances maîtresses, du ton, et du mode de raisonnement. On y reconnaît en pleine clarté deux traits caractéristiques du tour d'esprit des sophistes. Le premier consiste à juger de façon réaliste, non pas d'aprés des principes, mais d'après des résultats, en demandant : « Que nous a rapporté le régime actuel ? Qu'en est-il résulté, en fait ? » Cette démarche est empirique et réaliste. Elle constitue l'inverse de celle de Platon, pour qui tout est commandé par des principes, correspondant à des exigences intellectuelles et morales. En revanche, le type de démonstration employé par Thrasymaque sera l'argument type d'Isocrate : il procède de la sorte pour juger des politiques impérialistes d'Athènes et de Sparte, dans le *Sur la paix*; et il procède de même pour opposer la démocratie actuelle à celle « des ancêtres », dans l'*Aréopagitique*. L'autre trait consiste à privilégier, parmi toutes les mesures et tous les principes, ceux qui assurent l'union et l'entente : ce devait être aussi, plus tard, l'orientation d'Isocrate; dans le même discours *Sur la paix*, il loue la démocratie d'autrefois pour la bonne entente qu'elle faisait régner entre les citoyens, en particulier entre riches et pauvres (31-32); et il détache, comme le plus grand titre de gloire de la démocratie, la réconciliation qui suivit le départ des « trente tyrans » : cette réconciliation devait rester aux yeux de tous le symbole même de la concorde (69). Si Protagoras mène à Platon et si certains caractères de l'œuvre de Critias préparent un peu Aristote, le petit texte de Thrasymaque, lui, se prolonge de façon extraordinairement directe dans les divers traités d'Isocrate.

Ces sophistes, dont on a pratiquement tout perdu, ont donc pourtant laissé assez de traces pour que l'on perçoive leur influence sur la réflexion politique à venir. Tout le IVe siècle, si riche en analyses et en théories de genres divers, se rattache, sans l'ombre d'un doute, à l'influence de ces hommes : il doit son essor même à l'esprit qui, en dépit des divergences, se traduit encore clairement pour nous dans leurs recherches.

On n'a cependant examiné ici que la politique intérieure et les constitutions : et l'on n'a pas rencontré tous les sophistes. Or il se trouve que, si l'on regarde à présent, par-delà ces questions de régime, vers les rapports des cités entre elles, on rencontre, comme par hasard, ceux qui jusqu'alors semblaient échapper à l'enquête. Et les doctrines qu'ils répandirent ne furent ni moins originales ni moins importantes pour l'avenir que celles qui avaient trait au régime intérieur.

Par-delà les cités

Les sophistes étaient désignés entre tous pour considérer les problèmes sous un angle large, sans être retenus par aucun particularisme – cela pour plusieurs raisons.

Tout d'abord, ils étaient – on l'a déjà rappelé – des voyageurs, venant des confins opposés du monde grec; et ils s'arrêtaient dans bien des cités autres qu'Athènes, pour y diffuser leur enseignement. Parce que les dialogues de Platon où ils sont mis en scène se passent à Athènes, on oublie trop facilement qu'ils allaient partout. Nous cueillons ici ou là la trace de leur passage à Olympie ou même à Sparte. On sait que Gorgias (qui venait de Sicile) enseigna en Béotie et surtout en Thessalie, où il semble s'être fixé pour finir. Inversement, c'est en Sicile qu'Hippias (qui venait d'Elis, dans le Péloponnèse) rencontra un jour Protagoras (qui venait des bords de la Thrace)... Quant à Thrasymaque (qui venait presque de la mer Noire), pourquoi trouvons-nous dans les titres de ses œuvres un discours *Pour les gens de Larissa*? Larissa, c'était, à nouveau, la Thessalie...

Toutes ces villes, réparties un peu partout sur le pourtour de la Méditerranée, étaient des villes grecques. Le cas de Protagoras, qui aurait reçu la formation des mages perses, est fort suspect; et, même si la chose était vraie, il demeurerait exceptionnel. Mais, à l'intérieur du monde grec, quel brassage ! Nos sophistes inaugurèrent en Grèce, ou plutôt ils y rétablirent et développèrent l'esprit cosmopolite[4].

Déjà la curiosité pour les autres cités et pour les autres peuples orientait l'attention en ce sens. On l'avait vu avec Hérodote, cet homme d'Asie Mineure venu un temps se fixer à Athènes, avant de devenir citoyen de la nouvelle colonie d'Italie à laquelle Protagoras donnait ses lois : Hérodote, comme historien, avait eu à traiter de diverses cités grecques et à décrire, aussi, les usages de divers barbares. Or les sophistes travaillèrent dans le même sens; mais ils s'intéressaient surtout aux villes qu'ils connaissaient, c'est-à-dire aux villes grecques. On a vu les enquêtes de Critias, parmi lesquelles figurent des études sur Sparte et sur les Thessaliens.

Mais, à faire ainsi le lien entre les cités grecques, à les fréquenter, à les comparer, les sophistes étaient bien placés, aussi, pour incarner l'idée même d'une unité grecque.

Le moment où s'exerçait leur activité les y invitait également.

L'idée de l'unité grecque avait en effet pris vie et réalité un demi-siècle plus tôt, dans les guerres médiques; et Hérodote en porte témoignage, en faisant célébrer par les Athéniens « ce qui unit tous les Grecs – le sang et la langue, les sanctuaires et les sacrifices qui sont communs à tous, ainsi que les coutumes » (VIII, 144).

Jusqu'à la guerre du Péloponnèse, et malgré les divisions et les petites escarmouches, cet esprit subsista; Athènes tenta même de donner à la domination que peu à peu elle s'était acquise une allure de confédération panhellénique : telles furent sans doute les intentions qui présidèrent à l'envoi de la colonie de Thourioi; et il n'est pas indifférent que justement, comme on l'a plusieurs fois rappelé, le premier de nos sophistes y ait joué un rôle. Dans sa vie, sinon dans les fragments de son œuvre, il se rallie par là à une forme d'union entre les Grecs.

Mais Sparte ne participa pas à l'entreprise; et le panhellénisme de Thourioi était un panhellénisme athénien. Les temps, en effet, avaient changé, depuis la guerre contre le barbare. Et voici que la guerre du Péloponnèse allait opposer dans un affrontement sans merci des Grecs à d'autres Grecs. Dès le début, cela dut choquer certains citoyens, qui aspiraient à une réconciliation entre Athènes et Sparte. Mais, avec le temps, tout empira; la guerre dura vingt-sept années, au cours desquelles les atrocités s'accumulèrent; bientôt, les Perses furent mêlés à la guerre; et, à partir de 411, on rencontre au théâtre de brusques allusions à l'idée que les Grecs feraient mieux de s'unir entre eux contre les barbares. Un personnage de la *Lysistrata* d'Aristophane s'écrie ainsi (en 411) : « Quand vos ennemis les barbares sont là en armes, vous tuez des Hellènes et détruisez leurs cités! » De même, dans l'*Iphigénie à Aulis* d'Euripide (écrite vers 407), on lit qu'il est beau de mourir pour « la Grèce »; Iphigénie le proclame hautement : « Il convient que les Grecs commandent aux barbares, et non pas, ma mère, les barbares aux Grecs; car, là, c'est l'esclavage, et ici ce sont des hommes libres. » Du côté lacédémonien, il y avait des réactions de même ordre; pour l'année 406, Xénophon cite ainsi le mot du chef lacédémonien obligé de quémander des subsides perses et observant que « les Grecs étaient bien malheureux d'avoir à faire la cour à des barbares pour avoir de l'argent »; et il déclarait même que, « s'il rentrait sain et sauf chez lui, il ferait tout son possible pour réconcilier Athéniens et Lacédémoniens ».

Or cette expérience est très exactement celle que vivaient nos sophistes. Protagoras fit les lois de Thourioi en 443, treize ans avant le début de la guerre du Péloponnèse; Gorgias arriva à Athènes en 427, quatre ans après le début de cette guerre; Critias prit le pouvoir lorsqu'elle prit fin; et Gorgias, qui devait mourir centenaire, lui survécut. Autrement dit, la génération des sophistes est bien celle qui voit poindre la nostalgie de l'unité grecque. L'année 411, pour laquelle cette nostalgie s'exprime chez Aristophane, est celle que vise le fragment politique de Thrasymaque.

Mais cette circonstance nous met sur la voie d'une troisième raison, qui prédisposait les sophistes, ou certains d'entre eux, à jouer un rôle dans l'épanouissement de l'idée panhellénique : le texte de Thrasymaque, en effet, suffit à rappeler le rôle de la bonne entente, ou *homonoia*, dans la pensée des sophistes. Et, si l'année 411 voit, avec *Lysistrata*, la première allusion précise à l'idéal de l'unité grecque, elle voit ausi, chez Thrasymaque, la première attestation du mot *homonoia* : cela peut tenir au hasard des transmissions et des citations, mais ce hasard semble révélateur.

En effet, cette bonne entente, qui devrait faire le bonheur et la force des cités, pouvait aussi représenter la fin de ces luttes intestines qui divisaient et ruinaient la Grèce; et les doctrines soutenues en général par les sophistes s'accordaient, par là, avec le souci panhelléniste.

De fait, nous sommes assurés du rôle que jouèrent, en ce domaine, deux d'entre eux.

Le premier est Thrasymaque : nous le savons par une seule petite phrase qui a survécu de son discours *Pour les gens de Larissa*. Cette seule petite phrase ne serait rien, si les circonstances ne lui conféraient un relief frappant. Dans une pièce perdue datant de 438, Euripide avait fait dire à un personnage : « Nous qui sommes Grecs, serons-nous esclaves des barbares ? » Or, à l'époque d'Archélaos, qui fut roi de Macédoine de 413 à 399, Thrasymaque va rechercher ce mot, sans doute célèbre; et il le retouche à peine : « Nous qui sommes Grecs, proteste-t-il, serons-nous esclaves d'Archélaos ? » On ne sait à quel moment ni dans quelles circonstances il lança cette formule; mais elle ne passa pas inaperçue, puisque, citant Euripide à une vingtaine d'années de distance, elle nous est elle-même parvenue par une citation de Clément d'Alexandrie, faite sept siècles plus tard!

Pourtant, le vrai grand homme du panhellénisme, celui qui devait rester comme son incarnation et son plus célèbre défenseur, ne fut pas Thrasymaque ni aucun des plus jeunes sophistes, mais un des plus anciens : Gorgias.

C'était un des plus anciens; mais les témoignages sur son activité panhelléniste renvoient à une date relativement tardive : son grand discours à cet égard date presque certainement de 392 : plus de dix ans après la fin de la guerre du Péloponnèse[5].

Le genre même de ce discours et son cadre sont remarquables. Il fut en effet lu à Olympie, à l'occasion des jeux panhelléniques; il s'adressait, par conséquent, de façon solennelle, aux Grecs assemblés[6] : le cadre et l'occasion sont éloquents à eux seuls.

Les villes des grands sanctuaires, Olympie et Delphes, étaient naturellement, par le fait que tous s'y rencontraient et par la trêve que les jeux imposaient, les premiers centres panhelléniques. Et il semble que les sophistes s'y soient volontiers produits. Hippias, dont la patrie était toute proche d'Olympie, était pour cela mieux placé que les autres; mais il ne semble pas s'être comporté de façon exceptionnelle en agissant comme il le raconte dans l'*Hippias Mineur* de Platon : il avait, explique-t-il, l'habitude de se rendre à Olympie chaque fois que les jeux avaient lieu, et, là, selon ses mots, « d'aller dans le sanctuaire me mettre à la disposition de tous pour discourir, à la demande de l'un et de l'autre, sur un des sujets que j'ai préparés et pour répondre à toutes les questions qu'on se plaît à me poser » (363 c-d).

Mais il est évident que le discours d'apparat, tel que l'a pratiqué Gorgias, revêtait plus d'éclat encore.

On ne sait pas quand fut inauguré l'usage de ces « Discours olympiques »[7]; deux d'entre eux demeurèrent célèbres : celui de Gorgias et celui de Lysias, aux jeux olympiques suivants – un discours, lui aussi, animé par le plus vif esprit panhelléniste. Mais il y avait aussi les jeux pythiques, à Delphes. Or voici que nous trouvons un *Discours pythique* du même Gorgias! Nous n'en savons ni la date ni le contenu. Mais il est vraisemblable que l'esprit en était semblable, et que notre sophiste cherchait toutes les grandes occasions pour montrer son talent, mais aussi ses idées. Et la tradition ne devait pas s'arrêter là : le célèbre discours d'Isocrate que l'on appelle le *Panégyrique* est un discours destiné à la lecture, mais supposant le même cadre : les « panégyries » étaient les réunions solennelles des grandes fêtes grecques; et ce n'est qu'à cause du discours d'Isocrate, où il louait Athènes, que le mot a pris ensuite le sens d'« éloge » et que le titre a parfois, par voie de conséquence, été modifié pour devenir, à tort, « Panégyrique d'Athènes ». Or ce *Panégyrique*, longuement préparé, fut sans doute commencé par Isocrate dès l'époque du *Discours olympique* de Gorgias; et il semble bien avoir été publié à l'occasion des jeux olympiques de 380. Le principe est donc le même, exactement. Et Isocrate définit lui-même l'esprit de son œuvre en disant : « J'arrive pour donner des conseils touchant la guerre contre les Barbares et la concorde entre nous » (3).

Encore une fois, avec Gorgias, un sophiste vient donc en tête et ouvre ce qui allait devenir une grande tradition classique.

Il est probable qu'il s'agissait en partie d'une manifestation au service des fastes de la rhétorique; mais les brefs témoignages qui nous ont été conservés ne permettent pas de douter de la force des idées exprimées par Gorgias, non plus que de leur autorité.

On sait que le discours faisait l'éloge des jeux, et l'on cite telle phrase relative aux qualités qu'implique pareille compétition. Mais surtout Philostrate, dans la *Vie des sophistes*, nous a laissé un résumé, qui dit : « Voyant la Grèce en proie aux guerres intérieures, Gorgias se fit son conseiller en parlant pour la bonne entente (*homonoia*), en la tournant contre les barbares et en l'engageant à se fixer comme trophée pour ses armes, non pas leurs cités respectives, mais le pays barbare. »

Tout est là; et l'on aimerait s'arrêter au commentaire du texte. On y trouve, bien en vedette, la notion d'*homonoia*, si importante dans la pensée des sophistes. Et l'on peut à cette occasion citer une anecdote, rapportée par Plutarque : il raconte que Gorgias, ayant lu à Olympie un discours aux Grecs « sur l'*homonoia* », fut interrogé par un assistant sur l'*homonoia* qui régnait, ou ne régnait pas, dans son propre ménage! Le mot était donc essentiel. D'autre part, on trouve aussi dans le résumé de Philostrate des tours de style révélateurs, qui supposent que la Grèce forme un tout (ainsi le texte grec ne dit pas « leurs cités respectives » ou « leurs cités à chacun », mais « leurs cités entre eux ». On trouve surtout, dans le même ordre d'idées, l'emploi de l'expression « guerre intérieure » (*stasis*) quand il s'agit de la guerre entre Grecs. Platon devait consacrer dans *La République* un développement de plusieurs pages à établir, non sans éloquence, que cet usage est le bon; il faut en effet dire « guerre intérieure » dans ces cas-là, comme s'il s'agissait d'une guerre civile dans une cité : « Quand donc les Grecs se battront avec les barbares et les barbares contre les Grecs, nous dirons qu'ils se font la guerre, qu'ils sont naturellement ennemis, et cette inimitié méritera le nom de guerre; mais que les Grecs se battent avec des Grecs, quand nous verrons cela, nous dirons qu'ils n'en sont pas moins naturellement amis, mais qu'en ce cas la Grèce est malade et en guerre intérieure, et ce nom de guerre intérieure est celui qui s'appliquera à cette inimitié[8]. » Cet usage, si fièrement revendiqué par Platon, avait été, on le voit, pratiqué avant lui, et avec éclat, par Gorgias.

Or celui-ci ne s'en tint certainement pas à la grande manifestation que constituait ce discours : il persévéra et recommença.

C'est ainsi qu'il prononça un éloge de la ville d'Elis ou

de l'Elide, à laquelle se rattachait Olympie. Il prononça aussi – on l'a vu – un *Discours pythique,* sans doute dans le même esprit. Et surtout il utilisa à cette propagande une autre forme de discours d'apparat, à laquelle il insuffla un esprit panhelléniste inhabituel : c'est celui de l'oraison funèbre pour les morts de la guerre. On connaît bien des exemples, réels ou fictifs, de cette pratique athénienne; le plus célèbre est le discours que Thucydide prête à Périclès, au livre II de son histoire. Mais une oraison funèbre de cette sorte, composée lors d'une guerre entre Athènes et Sparte, ne pouvait que traduire l'opposition entre les deux cités rivales. Le cas de Gorgias était différent. D'abord il s'agit pour lui d'un discours fictif, car, étant étranger, il ne pouvait être chargé officiellement de prononcer un tel discours. Il était donc plus libre de ses thèmes. En outre, il choisit de composer ce discours fictif dans la seconde partie de la guerre de Corinthe : à ce moment, sans doute, Athènes et Sparte s'opposaient à nouveau, non sans des interventions perses; mais on voyait aussi, alors, Athènes reprendre son autorité en Grèce; et l'on pouvait espérer de sa part une action de rayonnement et de résistance aux barbares, qui serait digne de son rôle d'autrefois. Gorgias avait toujours fait confiance à Athènes : c'est le sens de sa fameuse ambassade de 427. Au moment où semblaient revenir les chances de la cité, il entreprit de la conseiller. Et Philostrate nous dit dans quel esprit il le fit. D'après lui, Gorgias « stimulait les Athéniens contre les Mèdes et les Perses et il soutenait sa cause dans le même esprit qui animait le *Discours olympique :* il n'exposa rien sur la bonne entente avec les Grecs, puisqu'il s'adressait aux Athéniens en proie au désir de l'empire, empire qu'ils ne pouvaient acquérir sans choisir des voies énergiques; mais il insista sur les éloges que valent des trophées remportés sur les Mèdes ». Autrement dit, Gorgias adaptait autant que possible les thèmes de son *Discours olympique,* et proposait à l'ambition athénienne un but d'action panhellénique. Les trophées remportés sur les barbares rappellent la belle antithèse de son *Discours olympique* sur le devoir de préférer des trophées remportés sur des barbares plutôt que sur des Grecs. Aussi bien en ajoute-t-il une autre, non moins frappante, dans son *Oraison funèbre*, et Philostrate la cite : « Les trophées, s'ils sont remportés sur les barbares, réclament des hymnes de victoire – s'ils le sont sur des Grecs, des chants de deuil. »

La force des formules rattache donc étroitement ce discours à l'autre, et les marque tous deux du sceau de la personnalité de Gorgias.

S'il était remarquable de savoir ainsi adapter son programme aux circonstances et utiliser l'ambition d'une des cités au profit d'un idéal de réconciliation, il se trouve que, même en cela, Gorgias devait avoir un disciple en la personne d'Isocrate.

Isocrate, en effet, n'a jamais cessé de recommander avec passion l'union des Grecs contre les barbares; mais il a toute sa vie dû retoucher ce programme en fonction des possibilités du moment, espérant toujours voir Athènes prendre la tête des Grecs, mais pensant aussi, selon les cas, à tel ou tel souverain d'une autre cité[9], voire à Philippe de Macédoine : il a chaque fois prodigué les mêmes conseils à celui qui avait chance d'être en mesure de les suivre. Il a varié dans les détails, par obstination à vouloir le principe – comme Gorgias.

On sait d'ailleurs que la seconde confédération athénienne, fondée en 376, apparut comme la confirmation des espoirs d'Isocrate et l'aboutissement de son action. Mais cette action elle-même ne faisait que continuer celle de Gorgias. Le *Discours olympique* semble bien être de 392. Le *Panégyrique* est de 380. La continuité est évidente et saisissante.

Isocrate, rappelons-le, fut l'élève de Gorgias en Thessalie. Il avait d'ailleurs bien des liens avec les sophistes; il avait été l'élève de Prodicos, il avait épousé la fille d'Hippias et avait adopté un de ses fils. Il ne garda pas tout de leur enseignement; mais il resta pénétré des idées de Gorgias dans le domaine politique. Et, dans ce domaine plus encore que dans les autres, on le rencontre à la fin de la ligne qu'ont commencé à tracer les sophistes. Sur les questions de politique, les idées neuves pouvaient passer dans la pensée athénienne sans modification ni atténuation.

Ces idées, en revanche, ne passèrent pas dans les faits : l'unité grecque ne s'était pas réalisée quand vinrent les armées macédoniennes; elle ne s'était pas réalisée non plus quand vinrent les Romains. Et le souvenir de Gorgias plaidant pour l'unité grecque lors des fêtes d'Olympie reste une figure rayonnante, mais destinée à s'effacer, tout comme devait disparaître la statue en or qui immortalisait Gorgias à Delphes.

Seuls ne disparurent pas les idées, les principes, les découvertes, et l'impulsion à jamais donnée dans le domaine de la réflexion et de la théorie. Les idées ont survécu aux écrits, aux statues et à tous les émois de l'histoire.

NOTES DU CHAPITRE VIII

1. Entre les deux révolutions, il fut, un temps, exilé; alors se place un séjour qu'il fit en Thessalie, aidant, semble-t-il, les oligarques; Théramène, dans XÉNOPHON (*Helléniques* II, 3, 15 = DK A 10), le présente comme ayant au contraire aidé la révolution sociale; cela paraît assez étrange; mais le cas de Critias est parfaitement net, même si l'on n'utilise pas ces faits mal établis.

2. Cf. J. BORDES, « *Politeia* » dans la pensée grecque d'Homère à Aristote, 1982.

3. Ils traitaient évidemment de divers thèmes politiques.

4. L'époque archaïque avait connu les mêmes mouvements et les mêmes échanges, mais sans en faire un objet d'étude et de comparaison.

5. On avait d'abord pensé à 408 : l'hypothèse semble à juste titre abandonnée.

6. C'est ce que disent les textes; mais il ne dut pas lire son discours lui-même : il est déjà difficile d'imaginer comment un homme, ne fût-il pas centenaire, pouvait se faire entendre en plein air, sans micro, d'une pareille assemblée.

7. La tradition, transmise par Lucien, voulait que la première lecture complète de l'œuvre d'Hérodote ait eu lieu à Olympie. Lucien présente le fait comme une initiative osée de l'historien.

8. 470 c-d. La traduction de la *C.U.F.*, citée ici, traduit *stasis* par « discorde »; nous avons seulement voulu unifier.

9. On devine ici ou là des rencontres incertaines : Isocrate a peut-être été en rapport avec Jason de Phères (on a une lettre de lui aux fils de Jason); et un témoignage suspect de Pausanias lie les noms de Jason et de Gorgias. On ne saurait utiliser des données aussi vagues.

CONCLUSION

BILAN ET RETOUCHES

Cela peut sembler un jeu un peu étrange que de s'acharner à traquer, comme on l'a fait, la pensée de ces quelques hommes dont les œuvres sont perdues, dont les rares remarques conservées sont dépourvues de contexte et citées par des témoins toujours suspects, et dont enfin on ne connaît que des images tracées, souvent pour rire, par leurs adversaires. C'est un jeu austère; c'est aussi un jeu périlleux, où les hypothèses risquent à tout moment d'être non seulement contestées, mais bel et bien erronées.

Si l'on a cru devoir entraîner d'innocents lecteurs dans cette laborieuse entreprise, c'est que l'enjeu en a paru valoir la peine. On aime toujours tenter de résoudre les énigmes; mais il s'agit, en l'occurrence, d'énigmes qui ne peuvent pas laisser indifférent.

Elles ne le peuvent pas, d'abord, à cause de l'influence qu'ont exercée ces hommes dans le moment le plus brillant de la culture grecque. Elles ne le peuvent pas non plus à cause de tout ce qu'ils ont eux-mêmes inventé, et qui, une fois un peu revu et assimilé, devait parvenir tout vivant jusqu'à nous.

Car il est bien vrai que les hommes eux-mêmes nous échappent, et leurs œuvres aussi. Comme dans la pénombre d'une caverne, nous voyons se dessiner des silhouettes, nous entendons des bribes de phrases, nous percevons un ton et un tour d'esprit. Mais, en fin de compte, nous ne saisissons pas beaucoup plus que ce que montraient, en quelques pages, les évocations faites par Platon au début du *Protagoras* : quelques lignes pour chacun, beaucoup de respect, quelques moqueries, la voix de l'un, la démarche de l'autre... Nous avons cherché à nous approcher, le plus possible, mais sans jamais rejoindre ces hommes en un contact réel.

Tout cela est vrai. En revanche, ces ombres entr'aperçues se sont révélées à nous comme les responsables directs de tant de découvertes que l'on en reste confondu. Et, là, aucun doute n'est possible. On peut discuter sur la part respective qu'eut chaque sophiste; on peut discuter sur ce qu'ils doivent à l'évolution qui se dessinait avant eux; mais les nouveautés, elles, sont hors de question; et elles sont très largement leur apport.

De fait, la secousse qu'ils ont apportée dans l'histoire de la pensée grecque se mesure à la fois par les réactions qu'ils ont suscitées au sein même de la philosophie, et par l'héritage qu'ils ont laissé dans la vie culturelle en général.

Il ne faut pas s'y tromper, en effet : ces sophistes tant critiqués par Platon ont cependant joué un rôle décisif, même pour sa philosophie à lui – quand ce ne serait que par les réponses qu'ils ont exigées de lui.

Cela est surtout vrai de Protagoras. Protagoras, qui n'est jamais traité sans respect. Protagoras, qui a pour disciple et ami un être aussi attachant que le jeune Théodore du *Théétète*, dont la fidélité à son maître vaut à celui-ci plus de considération de la part de Socrate. Protagoras, enfin, qui, avec sa doctrine sur la Vérité oblige Platon à ces longues discussions obstinées au cours desquelles s'est élaborée ou précisée sa propre métaphysique.

Mais Protagoras n'est pas le seul ! La définition dialectique que pratique Platon et qui subdivise chaque fois une notion en deux n'est, elle aussi, qu'une façon de reprendre, dans une perspective nouvelle, l'art par lequel Prodicos distinguait les synonymes. Et la réflexion sur la justice, n'est-elle pas à son tour une réflexion contre Thrasymaque ?

Naturellement, Platon a voulu avant tout montrer l'écart profond qui séparait Socrate des sophistes; la confusion lui a paru intolérable; et il a voulu aussi dresser toute une philosophie pour répondre à ce qui lui paraissait condamnable dans leur enseignement. Mais cet antagonisme même s'est révélé fécond; et il nous fait assister à une double naissance. Car la rhétorique, au sens où l'entendaient les sophistes, était une chose neuve; mais la philosophie, au sens où l'entendait Platon, ne l'était pas moins. L'une et l'autre s'inventent ensemble; et le contraste les définit toutes deux.

On assiste ainsi à ce miracle de voir la même cité, dans les mêmes années, donner le jour aux deux formes de pensée les plus opposées – l'une où tout n'est qu'humanisme et l'autre où tout n'est que transcendance, l'une où tout est pratique et l'autre où tout est idéaliste.

On a donc, comme en un de ces Janus à deux faces, la double image du législateur : l'un, celui de Thourioi, qui, se fondant sur l'expérience et la comparaison, rédige des lois aujourd'hui perdues pour une cité réelle, l'autre, celui de *La République* et des *Lois*, qui déduit un système idéal d'une analyse sans compromis.

Mais, en présentant de la sorte ces deux naissances comme parallèles et rivales, force est bien de constater aussi que la bataille n'était sans doute pas égale, et que la balance a penché dans le sens de la philosophie. Pour elle, les œuvres se sont gardées et les disciples ont continué dans la ligne indiquée. Or ce n'est pas vrai des sophistes.

A ce fait, plusieurs explications peuvent être apportées. On peut penser que, en ce qui concerne l'activité, le rôle des sophistes était lié à la vie concrète de la démocratie athénienne et que le besoin de leurs leçons cessa de se faire sentir quand la vie politique athénienne, une fois l'indépendance menacée puis perdue, perdit son élan et cessa d'être importante. On peut penser aussi que, trop soucieux du quotidien et de l'effet produit, ces sophistes, qui étaient de surcroît des étrangers, ne laissèrent pas une œuvre qui soit, littérairement, digne d'être copiée et méditée.

Ces raisons ont pu jouer; et elles ne sont pas à écarter. Mais une autre circonstance a joué plus que tout. C'est le fait que, dans l'ardeur et la fierté de leur nouveau rôle, les sophistes croyaient tout fournir à la fois. Les premiers maîtres, ceux qui nous ont occupé ici, étaient des philosophes en même temps que des maîtres de rhétorique, des conseillers politiques en même temps que des logiciens, des stylistes en même temps que des scientifiques. Et puis les choses se sont décantées : après la grande floraison des débuts, il n'est bientôt resté que des maîtres de rhétorique.

Des maîtres de rhétorique? Sous cette forme plus modeste, les sophistes devaient, eux aussi, durer toujours...

Enfin, il faut le dire fermement : même si leur rôle ne continua pas, même si leurs œuvres se perdirent, il resta, il reste encore tout ce qu'ils avaient lancé; et ils avaient ouvert des perspectives dans tous les domaines de l'esprit.

Dès que l'on dépasse le cadre des discussions philosophiques, voici en effet leur apport qui surgit partout, sous toutes les formes, et de façon, cette fois, positive.

Que n'a-t-on rencontré, en effet, qui ne soit à mettre à leur compte? Dans la forme même qu'a prise leur enseignement, ils ont été les premiers à dispenser, en vue d'une vie pratique, un enseignement intellectuel – comme cela se fait encore aujourd'hui. Ils lui ont donné la forme d'un enseignement par la rhétorique : c'était nouveau aussi, et cela fit aussi scandale; or cela a aussi duré jusqu'à nous. Ils ont fondé les procédés de la rhétorique, procédés de style et de composition, mais aussi procédés de raisonnement et mise au point d'une certaine logique, alors à ses débuts. Pour mieux apprendre à bien parler, ils se sont interrogés sur le langage et ont tenté de mettre de l'ordre dans l'étude, jusqu'alors inconnue, de la grammaire. Pour alimenter les orateurs en lieux communs, ils ont lancé les réflexions sur l'homme, sur sa psychologie, sur les réactions à prévoir dans les diverses circonstances, sur la stratégie, sur la politique. Ils ont aussi saisi et développé les ressources offertes par l'étude comparée des sociétés. Tout, entre leurs mains, est devenu *technè*; et toutes ces *technai*, ou sciences humaines, qui étaient neuves, sont celles que l'âge moderne a reprises et approfondies. Tout : ils ont tout essayé, créé, inauguré. Cette poussée sans précédent eut même diverses conséquences qui furent fâcheuses pour eux.

Elle les a sans doute rendus trop confiants dans les ressources de leur art. Ils en ont joué. Ils s'en sont vantés. Et c'est ainsi que la prétention de compétence et d'efficacité que traduisait leur nom de « sophistes » s'est chargée d'un sens défavorable; il n'a plus désigné que des gens trop sûrs d'eux, pour qui le mot primait l'idée et pour qui les raisonnements captieux avaient plus de prix que les réflexions sérieuses.

Mais une autre conséquence a été que cet aspect a prévalu aux yeux de la postérité même; et beaucoup de modernes ont été sceptiques sur la portée de leurs doctrines. Parce que les sophistes tendaient à développer des ressources pratiques, qui n'avaient pas le vrai pour but, certains ont pensé – et même parmi les meilleurs esprits – que ces doctrines étaient secondaires et sans importance. Or il est évident – comme les controverses détaillées auxquelles s'est livré Platon suffisaient à le suggérer –, que ces doctrines étaient au contraire des plus sérieuses.

Dans le domaine critique, les sophistes sont les premiers à s'être livrés à une critique radicale de toutes les croyances au nom d'une raison méthodique et exigeante; et ils sont les premiers à avoir tenté de penser le monde et la vie en fonction de l'homme tout seul. Ils sont les premiers à avoir fait de la relativité des connaissances un principe fondamental et à avoir ouvert les voies non seulement à la libre pensée, mais au doute absolu dans tout ce qui est métaphysique, religion, ou morale. Nous ne prétendons pas ici qu'ils aient eu raison de le faire; mais ils ont eu l'originalité de pousser aussi loin que possible le rationalisme et le scepticisme. Même si ce travail critique n'avait eu pour effet que de susciter des réponses et d'appeler les hommes à mieux défendre leurs croyances et prendre une plus claire conscience de ce qu'elles impliquaient, la démarche aurait eu un prix irremplaçable : elle commence déjà à porter ses fruits chez Platon et le pousse à justifier, dialectiquement, la suprématie du Bien. A partir des sophistes, la philosophie ne révèle plus : elle est obligée de raisonner et de prouver. Mais déjà, telle qu'elle était, la nouvelle orientation qu'avait inaugurée la critique des sophistes devait survivre; et il serait naïf de prétendre qu'elle n'a pas retrouvé, à partir du XVIIIe siècle et dans notre monde moderne, une très large diffusion. Cette diffusion est de nos jours largement supérieure à celle du platonisme.

Le fait a d'ailleurs été souvent reconnu; mais il semble que l'on n'ait pas toujours assez bien compris que leur originalité allait plus loin; qu'ils avaient eux-mêmes reconstruit un monde à la mesure de l'homme et fondé sur ses seules exigences; dans ce monde, les nécessités de la vie en commun restituaient à la justice, à la bonne entente et aux vertus en général une nouvelle place et un nouveau sens. Tous les systèmes de pensée humanistes, où l'on crée ses valeurs dans un cadre existentiel, sont en germe dans ce redressement. Enfin, devant cette importance du groupe politique et de la vie en commun, ils ont, après toute les *technai* déjà citées, amorcé une philosophie politique qui a nourri celles de Platon et d'Aristote, puis, par leur intermédiaire, la pensée politique qui a suivi, de Cicéron à nos jours.

Ce sont là beaucoup de raisons pour lesquelles ces hommes si mal connus sollicitent avec force nos curiosités de modernes. Et peut-être faut-il en ajouter une autre, un peu différente : c'est que l'aventure intellectuelle qui leur a valu d'être adulés, puis attaqués et moqués, et bientôt déformés ou dépassés, avant de se trouver enfin assimilés sous une forme un peu assagie, constitue un exemple privilégié du dialogue sans cesse continué qui s'établit et s'établiera sans doute toujours entre des novateurs et leur public.

Du côté même des novateurs, on peut observer, dans le cas des sophistes, comment la certitude d'apporter du nouveau peut engager à une confiance excessive dans le champ d'application de cette nouveauté, et comment, en quelques années, ceux qui suivent la voie nouvelle renchérissent sur les premiers. Du côté du public, on peut observer comment l'enthousiasme se double d'agressivité ou d'ironie, et comment le succès amène des déformations, des aggravations, des malentendus : on exerce parfois une influence que l'on n'aurait ni prévue ni souhaitée.

Et cependant, en dépit de ces malentendus, quelque chose passe et prolifère : le dialogue entre les sophistes et leur public révèle aussi comment cette double poussée d'admiration et de résistance précipite non seulement l'évolution de la réflexion philosophique, mais celle des mentalités. Si chaque penseur, à chaque moment, doit beaucoup de son inspiration aux conditions politiques, sociales et culturelles du moment, l'exemple des sophistes prouve assez que la réciproque est au moins aussi vraie : en donnant une forme précise et lucide aux aspirations latentes du moment, les intellectuels leur confèrent une force accrue et presque irrésistible. Toute technique neuve, toute doctrine neuve, tout mot nouveau lancé par un penseur change un peu, que l'on s'en aperçoive ou non, la façon de sentir de tous.

C'est bien, en effet, de « façon de sentir » qu'il s'agit : car on a également constaté qu'entre les idées des intellectuels et la morale courante, l'échange est actif et constant. La morale ou l'absence de morale suscite des systèmes; et les systèmes autorisent à leur tour des conduites, des révoltes, des désirs soudain libérés. Les intellectuels infléchissent sans cesse le devenir commun.

L'aventure qui s'est alors jouée à Athènes méritait donc, à bien des égards, un certain effort de la part de ceux-là mêmes qu'intéresse en priorité le monde actuel, avec ses idées, ses sciences et ses problèmes. Elle concerne toutes les époques de crise et de renouvellement.

On a cependant quelque scrupule à l'avoir ainsi privilégiée. Car on risquerait d'encourager la très fausse équivalence qui s'établit parfois entre classicisme et rationalisme. Parce que l'on a parlé de l'incroyable succès des sophistes à Athènes, parce qu'on les a rapprochés de la vogue des *technai* et de cette passion de la connaissance qui souleva alors Athènes, il serait donc nécessaire, pour rétablir une plus juste perspective, de rappeler que ces professeurs, ces raisonneurs, ces rationalistes érudits, ne nous livrent en définitive qu'une des faces de ce que fut l'Athènes de Périclès.

Tout d'abord, il ne faut jamais oublier – et c'est à leur crédit – que ce rationalisme militant l'était d'autant plus qu'il était plus neuf et avait plus de progrès à faire. La jeune démocratie athénienne – une démocratie directe ! – obéissait plus souvent, si l'on en croit les auteurs du temps, aux pulsions irrationnelles qu'aux réflexions délibérées. Thucydide et Euripide ont tous deux dénoncé le fait, et Platon a comparé le peuple à un gros animal dont les orateurs flattent les instincts aveugles. Cette démocratie avait donc grand besoin d'apprendre à penser. La justice elle-même n'avait que depuis peu succédé, en tant que principe public, aux vengeances du clan : cela aussi réclamait réflexion. Surtout, la crédulité, la foi dans les oracles, les terreurs obscures, prenaient encore beaucoup de place : quel texte du Ve siècle ne se plaint pas, au moins une fois, du pouvoir des devins et de leurs mensonges? Replacé dans ce contexte, l'effort rationaliste des sophistes n'était pas de trop.

Et puis il faut rappeler qu'il ne constituait qu'une moitié de l'image.

Même en ce qui concerne nos sophistes, nous n'avons entendu que des leçons et des analyses, vouées par nature à une certaine sécheresse théorique; mais c'était là le fait du genre, et non de la sensibilité des hommes. Or le seul sophiste moraliste dont nous possédions quelques fragments, l'Antiphon du *Sur la concorde,* marque dans ces brèves pages un sens aigu de la souffrance humaine. Ses pages sur les angoisses du mariage sont pathétiques (« Les joies ne vont pas toutes seules, les chagrins et les épreuves les accompagnant »), ou bien ce sont les soucis de la paternité (alors la vie est pleine de soucis, l'âme a perdu l'allégresse de son printemps; jusqu'au visage qui n'est plus le même, au fragment 49); ou bien c'est la brièveté de la vie : « Tout y est petit, faible, éphémère, mêlé de grandes douleurs », au fragment 51; ou bien, au fragment 50 : « La vie ressemble à une garde d'un jour; à peine si nous avons vu la lumière, et nous passons le mot d'ordre à nos successeurs. » Ce sont là des réflexions qui font écho au pessimisme traditionnel d'une certaine poésie grecque; mais il prend ici une extension nouvelle et la force des images leur donne une acuité accrue. Nos sophistes, dont nous n'avons rencontré que les théories et les démonstrations, restaient les contemporains de la tragédie.

Et de fait c'est surtout en se tournant vers Athènes elle-même et les œuvres qu'elle nous a laissées que l'on peut mesurer comment le rôle de cette effervescence intellectuelle s'alliait à d'autres tendances. Athènes était passionnée pour les pouvoirs de l'intelligence; mais elle alliait cette passion à l'amour de la beauté, au sentiment très vif des souffrances humaines et au ferment secret d'un idéalisme prêt à éclore.

Si Périclès pouvait discuter à longueur de journée avec

Protagoras pour savoir qui (ou quoi) était responsable de la mort accidentelle d'un jeune homme tué par un javelot lors d'exercices sportifs, il avait pour autre ami Phidias et occupait d'autres journées à présider aux constructions de l'Acropole : la beauté avait ses droits, à côté de l'intelligence.

De même les disciples des sophistes, Euripide et Thucydide, s'empressaient d'utiliser les ressources intellectuelles que ceux-ci avaient répandues; mais ils les faisaient entrer dans des œuvres tragiques ou de portée tragique, dans lesquelles elles servaient à rehausser et à mettre en relief un sentiment poignant des souffrances humaines ou des péripéties de l'histoire.

Enfin ne suffit-il pas de rappeler que nos sophistes, avec toute leur raison critique, ont suscité les réactions de Platon, avec son idéalisme sans faille et sa ferveur? Indépendamment même des influences d'ordre philosophique, qui furent de toute évidence décisives, la vivacité de la vision et la tendresse des évocations ont été, de façon indirecte, stimulées par le besoin de leur répondre.

Les analyses des sophistes ont tout rendu possible, mais n'ont pu assumer ce rôle qu'en rejoignant, à Athènes, des aspirations autres, et en devenant le moyen de leur donner expression ou de les libérer.

Dans toute la pensée grecque, ils ont occupé une position de pointe, méthodiquement assumée et parfois mal comprise. Ils en ont pâti au point que leur trace est parfois difficile à suivre. Mais sans eux, les autres, avec leur pathétique, leur sens tragique de l'histoire et leur indéfectible ferveur, n'auraient pas été ce qu'ils furent. Et nous non plus.

INDICATIONS BIBLIOGRAPHIQUES

TEXTES

Le plus important est le recours aux textes. Les textes des sophistes, en grec, sont réunis dans Diels-Kranz, *Die Fragmente der Vorsokratiker* (nombreuses rééditions, revues : toujours consulter la dernière). Texte grec avec traduction et commentaire en italien dans La Nuova Italia, Florence, depuis 1949, sous la direction de M. Untersteiner et presque toujours par lui. Traduction des fragments en français par J.P. Dumont, Paris, 1969, en anglais par R.K. Sprague, Columbia, 1972.

Il faut y joindre la lecture des textes qui sont, en gros, contemporains des sophistes et utiles pour les comprendre : Aristophane : Les *Nuées*, Euripide, Thucydide, Platon (en particulier *Protagoras*, *Gorgias*, *Le Sophiste*, *Théétète*), Isocrate (*Contre les sophistes*, *Hélène*, *Sur l'échange*). Ces divers textes existent, entre autres éditions, dans la Collection des Universités de France (dite collection Budé). – Pour la connaissance des hommes, on y joindra le témoignage de Philostrate, *Vies des sophistes* (IIe-IIIe siècle après J.-C.).

ÉTUDES GÉNÉRALES
(par ordre chronologique)

E. Dupréel, *Les Sophistes* (Neuchâtel, 1948-1949).

M. Untersteiner, *I Sofisti* (Turin, 1949; trad. angl. Oxford, 1954).

F. Heinimann, *Nomos und Physis, Herkunft und Bedeutung einer Antithese...* (Bâle, 1945).

W. K. C. Guthrie, *The Sophists* (Cambridge Univ. Press, 1971).

G. Romeyer-Dherbey, *Les Sophistes* (Paris, P.U.F., coll. « Que sais-je ? », 1985).

A consulter, en outre, quelques ouvrages collectifs récents : *Sophistik* (articles divers réunis par J.-C. Classen et traduits en allemand), Wege der Forschung, 187, Darmstadt, 1976, 714 pages. *The Sophists and their Legacy* (actes d'un colloque international, édités par G.B. Kerferd, Hermes Einzelschriften 44, 1981). Enfin *Le Plaisir de parler, études de sophistique comparée* (actes du colloque de Cerisy, publiés par B. Cassin, Paris, éd. de Minuit, 1986), avec le complément intitulé *Positions de la sophistique* (Paris, Vrin, 1986).

ÉTUDES PARTICULIÈRES

On trouvera une bibliographie détaillée sur les sophistes dans l'ouvrage édité par J. C. Classen et cité ci-dessus : elle n'occupe pas moins de 66 pages. Les hellénistes et les philosophes pourront s'y reporter. Nous indiquerons plutôt ici, au lieu de ces études souvent très importantes pour la discussion, quelques études plus générales, qui fournissent des cadres pour les thèmes traités dans ce livre – cela sans omettre les nôtres, auquel ce livre fait souvent écho. Nous groupons ces études en trois grandes rubriques.

– 1) *Sur l'éducation et sur la rhétorique* (chapitres I, II et III)

G. Kennedy, *The Art of Persuasion in Greece* (Princeton, 1963).
H.I. Marrou, *Histoire de l'éducation dans l'Antiquité* (Paris, Le Seuil, 1965).

– 2) *Sur les doctrines en général et sur leur influence* (chapitres IV, V et VI)

F. Chapouthier, « Euripide et l'accueil du divin », *Entretiens Hardt*, I, 1954, p. 205-237.
E. R. Dodds, édition commentée du *Gorgias* de Platon (Oxford, 1959).
S. Zeppi, *Studi sul Pensiero etico-politico dei Sofisti* (Rome, 1974).
J. de Romilly, *La Loi dans la pensée grecque* (Paris, Les Belles Lettres, 1971).

– 3) *Sur l'attitude dans la cité et la vie politique* (chapitres VI et VIII)

E. Barker, *Greek Political Theory, Plato and his Predecessors* (Londres, 1918).
G. Mathieu, *Les Idées politiques d'Isocrate* (Paris, 1925).
J. de Romilly, *Problèmes de la démocratie grecque* (Paris, Hermann, 1975; Agora, 1986).
J. Bordes, « *Politeia* » *dans la pensée grecque jusqu'à Aristote* (Paris, Les Belles Lettres, 1982).

Il faut en outre rappeler, pour cette rubrique, l'importante étude de Ch. H. Kahn, « The Origins of Social Contract Theory in the Vth Century B.C. », dans le recueil Kerferd cité plus haut, p. 92-108.

TABLEAU CHRONOLOGIQUE

Vie politique	*Vie intellectuelle*
	496 : naissance de Sophocle
490-480 : guerres médiques	490 (?) : naissance de Protagoras
	480 : naissance d'Euripide
	470 (?) : naissance de Socrate
	458 : l'*Orestie* d'Eschyle
443 : fondation de Thourioi	443 : Protagoras rédige les lois de Thourioi
	442 : Sophocle, *Antigone*
	438 : *Alceste* d'Euripide (1ʳᵉ pièce conservée de lui)
431 : début de la guerre du Péloponnèse	
	427 : ambassade de Gorgias à Athènes
	424 (?) : Euripide, *Hécube*
	423 : Aristophane, *Les Nuées*
411 : révolution oligarchique à Athènes	411 : attaques contre Protagoras (?); fragment de Thrasymaque (?)
	406-405 : mort d'Euripide et de Sophocle
404 : défaite d'Athènes; oligarchie des Quatre Cents	404 : Critias au nombre des Trente (oligarchie)
	399 : mort de Socrate
	vers 398 : premiers dialogues de Platon
	393 : Isocrate ouvre son école
	392 : date probable du *Discours olympique* de Gorgias
	387 : Platon fonde l'Académie

INDEX

Les sophistes ayant été considérés ensemble, en fonction des questions examinées, on retrouvera ici ce qui se rapporte à chacun d'entre eux : les références en gras sont celles qui correspondent à des analyses suivies.

1. *Auteurs*

ANTIPHON : 9, 13, 18, 25, 70, 139-140, **146-155**, 184, 197, 201, **212-215**, 216, 237, 242, 250, 251, 279.
(ANTIPHON, l'orateur : 101-102, 108, 154-155).
CRITIAS : 18, 20, 25, 42, 71, 219, n. 6, 246, n. 9, 248, 250, 251, **256-258**, 261.
(*Sisyphe :* **132-135**, 224, 226).
GORGIAS : 8, 9, 18, 21, 22, 23, 25, 28, 32, 37, 39, 53, 56, 80, 81, 82, **82-92**, 93, 94, 106, 115, n. 10, **119-122**, 182, 189, n. 8, 243, 249, 260, **264-269**.
HIPPIAS : 8, 13, 18, 19, 20, 21, 25, 33, 37, 42, 137, 138, 139, 177, 196, 198, **209-213**, 219, n. 6, 225, 232, 249, 260, 264.
LYCOPHRON : 197.
PRODICOS : 8, 9, 18, 19, 20, 21, 22, 42, **95-98**, 115, n. 4, 116, n. 13, **131-132**, 135, 163, 206, 210, 219, n. 6, 225-227, 232, **237-241**, 242-243, 249, 272.
PROTAGORAS : 8, 9, 18, 19, 20, 22, 23, 24, 25, 26, 31, 36, 37, 39, 41, 42, 51, 54, 55, 56, 57, 66, 70, 76, 77, n. 2, 77, n. 10, 78, **94-95, 97-102**, 104, 105, 106, 107, 112, **121-127, 128-129**, 131, 137, 164, **191-196**, 198, 200, 206, 207, 219, n. 2, 219, n. 6, **221-224**, 225-227, **229-236**, 243, 247, 248, 252, 255, 260, 272.

THRASYMAQUE : 8, 17, 18, 37, 81, 89, 96, 104, 134, **140-146**, 148, 151-153, 178, 179, 180, 184, **207-210**, 212, 224, 250, **257-260**, 263, 264, 273.

2. *Ouvrages anonymes*

ANONYME DE JAMBLIQUE : 49, n. 3, 70, **198-200**, 201, 204, 206, 208, 211, **237-243**.
DISCOURS DOUBLES : 49, n. 3, 67, 70, 73, **98**, 103, 122, 137, 230, 231, 249.

RÉFÉRENCES COMPLÉMENTAIRES

Pour les lecteurs plus spécialisés, qui aimeraient trouver sans effort l'origine des textes cités, nous joignons ici les références qui ont été écartées de l'exposé lui-même.

p. 19 : *Protagoras*, 315 a-316 a. – p. 46 : *Ménon*, 91 c. – p. 54 : *Protagoras*, 316 d-e. – p. 57 : Thucydide, III, 38, 4. – p. 60 : *Autolycos*, fr. 282. – p. 60 : Euripide, *Antiope*, fr. 193, 194, 196 et 199 Nauck. – p. 64 : Xénophon, *Sur la chasse*, XIII, 6. – p. 86 : Thucydide, I, 70, 2. – p. 100 : Aristote, voir *Protagoras*, A 21. – p. 105 : *Les Nuées*, 943-944. – p. 115, note 3 : *Phèdre*, 266 d-267 c. – p. 141 : *La République*, 338 c; Thrasymaque, B 8. – p. 153 : Thrasymaque, B 8. – p. 171-172 : Euripide, fr. 480 Nauck; *Iphigénie en Tauride*, 389-390. – p. 172 – 173 : Euripide, *Bellérophon*, fr. 286. – p. 181 : Euripide, *Le Cyclope*, 338-340. – p. 184-185 : *Gorgias*, 483 e. – p. 192 : *Prométhée enchaîné*, 450. – p. 194 : *La République*, II, 369 b- 371 d. – p. 200 : Anonyme de Jamblique, B 1, 6, 2-5. – p. 200-201 : Démocrite, A 166. – pp. 207-208 : Thrasymaque, B 8. – p. 208 : Thrasymaque, B 1. – p. 210 : *Protagoras*, 337 d; Hippias A 2 (Philostrate). – p. 211 : Hippias A 2 (Philostrate). – p. 225 : *Protagoras*, 322 a. – p. 230 : *Protagoras*, 326 e. – p. 231 :

Protagoras, 325 a. – p. 232 : Eschyle, *Agamemnon*, 282. – p. 236 : *Ménon*, 91 a. – p. 240 : Thucydide, II, 64, 3. – p. 248 : Thucydide, II, 65, 9. – p. 249 : Hippias, A 15; Thrasymaque, B 1. – p. 256 : Critias, A 38. – p. 257-258 : Thrasymaque, B 1. – p. 262 : Xénophon, *Helléniques*, I, 6, 7. – p. 263 : Thrasymaque, B 2; Euripide, fr. 719 Nauck. – p. 264 : Gorgias, B 7 et 8a; B 9 (Philostrate). – p. 269 : Gorgias, B 8 a (Plutarque, 144 b c). – p. 266 : Gorgias B 16; B 5 a b et 6. – p. 267 : Gorgias, A 1 (Philostrate); cf. B 5 b.

Table

Préface 7

   I. Surgissement et succès des sophistes . . 17
  II. Un enseignement nouveau 50
 III. Une éducation rhétorique 78
 IV. Les doctrines des sophistes : la table rase 117
  V. Les dangers de la table rase : l'immoralisme 160
 VI. La reconstruction à partir de la table rase 191
VII. La récupération des vertus 221
VIII. La politique 247

Conclusion : bilan et retouches 271

Indications bibliographiques 281
Tableau chronologique 284
Index 285
Références complémentaires 286

IMPRIMÉ EN FRANCE PAR BRODARD ET TAUPIN
Usine de La Flèche (Sarthe).
LIBRAIRIE GÉNÉRALE FRANÇAISE - 6, rue Pierre-Sarrazin - 75006 Paris.

ISBN : 2-253-05142-X   42/4109/7